Historias insólitas
de los Mundiales de Futbol

LUCIANO WERNICKE

Historias insólitas
de los Mundiales de Futbol

Curiosidades y casos increíbles de los Mundiales
de Futbol, de Uruguay 1930 a Sudáfrica 2010

 Planeta

Obra editada en colaboración con Grupo Editorial Planeta S.A.I.C. – Argentina

Diseño de portada: Departamento de Arte de Grupo Editorial Planeta S.A.I.C.

© 2013, Grupo Editorial Planeta S.A.I.C. – Buenos Aires, Argentina

© 2014, Editorial Planeta Mexicana, S.A. de C.V.
Bajo el sello editorial PLANETA M.R.
Avenida Presidente Masarik núm. 111, 2o. piso
Colonia Chapultepec Morales
C.P. 11570, México, D.F.
www.editorialplaneta.com.mx

Primera edición impresa en Argentina: septiembre de 2013
ISBN: 978-950-49-3554-4

Primera edición impresa en México: enero de 2014
ISBN: 978-607-07-1970-7

Impreso en los talleres de Litográfica Ingramex, S.A. de C.V.
Centeno núm. 162-1, colonia Granjas Esmeralda, México, D.F.
Impreso en México – *Printed in Mexico*

Para P.

Podés hacer un gol y podés llevar tu nombre al cielo.

CARLOS «CHARLY» GARCÍA MORENO,
Yendo de la cama al living.

Luciano Wernicke es un espía de larga trayectoria. Desde 1930, este astuto profesional ha logrado inmiscuirse en todos los campeonatos mundiales de futbol. Disfrazado de mosquito o de banderín del córner, ha logrado averiguar secretos que recién ahora se atreve a revelar. Nosotros, los futboleros, agradecidos. Era hora.

EDUARDO GALEANO

Prólogo

Mucho se ha escrito sobre la historia de los Mundiales de Futbol. Yo quería contarla de una manera distinta. Siento innecesario ocupar páginas y páginas con todas las formaciones, resultados, goleadores, árbitros, sedes o expulsiones de cada uno de los partidos. Primero, lo considero aburridísimo; segundo, no hace falta que un libro malgaste papel en eso: basta con ingresar al sitio oficial de la Federación Internacional del Futbol Asociado (*www.fifa.com*), acceder al link «Copa Mundial de la FIFA» y navegar por el apartado «ediciones anteriores». Nada más simple. *Historias Insólitas de los Mundiales de Futbol* persigue otro objetivo: realizar un recorrido por cada una de las etapas mundialistas a través de los choques inolvidables, las figuras, los récords, pero especialmente las curiosidades y anécdotas más divertidas y sorprendentes, y las apasionadas hazañas que muestran el costado humano del «más popular de los deportes». Algunos de los relatos están relacionados con circunstancias imprevistas acontecidas dentro del campo de juego, las tribunas o las concentraciones, en el plano deportivo; otros cuentan hechos situados un poco más lejos de los estadios, para ayudar a comprender el contexto histórico en el que se desenvolvió cada torneo, y tratar de entender que determinados sucesos, que a simple vista parecían salidos de la entraña del juego, habían nacido en otro lado. ¿Es casualidad que hasta que el ojo de la televisión color «en vivo y en directo» cubrió todo el planeta, a principios de los 80, la mitad de los campeonatos fue ganada por países anfitriones, y en otros dos torneos los dueños de casa llegaron cómodamente a la final? Muchos historiadores cuestionan los triunfos de Italia en 1934 de la mano del dictador Benito Mussolini, de Inglaterra en 1966 con polémicos arbitrajes, o de Argentina en 1978, en una Copa desarrollada en medio de una sangrienta dictadura, que tuvo tanteadores extraños como el abultado seis a cero del equipo local a

Perú. Sin embargo, es justo decir que, en estos tres casos, de nada hubiera servido la ayuda política sin un buen equipo que la respaldara en la «distracción» de los espectadores. El futbol de la Copa se detuvo entre 1939 y 1950 a causa de la Segunda Guerra Mundial, lógicamente; empero, la pelota y sus auspiciantes siguieron rodando en medio de otros conflictos también terribles, como la Guerra de Malvinas. Dos naciones que se desangraban en una punta del planeta estuvieron muy cerca de intercambiar banales pelotazos en una cancha «neutral». Desde España 1982 en adelante, sólo una escuadra, Francia en 1998, alzó el trofeo de oro en su casa, y en esa oportunidad no se escucharon voces de sospecha. No pareció que el conjunto galo haya disfrutado de una forzada benevolencia de parte de los árbitros, sobre todo si se tienen en cuenta las implacables expulsiones de la estrella local Zinedine Zidane ante Arabia Saudita, en la primera ronda, del pilar defensivo Laurent Blanc en la semifinal ante Croacia, y de Marcel Desailly en la final ante Brasil. La televisión color en directo y para todo el mundo, y la infinita Internet juegan a favor de la luz sobre la oscuridad. No digo que se acabaron los «tejemanejes». Sólo que ahora es un poquito más difícil maquillarlos.

Uno de los propósitos de este libro es reflejar que si bien hubo y hay gobiernos aprovechadores, árbitros corruptos, negocios multimillonarios, el futbol demuestra cotidianamente que hay esperanzas. No todos los partidos se pueden arreglar en un escritorio. La podredumbre no siempre llega a contaminar la pasión, el amor o la nobleza. A lo largo de los Mundiales, varios jugadores se negaron a abandonar la cancha a pesar de tener un hueso fracturado. Un talentoso mosquetero puso la belleza por sobre el resultado al «picar» un penal en una final, y el honor sobre la trampa al cabecear a un desleal rival lenguaraz. Un delantero prefirió morir a servir a la propaganda nazi, otro siguió jugando tras sufrir un infarto en pleno partido y un zaguero fue asesinado por defender su honestidad luego de haber cometido el pecado de marcar un gol en contra. La camiseta se mancha de sangre, no se desangra. El recuerdo permanente de todos ellos mantiene viva la llama que deja al descubierto que el dinero no todo lo consigue y que el Poder podrá comprar algunos gajos de cuero, pero nunca la dignidad que infla la pelota.

Prehistoria mundialista

No se sabe exactamente el origen del futbol. Existieron, al menos, media docena de juegos de pelota que son señalados como los antecesores de este deporte. Algunos historiadores afirman que las raíces de su árbol genealógico germinaron en la antigua China, durante la dinastía de Han (en los siglos II y III a. C.): allí se practicaba una actividad que se conocía como «Ts'uh Kúh», que consistía en embocar un balón de cuero relleno con plumas y pelos en una pequeña red de unos 40 centímetros de diámetro, colocada sobre una larga vara de bambú. Aparentemente, los participantes sólo podían impulsar la bola con los pies, el pecho, la espalda y los hombros, pero no con las manos. Poco antes del comienzo de la Copa del Mundo Corea-Japón 2002, la Federación Internacional del Futbol Asociado (FIFA) expuso en la Feria del Libro de Francfort, Alemania, unas dos mil piezas orientales para demostrar esta hipótesis. Los elementos —todos originales— fueron donados por el coleccionista inglés Harry Langton, e incluían algunas pinturas chinas de ceremonias durante juegos de pelota y un objeto con un símbolo pintado a mano que significaba «para patear». Otras expresiones antiguas fueron el «Kemari» japonés, el «Epislcyros» griego y el «Harpastum» romano.

Sin embargo, la hipótesis más razonable ubica los principios de este deporte como tal en Inglaterra. Para no dejar dudas de que el futbol fue creado allí, una tradicional leyenda británica cuenta que el primer partido de la historia se llevó a cabo en ese territorio unos cincuenta años antes de Cristo, cuando un grupo de guerreros celtas comenzó a patear la cabeza de un soldado romano muerto en combate. En esa época, los bravos ingleses habían logrado lo que pocos en Europa: rechazar a las poderosas legiones imperiales capitaneadas por Julio César. Para la FIFA, la historia moderna de este deporte comenzó efectivamente en Gran Bretaña, en 1863, «cuando en Inglaterra se separaron los caminos del "rugby-football" (rugby) y del "association football" (futbol), fundándose la asociación más antigua del mundo: la "Football Association" (Asociación de Futbol de Inglaterra), el primer órgano gubernativo» de este deporte. Según la FIFA, ese mismo año «las "Leyes de Cambridge" son escritas para darle reglas uniformes» al nuevo juego. La pelota comenzaba a rodar oficialmente.

Primeros partidos internacionales

El 5 de marzo de 1870, apenas siete años después de la conformación de la «Football Association», tuvo lugar el primer partido entre selecciones nacionales. En el estadio Kennington Oval de Londres empataron en un gol por bando los equipos representantes de Inglaterra y Escocia. Tal fue el éxito de esta primera experiencia que los dirigentes de ambos combinados decidieron repetir el choque el 9 de noviembre de ese año, también en el «Óvalo», aunque en esa oportunidad los locales lograron doblegar por 1 a 0 a los impulsivos jugadores escoceses. Algunos historiadores del futbol británico señalan como el primer encuentro oficial el que se desarrolló el 30 de noviembre de 1872 en Escocia, en la cancha de West of Scotland Cricket Ground, club ubicado en el barrio de Partick, en las afueras de Glasgow. Esa jornada, ante apenas unos tres mil espectadores, ambos seleccionados no lograron sacarse diferencias y el match terminó con el marcador en blanco.

Juegos Olímpicos

Desde que fue fundada el 21 de mayo de 1904 —por representantes de siete países: Francia, España, Suiza, Suecia, Holanda, Dinamarca y Bélgica— la FIFA se propuso organizar un campeonato mundial cada cuatro años entre las naciones afiliadas. El bosquejo inicial lo dio el primer secretario general de la entidad, el holandés Carl Wilhelm Hirschmann, en 1905, pero la fragilidad de la flamante institución (que un año después contaría apenas con once países inscriptos, todos europeos) y la dificultad económica que imperaba por esos años en el Viejo Continente hicieron naufragar este incipiente intento. Los impetuosos directivos ya habían tomado nota de que el futbol se había presentado en dos oportunidades como una actividad de exhibición en los Juegos Olímpicos. La primera tuvo lugar en París 1900, cuatro años después de que Atenas y el barón Pierre de Cubertain resucitaran este magnífico evento deportivo. En la capital francesa se desarrolló un torneo de exhibición entre clubes de distintos países europeos. Upton Park FC, del Reino Unido de Gran Bretaña, se impuso en la final por 4 a 0 al anfitrión Club Française. La medalla de bronce fue para Université de Bruxelles, de Bélgica. Cuatro años más tarde, en Saint Louis, Estados Unidos, este deporte volvió a presentarse como una prueba no oficial. El equipo Galt Football Club de Canadá ganó el match decisivo por 7 a 0 a Christian Brothers College estadounidense. El bronce fue para otro conjunto local: Saint Rose Parish.

Sin herramientas para avanzar solos por el camino, los dirigentes de la FIFA se pusieron en contacto con sus colegas del Comité Olímpico Internacional (COI), con el objeto de aprender y sumar esfuerzos, y juntos consiguieron que la cosa empezara a tomar color a partir de Londres 1908: en la capital inglesa compitieron por primera vez en forma oficial selecciones nacionales. Por ese entonces, la única exigencia del COI era que los participantes fueran deportistas amateurs (norma que se mantuvo varias décadas, hasta que en 1984, ante el avance del superprofesionalismo y la necesidad de captar la atención del público, se determinó que los países intervinientes debían presentar selecciones juveniles Sub-23). En esta primera experiencia entre países, el Reino Unido se quedó con el oro, Dinamarca con la plata (la final culminó 2-0) y Holanda con el bronce, en un certamen que sólo contó con participantes europeos. También del Viejo Continente fueron todos los equipos que compitieron en Estocolmo 1912, donde curiosamente se repitió el medallero: Reino Unido, Dinamarca (esta vez los británicos se impusieron 4-2) y Holanda, en el mismo orden.

A nivel continental, el primer torneo entre naciones había tenido lugar dos años antes, en 1910, en Buenos Aires, cuando Argentina invitó a Chile y Uruguay a participar de un minicampeonato para conmemorar el centenario de la Revolución de Mayo. Esta experiencia fue el punto de partida de la Copa América, que comenzó a disputarse con regularidad en 1916.

Para los Juegos de Amberes 1920 —a los que acudió Egipto como única escuadra no europea—, los organizadores echaron mano de un extraño fixture denominado «Bergvall», que preveía una especie de campeonato «consuelo» entre los perdedores de cuartos de final, de la semifinal y la final. Al juego definitivo, que tuvo lugar el 2 de septiembre, llegaron Bélgica y Checoslovaquia. En apenas 30 minutos, los locales se pusieron 2-0, y los checoslovacos comenzaron a quejarse del arbitraje del inglés John Lewis —quien tenía nada menos que 72 años—, al que acusaban de actuar en forma parcial y de haber cobrado un dudoso penal que había permitido la apertura del marcador. A los 39 minutos, Lewis expulsó al defensor visitante Karel Steiner, por una fuerte falta. Hastiado por lo que consideraba una injusticia, el capitán checoslovaco Karel Pesek retiró al equipo. Los belgas ganaron el oro, pero sus derrotados se quedaron sin medalla de plata: por haber abandonado el encuentro culminante, se les prohibió jugar la ronda «consuelo». De este modo, España (beneficiada por la ausencia de la escuadra checoslovaca) y Holanda (pasó por la deserción de Francia, disconforme con el extraño fixture, ya que de otro modo hubiera jugado por el tercer puesto directamente) definieron el segundo puesto. La plata quedó en definitiva en manos ibéricas, al imponerse España por 3 a 1.

Los Juegos de 1924 (otra vez en París) y de 1928 (Amsterdam) tuvieron a un protagonista exclusivo: Uruguay. El seleccionado celeste se adueñó del oro cómodamente en el primero de ellos. En su delicioso *Futbol a sol y sombra*, el escritor Eduardo Galeano detalla que «era la primera vez que un equipo latinoamericano jugaba en Europa. Uruguay enfrentaba a Yugoslavia en el partido inicial. Los yugoslavos enviaron espías a la práctica. Los uruguayos se dieron cuenta, y se entrenaron pegando patadas al suelo, tirando la pelota a las nubes, tropezando a cada paso y chocándose entre sí. Los espías informaron: "Dan pena estos pobres muchachos que vinieron de tan lejos". Apenas dos mil personas asistieron a aquel primer partido. La bandera uruguaya fue izada al revés, con el sol para abajo, y en lugar del himno nacional se escuchó una marcha brasileña. Aquella tarde, Uruguay derrotó a Yugoslavia 7 a 0». En la final de 1924, los orientales se impusieron fácilmente a Suiza por 3 a 0, aunque tuvieron que transpirar bastante cuatro años más tarde, en la capital holandesa, ante otra selección sudamericana: Argentina. El 10 de junio, por el match culminante, las dos escuadras rioplatenses no se sacaron ventaja (igualaron en uno con tantos de Pedro Petrone para los orientales y Manuel Ferreira para los albicelestes), pero tres días más tarde, en el desempate, los uruguayos lograron desequilibrar la balanza al imponerse por 2 a 1 (Roberto Figueroa y Héctor Scarone para los ganadores, y Luis Monti para los argentinos). El holandés Johanness Mutter fue el árbitro en los dos encuentros. Uruguay —que no participó nunca más en este certamen— comenzaba a escribir la historia. Para muchos orientales, estas dos conquistas tienen el mismo valor que los dos Mundiales ganados en Uruguay 1930 y Brasil 1950. Por ello, la camiseta celeste lleva bordada en el pecho, junto al escudo de la Asociación Uruguaya, cuatro estrellas: dos por las medallas de oro en París y Amsterdam, y dos por las Copas de Uruguay y Brasil. Además, los dos títulos olímpicos le abrieron la puerta a la nación rioplatense para ser la primera anfitriona para una Copa del Mundo de Futbol. Si bien para ello todavía habría que sortear otros obstáculos.

Día olímpico

El partido que el jueves 1º de octubre de 1924 protagonizaron en el estadio de Sportivo Barracas de Buenos Aires las selecciones de Argentina y Uruguay permitió a hinchas, periodistas y dirigentes incorporar una serie de expresiones a la jerga futbolera, que hasta hoy tienen absoluta vigencia. Ya desde esos años, los choques rioplatenses tenían gusto a «clásico» y en la oportunidad la expectativa se vio acentuada debido a que los visitantes se habían colgado la medalla dorada pocos meses antes en los Juegos Olímpicos de París. El match había sido programado originariamente para el 28 de septiembre, pero ese día sólo se disputaron algunos minutos, porque una verdadera ola humana desbordó las instalaciones y, a falta de lugar en las graderías, se introdujo en el campo de juego. El partido fue suspendido y postergado para el 1º de octubre. Para evitar que una situación similar se repitiera, los organizadores del encuentro decidieron levantar una malla de alambre sobre todo el perímetro que separaba a las tribunas de la cancha, que fue rápidamente bautizada como «alambrado olímpico» por el ingenio popular, por aislar a los espectadores de los flamantes vencedores en la capital francesa.

Poco antes del comienzo del partido «definitivo», los dirigentes argentinos solicitaron a los jugadores celestes que saludaran a la nutrida concurrencia que, desde las tribunas, quería felicitar a los responsables de tan gloriosa hazaña producida en Europa. Los once orientales accedieron e iniciaron una rápida recorrida alrededor del campo, que las crónicas periodísticas llamaron «la vuelta de los olímpicos». Este festejo está hoy institucionalizado en todas las canchas del mundo, en cualquier deporte y nivel de competencia, cuando un equipo se consagra campeón, aunque su denominación fue reducida a «vuelta olímpica».

A poco de iniciadas las acciones, el delantero argentino Cesáreo Onzari —representante del club Huracán— logró batir al arquero visitante Andrés Mazzali a la salida de un tiro de esquina. La conquista confundió a los concurrentes, ya que la mayoría ignoraba que el córner había sido reglamentado como «tiro libre directo» dos meses antes por la International Board, pero pronto las gargantas explotaron al comprobar que el árbitro Ricardo Vallarino —también de nacionalidad uruguaya— marcaba el círculo central. Esa notable anotación, que quedó grabada en los diarios de la época como «el gol de Onzari a los olímpicos», pronto fue calificada como «gol olímpico», como se le dice hoy a los tantos conseguidos directamente desde un tiro de esquina. ¿Cómo finalizó el partido? Ganó el equipo local 2-1 (al de Onzari se sumó uno de Domingo Tarascone, mientras que para los visitantes descontó Pedro Cea), y, como no podía ser de otro modo, celebró con una «vuelta olímpica».

El violinista

Uruguay ya había derrotado a Argentina en Amsterdam y los jugadores de los dos equipos se reencontraron en París, antes de retornar a Sudamérica, a pedido de Carlos Gardel. El «Mudo» (nacido en Francia, pero con el corazón «anclao» en las dos riberas rioplatenses) quería reconciliar a los futbolistas después de los dos durísimos choques en la final, por lo que invitó a las delegaciones a disfrutar de su espectáculo en un cabaret de la «ciudad luz». Los jugadores fueron sentados en una larga mesa, intercalados «un uruguayo, un argentino». Avanzada la velada, el intento de confraternización de Gardel comenzó a naufragar merced a las facturas que unos y otros comenzaron a pasarse por circunstancias del juego. Los más vehementes resultaron el «wing» albiceleste Raimundo Orsi y el volante derecho oriental Leonardo Andrade: en el partido, el uruguayo había pateado con rudeza una rodilla de Orsi y el delantero se la había devuelto con un fiero pisotón al tobillo. Para tratar de tranquilizar las cosas, el sagaz cantante invitó al extremo argentino —que además de futbolista era un virtuoso violinista que había integrado la orquesta de Francisco Canaro— a subir al escenario y sumarse a su conjunto. Orsi solicitó un violín prestado y se acopló diestramente en la interpretación de un tango. Pero mientras sonaba la música, las fieras, en lugar de amansarse, iniciaron un terrible altercado, todos contra todos. Andrade, quien seguía con la sangre en el ojo, aprovechó el desconcierto general para abalanzarse sobre Orsi, mas el argentino, rápido de reflejos, lo «primereó» y le partió el violín en la cabeza. Antes de que la gresca se disipara, el delantero escapó del boliche y esa misma noche huyó de París. No por temor a la represalia de Andrade, sino a la del dueño del instrumento, un valiosísimo Stradivarius. «Si el tipo me encontraba —se justificó Orsi varios años más tarde— tenía que quedarme para siempre trabajando en París para pagarle su violín».

Uruguay, primera sede

Mientras el futbol ganaba espacio y prestigio en los Juegos Olímpicos, varios congresos se sucedieron sin que se lograra alcanzar el objetivo primordial: un campeonato exclusivo de este deporte con representaciones nacionales de todos los continentes. En una oportunidad, la FIFA hasta llegó a diagramar un certamen con la inscripción de once países, más los cuatro estados británicos: Inglaterra, Escocia, Gales e Irlanda (verde isla que en ese tiempo se encontraba por completo bajo el dominio de la rígida corona anglosajona). Sin embargo, pocas semanas antes del inicio del campeonato, pautado en 1906, ni siquiera el país anfitrión, Suiza, había formalizado su participación. El inglés Daniel Woolfall aseguró que «la FIFA (de la que sería años más tarde su presidente) todavía no está fundada sobre bases suficientemente estables para emprender la creación de un campeonato internacional». Woolfall destacó además que «haría falta también tener la certeza de que todos los equipos inscriptos conservarán las mismas reglas del juego».

La idea de organizar el primer Mundial comenzó a cobrar fuerza varios años después del final de la Gran Guerra (que luego sería llamada Primera Guerra Mundial), gracias al empuje del francés Jules Rimet. El dirigente galo, que presidía la FIFA desde 1921, estaba convencido de que el futbol podía «fortalecer los ideales de una paz permanente y verdadera».

Tras numerosas «idas y vueltas», el 8 de septiembre de 1928, en Zurich, se le puso fecha al primer torneo: julio de 1930. Casi un año más tarde, el 18 de mayo de 1929, España, Italia, Suecia, Holanda, Hungría y Uruguay presentaron sus candidaturas en el congreso de Barcelona. La nación rioplatense era la favorita por haberse consagrado campeona en los dos últimos Juegos Olímpicos, por contar con mejores recursos (ofreció hacerse cargo de todos los gastos de traslado y alojamiento de las delegaciones, algo que no pudieron asegurar los países del Viejo Continente, que atravesaban una severa crisis económica) y por sumar el apoyo de todos los delegados americanos, mientras que los representantes europeos, aunque eran mayoría, estaban divididos entre cinco postulantes. Además, se veía con simpatía que el torneo formara parte de los festejos del centenario de la jura de la independencia uruguaya. Según los diarios de entonces, la actuación diplomática del delegado oriental, Enrique Buero —acompañada ardientemente por la de su par de Argentina, Adrián Beccar Varela—, resultó decisiva. Primero consiguió las renuncias de los representantes de Suecia, Holanda y Hungría. Luego, con el argumento de que en el Uruguay había una enorme colectividad española e italiana que apoyaría a sus selecciones, logró que los delegados peninsulares dieran un paso al costado. El honor de ser el primer país organizador de la Copa del Mundo, finalmente, fue concedido por aclamación a Uruguay. En declaraciones al matutino porteño *La Nación*, Buero sostuvo que «la decisión del Congreso de elegir a Montevideo como sede para el primer campeonato mundial ha permitido revelar el sentimiento unánime de los distintos países americanos, que con Argentina a la cabeza, han apoyado calurosa y entusiastamente la propuesta de la Confederación Sudamericana de Futbol. Hemos dado un ejemplo reconfortante de solidaridad continental». La historia de los Mundiales estaba en marcha.

La Copa

Una vez confirmada la primera sede, Jules Rimet acordó con los demás representantes de la FIFA que en cada Copa del Mundo se pondría en juego un trofeo especial, que quedaría en poder de la nación vencedora durante cuatro años, hasta la competencia siguiente. Asimismo, se decidió que aquel país que ganara tres veces un Mundial obtendría el premio para siempre. Rimet solicitó la creación del galardón al escultor francés Abel Lafleur, quien diseñó una copa con la figura de la diosa griega de la victoria, Niké, con las manos extendidas. La obra —de 55 centímetros de alto, 4 kilogramos de peso y un costo de cincuenta mil francos— fue moldeada con oro puro de 18 kilates y montada sobre una base de piedras semipreciosas.

El trofeo, que se puso en juego nueve veces hasta que Brasil se lo adjudicó en forma definitiva tras vencer en México 1970, fue protagonista de algunas situaciones bastante curiosas. En 1938, después de que Italia venció a Checoslovaquia en la final del Mundial de Francia, la copa fue guardada dentro de la bóveda de seguridad de un banco romano. Al estallar la Segunda Guerra, el vicepresidente de la federación italiana, Ottorino Barassi, la retiró de la entidad bancaria y la escondió debajo de su cama, dentro de una caja de zapatos, para evitar que fuera hallada por los alemanes, que habían invadido y ocupado la península. Se cuenta que un grupo de agentes de las SS llamó a la puerta de la casa de Barassi, en la plaza Adriana de Roma, para secuestrar el trofeo. Los oficiales registraron el piso, pero no encontraron el preciado galardón. Cuando se marcharon, Barassi rezó un padrenuestro. Unos años después, el dirigente italiano entregó en persona la copa a los responsables de la FIFA en Luxemburgo.

Casi treinta años más tarde, el 20 de marzo de 1966, a pocos meses del inicio del Mundial que se disputó en Inglaterra, la figura dorada desapareció misteriosamente de las vitrinas de la tienda londinense Westminster Hall, donde se la exhibía para promocionar el campeonato. El enigmático robo puso en vilo al prestigioso cuerpo de policía Scotland Yard, que a pesar de asignar el caso a sus mejores hombres, no logró obtener una sola pista. Desesperada por el bochornoso suceso, que hacía trizas su arrogancia, la Football Association encomendó en secreto al orfebre Alexander Clarke la realización de una copia para sustituir al premio original, que ya había sido bautizado «Jules Rimet» en honor al dirigente francés. Pero antes de que el artista terminara su trabajo, el 27 de marzo, un perro de raza collie, llamado Pickle, salvó el orgullo inglés al hallar la preciada copa, envuelta en diarios en un jardín del suburbio Beulah Hill. Tiempo después se sabría que había sido sustraída por un obrero portuario llamado Walter Bletchley. Pickle fue declarado de inmediato héroe nacional y su propietario, David Corbett —un barquero del río Thames de 26 años—, recibió una recompensa de tres mil libras esterlinas. El famoso collie murió en 1973 y su desaparición fue seguida por el llanto de miles de hinchas.

Se mira... se roba y se funde

En 1970, el trofeo llegó a la sede de la Confederación Brasileña de Futbol (CBF), para quedarse eternamente. Empero, como dice la canción, «nada es para siempre»: la copa fue robada el 19 de diciembre de 1983. El despojo habría sido planeado pocos meses antes en el bar Santo Cristo, situado en la zona del puerto de Río de Janeiro, por el gerente de banco Antonio Pereyra Alves, el decorador José Luis Vieira da Silva, el ex policía Francisco José Rivera y el joyero argentino Juan Carlos Hernández. Pereyra Alves, quien visitaba asiduamente la sede de la CBF, notó que la copa se encontraba dentro de un aparador fácilmente vulnerable. Según la versión policial, la noche del atraco, Vieira da Silva y Rivera maniataron al único guardia y desaparecieron con el botín, que fue derretido de inmediato por Hernández. Los cuatro sospechosos del robo fueron detenidos y condenados a nueve años de prisión. Los lingotes producidos con el oro del trofeo desaparecieron en el mercado negro carioca. Uno de los investigadores del caso se quejó de que «Brasil luchó tanto para ganar la copa y fue a parar a las manos de un argentino». Poco después de recuperar la libertad, Hernández volvió a la cárcel, condenado por tráfico de drogas. Cuando se enteró de que la desaparición del precioso objeto sí era para siempre —y que no se había cumplido la sentencia de la canción— la CBF encomendó a la empresa Eastman-Kodak de los Estados Unidos la elaboración de una reproducción para ser lucida en una vitrina del estadio Maracaná.

La FIFA tomó nota de este incidente y, para evitar otras sorpresas desagradables, determinó que no se entregaría al país ganador la nueva copa que se puso en juego a partir de 1974, diseñada y producida por el orfebre italiano Silvio Gazzaniga. Desde entonces sólo se otorga una réplica al ganador y la original se conserva en las oficinas que el organismo posee en Zurich, Suiza.

¿Qué pasó finalmente con aquella réplica que, disimuladamente, había plasmado el inglés Alexander Clarke por orden de la Football Association? Fue subastada en 1997 por la casa Sotheby's a pedido de la familia del joyero y vendida en unos 400 mil dólares a la misma FIFA, que la colocó en exhibición en el Museo Nacional del Futbol de Preston, Inglaterra.

Uruguay 1930

No fue fácil dar el puntapié inicial. El congreso de Barcelona de 1929 había previsto que el Mundial de Uruguay 1930 se desarrollara entre el 15 de julio y el 15 de agosto para coincidir con la época de las vacaciones estivales europeas, lo que hubiera permitido una mayor concurrencia de equipos. Empero, a medida que las semanas pasaban y el comienzo del campeonato se acercaba, una a una las naciones del Viejo Mundo se excusaban de viajar a Montevideo. Primero, los europeos argumentaron que estaban con problemas económicos. Al ratificárseles que Uruguay se había comprometido a pagar viaje y estadía a todos los participantes, el argumento cambió: la participación en el Mundial significaba que los clubes de ese continente se privaban de contar con sus mejores jugadores durante dos meses, debido a la larga travesía marítima. Cuando el torneo ecuménico amenazaba con convertirse en apenas un certamen americano, el francés Jules Rimet convenció a los gobernantes de su propio país, Rumania, Yugoslavia y Bélgica para que facilitaran la presentación de sus seleccionados. El rey Carol I de Rumania en persona, presuntamente a pedido de Magda Lopescu, una mujer que habría sido su amante, intervino ante las compañías inglesas que empleaban a sus jugadores para que les otorgaran una licencia y pudieran viajar. Se dice que también había confirmado su asistencia Egipto, pero sus dirigentes no pudieron encontrar la forma de llegar a tiempo a Montevideo. Superado el escollo, Rimet, las delegaciones de Francia, Bélgica y Rumania partieron el 21 de junio desde la bella ciudad provenzal de Villefranche-sur-Mer hacia el Río de la Plata a bordo del barco *Conte Verde*, mientras que el equipo de Yugoslavia se trasladó en la nave *Florida*. El diario porteño *La Nación* indicó que, al arribar al puerto de Montevideo, a principios de julio, el titular de la FIFA reconoció que «el número de naciones que participarán es bastante reducido, pero todas las cosas tienen su comienzo y éste es un comienzo alentador. A medida que el escenario se va alejando, el interés va también decreciendo. Para muchos países del Viejo Mundo, un campeonato interesa enormemente si se realiza dentro de sus límites. Ya interesa algo menos si sale de las fronteras, y el interés decrece mucho si se va lejos. No quiere decir esto, sin embargo, que no exista verdadera avidez ante el Campeonato del Mundo».

El primer Mundial, ganado por Uruguay —derrotó 4-2 a Argentina en la final, reeditando ante el mismo rival su conquista de los Juegos Olímpicos de Amsterdam—, tuvo algunas particularidades: fue junto a Brasil 1950 el certamen con menos participantes de la historia mundialista: trece —nueve americanos y cuatro europeos—, y el único que se disputó en una sola ciudad, Montevideo, y para el que no se jugaron encuentros clasificatorios. El desarrollo del campeonato se produjo a partir de cuatro zonas, tres de tres equipos y una de cuatro. Los primeros de cada una clasificaron directamente para la semifinal. Ninguno de sus dieciocho duelos resultó igualado. Sus dos semifinales tuvieron el mismo poco frecuente marcador: 6 a 1 (Uruguay venció a Yugoslavia y Argentina a Estados Unidos). También fue escenario del partido con menor concurrencia de público: apenas trescientas personas se acercaron a la cancha de Peñarol para ver Rumania-Perú, a pesar de que ambas escuadras integraban el mismo grupo que el país anfitrión. En ese encuentro, el peruano Plácido Galindo quedó inmortalizado como el primer jugador en ser echado de un match del Mundial. Como la norma indicaba que «cuando un jugador sea expulsado del field durante el desarrollo de un partido internacional, no podrá volver a representar a su país en el próximo partido internacional que le correspondiera jugar», Galindo (el único echado de esta edición) no pudo actuar contra Uruguay. Lo suyo fue debut y despedida. Por ser la primera de la historia, esta Copa tuvo varios estrenos: el 13 de julio, a las 15, Estados Unidos-Bélgica (en Parque Central, la cancha de Nacional) y Francia-México (en Pocitos, la casa de Peñarol) jugaron los dos primeros encuentros mundialistas. El francés Lucien Laurent, a los 19 minutos, marcó el primero de los más de dos mil goles que, hasta el umbral de Brasil 2014, tuvo el certamen a lo largo de diecinueve ediciones. Su víctima fue el azteca Óscar Bonfiglio.

Otra anécdota: según su reglamento, los períodos de descanso entre ambos tiempos de un partido debían ser «de cinco minutos como mínimo, y 15 como máximo, de acuerdo con lo que disponga el árbitro». Y hablando de hombres de negro, el uruguayo Francisco

Mateucci, quien tuvo a su cargo el choque entre Yugoslavia y Bolivia, el 17 de julio en el Parque Central, fue el más joven de la historia mundialista, con 27 años y 62 días. Junto a estas perlas, la primera Copa del Mundo dejó para el recuerdo algunas curiosidades entrañables.

Ganador adentro y afuera

Andrés Mazzali no sólo descolló en el arco de la selección uruguaya, con la que conquistó dos medallas de oro en los Juegos Olímpicos de 1924 y 1928. Multifacético, fue campeón sudamericano de los 400 metros con vallas (en cinco oportunidades destrozó el récord continental) y gran basquetbolista: ganó el torneo uruguayo de 1923 con Olimpia. Cuenta una leyenda que, por su velocidad y agilidad, en el futbol juvenil sobresalía como delantero, pero al llegar a la primera división debió conformarse con el arco porque no consiguió botines adecuados para sus enormes pies, imprescindibles para patear la durísima pelota de entonces. Además de destacarse en el mundo del deporte, Mazzali era un eximio bailarín y, según las crónicas de la época, un galán irresistible para las mujeres. A tal punto que su fama de Don Juan le costó el puesto en el seleccionado charrúa para el Mundial de 1930. Una noche cercana a la iniciación del certamen, el arquero se escapó de la concentración para encontrarse con una hermosa rubia que había estado esa misma tarde en el hotel donde se hospedaba el plantel oriental. Según parece, la bella señorita habría sido familiar o «allegada» de un dirigente y, al trascender el «affaire», Mazzali fue expulsado del equipo. A pesar de los insistentes reclamos del capitán José Nasazzi y el resto de sus compañeros, el técnico Alberto Supicci se mantuvo firme y decidió reemplazar al mujeriego guardameta por Enrique Ballesteros.

Centenario

Cuando fue elegido como anfitrión de la primera Copa del Mundo, Uruguay no contaba con un estadio a la altura de las circunstancias. Por ello, una vez otorgada la sede, el gobierno oriental encomendó al arquitecto Juan Antonio Scasso la faraónica tarea de construir un nuevo coliseo para cien mil personas, donde se jugasen todos los partidos del campeonato. El nuevo escenario, bautizado «Stadium Centenario» —porque su inauguración oficial se había previsto para el 18 de julio de 1930, día en el que se cumplían cien años de la Jura de la Constitución uruguaya—, comenzó a proyectarse en el parque José Batlle y Ordóñez, situado en el centro de la ciudad, en el extremo este de la tradicional avenida 18 de Julio. Las obras se iniciaron a toda velocidad y en pocos meses se levantaron las tribunas. Las cabeceras fueron nombradas «Colombes» (localidad vecina a París, donde estaba situado el Stade du Matin) y «Amsterdam», en honor a las dos sedes de los Juegos Olímpicos ganados pocos años antes, y las plateas, América y Olímpica. En un primer momento, su capacidad fue proyectada para cien mil espectadores, pero luego se la redujo a setenta mil.

Mientras en Montevideo se construía el «Centenario», en Buenos Aires se criticaba injustamente la fantástica obra. El diario *La Prensa*, por ejemplo, consideró que «un estadio de cien mil espectadores de capacidad para una ciudad que tiene alrededor de seiscientos mil habitantes no es proporcionado». La revista *La Cancha* se preguntó «dónde van a buscar gente en Montevideo para llenar las tribunas» y en la capital argentina se estrenó una obra de teatro con un título mordaz: *¿Qué hacemos con el estadio?* Del otro lado del Río de la Plata no se amedrentaron y aseguraron: «Haremos lo de siempre, ganarles a los argentinos».

Pocas semanas antes del 13 de julio, día en el que estaba previsto el encuentro inicial del campeonato, el mal tiempo se instaló sobre Montevideo y provocó retrasos en las tareas. El 4 de julio, *La Nación* destacó que «cerca de mil obreros trabajan afanosamente, unos en las plateas, otros en la tribuna América y otros en las adyacencias, además de los cuales se ha conseguido el concurso de un batallón de zapadores del Ejército». Las obras no pudieron completarse a tiempo, de modo que los primeros partidos debieron reprogramarse en las canchas de los clubes Nacional, en Parque Central, y Peñarol, en el barrio de Pocitos, ambos de Montevideo. Cuando se inauguró, el 18 de julio, el cemento estaba todavía fresco, y muchos de los asistentes dejaron grabadas frases para la posteridad, algunas patrióticas, otras amorosas. Aun con la incorporación de estos dos escenarios, Uruguay fue la sede en la que menos estadios se utilizaron.

Pelotas

La semana previa al inicio del certamen, el matutino porteño *La Prensa* comunicó que en el Mundial «se usará pelota argentina. Se estudiaron las propuestas de pelotas de juego y se resolvió por unanimidad adoptar la de industria argentina». Dos días más tarde, el mismo diario indicó que «el comité ejecutivo del campeonato mundial de futbol había dispuesto en una de sus reuniones utilizar para todos los partidos del certamen pelotas de fabricación argentina, pero tal resolución se vio sometida a una delicada cuestión, debido a que el ministro de Industrias uruguayo intercedió para que también pudieran emplearse pelotas uruguayas sin tiento. Por tal circunstancia, el Comité Ejecutivo dispuso que se llevaran a la cancha pelotas de ambos tipos, para que los capitanes y jueces, de común acuerdo, eligieran la que tuvieran por más conveniente». Ambos balones eran similares: de cuero, color marrón oscuro, con gajos rectangulares y con costura exterior (algunos jugadores utilizaban boina para evitar lesiones en la cabeza). La única diferencia era su tamaño: el oriental era un poco más grande. Salvo en los encuentros en los que intervino Uruguay, en todos los demás los equipos prefirieron los balones argentinos. *La Cancha*, en un texto harto provocador, señaló: «En Montevideo se juegan los partidos del primer Campeonato Mundial con pelota argentina. No pueden quejarse los uruguayos de que no les damos pelota».

En la final entre el seleccionado local y su clásico rival rioplatense, como los capitanes no se pusieron de acuerdo, el árbitro belga Jan Langenus determinó que se usaran las dos pelotas: la visitante en el primer tiempo y la oriental en el segundo. No son pocos los que atribuyeron a esta peculiaridad la victoria uruguaya por cuatro a dos: el primer tiempo había culminado 2 a 1 a favor de los argentinos.

Rebeldes

Días antes de que Yugoslavia debutara ante Brasil el 14 de julio, un periodista del diario argentino *La Nación* le manifestó su asombro al entrenador balcánico, Bosko Simonovic, porque sus hombres no habían realizado un solo entrenamiento desde su llegada a Montevideo. «Nosotros —explicó Simonovic— no somos profesionales, y no tenemos por qué sacrificarnos. Todos nuestros muchachos son rebeldes al entrenamiento. Nuestro juego no va a variar mucho por unos puntapiés más a la pelota, o una flexión, que a lo mejor nos endurece». Yugoslavia tuvo un desempeño bastante meritorio: salió primero en su zona al derrotar a Brasil por 2 a 1 y a Bolivia 4 a 0. Luego cayó en la semifinal ante la escuadra local por 6 a 1.

Pique

Según los periódicos que cubrieron las alternativas del Mundial, «la pesca en el río Santa Lucía» constituyó «uno de los entretenimientos predilectos» de los jugadores argentinos durante su estancia en un hotel de La Barra de Santa Lucía, donde había sido montado el campamento albiceleste. «Nuestros muchachos —reveló uno de los cronistas— pasan horas enteras esperando el ligero movimiento que les indique que el pez ingenuo mordió la carnada». Los deportistas también protagonizaban intensos duelos de ping-pong y dominó, y algunos disfrutaban de la lectura de un libro. Los uruguayos comandados por Alberto Supicci preferían los juegos de cartas (chinchón, truco, tute cabrero) o escuchar tangos en un fonógrafo. Sin dudas, pasatiempos muy distintos a los que hoy recurren los futbolistas, que se desviven por los videojuegos.

Con la música a otra parte

A pesar de ser el francés Jules Rimet el impulsor del primer Mundial, al equipo galo le costó muchísimo juntar dieciséis futbolistas dispuestos a trasladarse hasta la capital uruguaya. El goleador Lucien Laurent, por ejemplo, viajó luego de conseguir el permiso de los directivos de la empresa para la que trabajaba, la automotriz Peugeot. Marcel Pinel, en tanto, quien era soldado, fue licenciado por sus superiores porque representaría a su nación. Otros, sin embargo, no gozaron de la misma suerte. Gaston Barreau, el entrenador del seleccionado, era también secretario del Conservatorio Nacional de Música, en París. A pesar de sus intensas gestiones, no fue autorizado para ausentarse de su cargo durante los dos meses que demandaría el campeonato y el traslado en barco hasta Sudamérica. El técnico, que dirigió a Francia durante 197 partidos, tuvo su revancha en 1938, cuando sí pudo conducir el equipo *bleu* en una Copa del Mundo. Una curiosidad: Barreau murió el 11 de junio de 1958, el mismo día en el que Francia enfrentó a Yugoslavia por el Mundial de Suecia.

La Celeste

A pesar de que la bandera de Uruguay tiene cuatro franjas azules, cinco blancas y un sol dorado, la camiseta que identifica a su selección de futbol es celeste. Si bien ésta no fue la tonalidad original —las primeras casacas habían sido blancas, azules, y hasta albiazules, a franjas verticales al estilo de la argentina—, el color se impuso por un éxito deportivo: el 10 de abril de 1910, River Plate de Montevideo venció a Alumni, el club argentino más poderoso de esa época. Este triunfo adquirió dimensiones de gesta patriótica en la margen oriental del Río de la Plata, y como esa jornada River utilizó camisetas de color celeste, esta tonalidad fue abrazada para siempre como el distintivo nacional.

Ley seca

En su edición del 11 de julio, el periódico *La Razón* precisó que «en el hotel de La Barra hay también despacho de bebidas alcohólicas. Luego de conversar largamente con varios de los campeones argentinos, se nos ocurrió, como lógica retribución de gentilezas, invitarlos con un aperitivo. "Copetines no", fue la contestación unánime. "Cuando termine el campeonato tomaremos todos los copetines que ustedes quieran. Ahora la obligación es mantener bien nuestro estado"». Al destacar este hecho, el vespertino aclaró que «no nos mueve otro interés que el de demostrar que los jugadores argentinos están dispuestos a anteponer su obligación de defender el buen nombre del deporte nacional, pese a todos los sacrificios».

Carlos Gardel

El 10 de julio, cinco días antes del debut argentino, el famoso cantante de tangos Carlos Gardel visitó a la delegación albiceleste junto a sus guitarristas José María Aguilar, Guillermo Barbieri y Ángel Riverol para ofrecer un recital que sirviera de aliciente a los muchachos que se encontraban lejos de casa. El concierto, que incluyó varias canciones, tuvo lugar en el salón comedor del hotel de La Barra, que había sido adornado con banderas argentinas. Al finalizar la velada, los periodistas intentaron sonsacarle a Gardel qué equipo ganaría el torneo; sin embargo el «Mudo» (quien, como ya se apuntó, tenía su pasión dividida cincuenta y cincuenta a ambas márgenes del Plata) no se jugó: «El futbol —dijo el cantante— es más difícil de acertar que las carreras, y ya sabemos que en el hipódromo no acierta nadie, que no sea (el famoso jockey Irineo) Leguisamo. Pero, en fin, yo sin aventurar nada, y descartando por no conocerlos en el deporte a los brasileños y a los "yankees", diré solamente que creo que los rioplatenses serán los más difíciles de vencer, y que si llegan a una final, habrá que tirar la monedita para saber quién gana. Ambos son buenos y juegan un futbol maravilloso y artístico, y ahora que veo a los nuestros tan alegres y decididos, cabe esperar que ganando o perdiendo lo sabrán hacer como buenos criollos, es decir, con todos los honores». Gardel no sólo hinchaba para Argentina: el día anterior había efectuado el mismo concierto en el campamento uruguayo. De hecho, estas visitas ya se habían producido antes de la final de los Juegos Olímpicos de Amsterdam y, en esa oportunidad, el «Zorzal criollo» les había anunciado a los jugadores de ambos equipos que no concurriría al estadio holandés porque quería «demasiado a las dos camisetas». Otra versión, en un intento por tratar de imponer que Gardel prefería a la escuadra celeste, resaltó que, poco antes de los Juegos de Amsterdam, el popular trovador aprovechó su encuentro con los argentinos, que luego viajarían a Holanda, para interpretar por primera vez el tango *Dandy* —de Lucio Demare, Agustín Irusta y Roberto Fugazot— en una habitación del hotel Moderne de París, donde se alojaba la delegación. Como la selección albiceleste perdió luego con la oriental, en La Barra repitió la canción «fúlmine» como «cábala» en favor de los uruguayos. Desde luego, alega esta leyenda, Gardel se cuidó de no cantarla en el campamento local.

Arquero de emergencia

El primer juego de la Copa del Mundo contó con un imprevisto. A los 23 minutos del primer tiempo, cuando Francia ya derrotaba 1-0 a México en la cancha de Peñarol, el arquero galo, Alex Thépot, chocó contra el delantero azteca Dionisio Mejía y acabó desmayado sobre el césped. El diario argentino *La Prensa* refirió en su edición del 14 de julio que «el accidente se debió en gran parte al arrojo del guardavallas, que posiblemente considerando que el peligro que corría su arco era mayor al real, se precipitó en una intervención espectacular. Thépot quedó desvanecido y, como no reaccionaba, fue necesario sacarlo del campo de juego bajo los efectos de una posible conmoción cerebral. Mientras se disputaba el segundo tiempo, se retiró del estadio acompañado por varios miembros de la delegación francesa, pero felizmente por la noche se encontraba más despejado». Como todavía no se permitían cambios en las formaciones, el puesto de Thépot fue ocupado por el mediocampista Agustín Chantrel, quien fue muy elogiado por los medios periodísticos de la época. En alguno se llegó a resaltar que el volante nada tenía que envidiar a Thépot, famoso jugador de Red Star de París, bajo los tres palos. A pesar de continuar los 67 minutos restantes con un hombre menos, Francia superó holgadamente a México por 4 a 1.

Salió el tiro por la culata

Minutos antes de saltar al campo de juego para enfrentar a Yugoslavia, el 17 de julio en el Parque Central, los once futbolistas bolivianos se calzaron sobre su camiseta verde una chomba blanca con una letra gigante en el pecho. Los muchachos andinos habían ensayado una obsecuente coreografía para ganarse al público local: al presentarse, de cara a la platea, cuatro de ellos formarían con sus cuerpos la palabra «Viva», y los siete restantes «Uruguay». Pero el hombre propone y Dios dispone. Y Dios dispuso que uno de los bolivianos fuera atacado por una repentina diarrea instantes antes de salir del vestuario. Mientras el infortunado jugador decoraba con su enorme «U» uno de los inodoros, los diez restantes, sin advertir su ausencia, se formaron como habían ensayado... para garabatear la frase «Viva Urugay», que no entusiasmó demasiado a los orientales.

El estudiante

El delantero de Estudiantes de La Plata Manuel Ferreira no sólo era el capitán del equipo argentino. Se había ganado el apodo de «el piloto olímpico» por haber actuado como técnico y jugador en Amsterdam. Su temperamento y su gran capacidad dentro de la cancha lo habían convertido poco menos que en irreemplazable, y su honor era intachable. Pero, por lo bajo, varios de sus compañeros cuestionaban que a «Nolo», como se conocía a Ferreira, se le permitiera gozar de ciertos privilegios. Debido a que, además de jugar al futbol, el «piloto» estudiaba en la universidad para ser escribano público, y ese mes de julio se encontraba sobrecargado de parciales y finales, el atacante fue el último en llegar a Montevideo para incorporarse al plantel. Incluso, Ferreira no jugó uno de los partidos, ante México, porque ese mismo día, 19 de julio, debió regresar a Buenos Aires para rendir un final. Poco después, «Nolo» se recibió de escribano y, al recordar el viaje relámpago por el que se perdió de enfrentar a la selección azteca, admitió que los profesores que lo evaluaron le facilitaron las preguntas por ser «mundialista».

Importó un pito

Los hinchas de Nacional aseguraban que uno de los arcos del estadio del Parque Central, que daba a las vías del ferrocarril, estaba embrujado. Afirmaban que cada vez que pasaba una locomotora, si el maquinista hacía sonar su silbato, enseguida se marcaba un gol en la valla hechizada. En esa cancha, el 15 de julio, Argentina debutó ante Francia, que tenía milagrosamente recuperado a su arquero Alex Thépot. Si bien dos días antes había abandonado desmayado el match ante México, esa tarde el portero galo estaba infalible. Los delanteros argentinos no entendían cómo Thépot, que casi había sido dado por muerto, se movía con la agilidad de un gato para ahogar sus gritos de gol con manos, piernas, codos y hasta con el pecho. A solamente diez minutos del final del encuentro, cuando el cero a cero parecía inexorable, el delantero albiceleste Juan Evaristo fue derribado de un patadón por Agustin Chantrel a 35 metros del arco francés y el árbitro brasileño Almeida Rego sancionó la falta con un tiro libre. Aunque la posición de la pelota —sobre la banda derecha, bastante esquinada respecto del arco— no parecía generar demasiado peligro por un eventual remate directo, Thépot armó no obstante una barrera con el mismo Chantrel, Marcelle Capelle y Etienne Mattler, colocada a menos de los 9,15 metros reglamentarios, y se paró en el centro del arco, donde contaba con un ángulo favorable. Los atacantes argentinos, que parecían entregados frente al invulnerable Thépot, le pidieron al mediocampista Luis «Doble ancho» Monti, dueño de un fortísimo remate, que se hiciera cargo de ejecutar la falta. Mientras el jugador de San Lorenzo tomaba carrera, pasó por detrás del arco francés un tren y su maquinista, al ver el estadio repleto, hizo sonar el silbato de la locomotora. Monti sacó un violento disparo que se filtró por un hueco de la barrera y se clavó en el ángulo superior derecho sin que Thépot pudiera reaccionar. Todos los jugadores argentinos saltaron sobre el goleador, pero más de uno quiso salir corriendo a abrazar al conductor de la formación, por haber exorcizado el arco maldito.

Agresión

El partido entre Argentina y Francia se jugó con un marco de enorme hostilidad hacia el equipo albiceleste. Todos los periódicos de entonces coincidieron en que los hinchas uruguayos insultaron constantemente a los argentinos y arrojaron todo tipo de proyectiles contra ellos. El desaparecido vespertino *La Argentina* relató en su edición del 16 de julio, al día siguiente, que el delantero de Boca, Roberto Cherro, sufrió «un ataque de nervios poco antes de que finalizara el *match*, dos minutos exactamente», lo que le provocó «un desvanecimiento» por el que «algunos compañeros lo retiraron del campo». La carga belicosa se recalentó más cuando el referí brasileño Almeida Rego finalizó el encuentro, cinco minutos antes de cumplirse los 90 reglamentarios, lo que facilitó la victoria argentina 1-0. En ese momento, Francia tenía acorralado al equipo argentino en pos de un empate que nunca se concretó. Los galos protestaron mas debieron retirarse masticando la bronca de la derrota.

Al abandonar el estadio, el micro que debía transportar a la delegación argentina hasta su hotel en la Barra de Santa Lucía fue rodeado por furiosos hinchas locales. *La Nación* mencionó que «en circunstancias en que los jugadores argentinos ocupaban el ómnibus que comúnmente utilizan y ya listos para emprender el retorno a su alojamiento, un grupo de pequeñuelos y algunos exaltados los rodearon, profiriendo contra los ocupantes algunas frases inconvenientes. Uno de ellos arrojó una piedra contra el vehículo y rompió uno de los cristales del mismo».

Al conocerse en Buenos Aires el grave incidente, cientos de personas se dirigieron hacia la sede de la Asociación Amateur Argentina de Football —en la calle Viamonte, la misma que ocupa hoy la Asociación del Futbol Argentino (AFA)— para pedir «el retiro del cuadro y su regreso al país». Fue necesaria la intervención de los dirigentes uruguayos y hasta del presidente de la nación oriental, Juan Campisteguy, para tranquilizar a los deportistas argentinos. *La Prensa* publicó el 17 de julio que el titular de la Asociación Uruguaya de Football «concurrió al campo de concentración de los jugadores argentinos con el objeto de repudiar y reprobar los actos de incultura realizados por un grupo de irresponsables. Reiteró los sentimientos de fraternidad y afecto que unen a la Asociación Uruguaya con su hermana, la Asociación Amateur Argentina, por razones históricas y por su actuación solidaria durante la presentación del campeonato mundial», en Barcelona, donde se otorgó la sede a la nación rioplatense. *La Razón* del 18 de julio precisó que «el presidente uruguayo, Juan Campisteguy, recibió al presidente de la Asociación Amateur Argentina de Football, Juan Pignier, en su residencia particular» para garantizarle que «los jugadores argentinos tendrían en las sucesivas presentaciones las más grandes garantías».

Campisteguy «pidió al dirigente argentino que no se hiciera eco de la vergonzosa agresión de la que fueron objeto sus compatriotas por un grupo de exaltados» y, según el vespertino, el mandatario le dijo a Pignier que «toda la gente culta del Uruguay siente con nosotros lo que ocurrió».

Los periódicos locales también censuraron la agresión. El diario *Del Plata* condenó «resueltamente esa actitud tan poco digna para nuestra cultura, porque rebasa los límites de lo tolerable. Las manifestaciones de la cancha, favorables o adversas, pero que se manifiesten dentro de un marco de compostura, que evita ofensas o agresiones, nos parecen escuchables y hasta justificables en determinadas circunstancias. Pero de allí a la compadrada o a la falta de toda consideración directamente personal, hay una diferencia enorme. No puede hacerse responsable al público montevideano por los desmanes de cuatro desaforados, que no suscitan con esas actitudes imperdonables sino la protesta de todos los espíritus sensatos». *El País*, en tanto, opinó que «los vínculos amistosos indisolubles que nuestro pueblo mantiene con la nación vecina del Plata, no pueden condicionar la conducta del público que llega a ser egoísta cuando olvida los sentimientos fraternales y estímulos deportivos que nadie debió regatear. Ese público que ayer exteriorizó sus simpatías por el team francés fue inconsecuente y hasta injusto para con los jugadores representantes de un país al que debemos la realización de esta gran fiesta en nuestra propia casa. Recordar cuánto hizo Argentina con el malogrado doctor Beccar Varela en favor de nuestra vieja aspiración para que Montevideo fuese escenario de una gran jornada de football internacional, es poner en contraste la actitud de ese público que ayer no alentó en ningún momento del match al juego y el esfuerzo de los representantes argentinos». Los jugadores albicelestes aceptaron las disculpas y continuaron en la Copa. El único que puso objeciones fue Cherro, quien se quedó en Uruguay, pero no quiso volver a actuar en el torneo.

Día del Amigo

El entrenador de Estados Unidos, Robert Miller, se puso como loco al terminar el partido debut ante Bélgica, el 13 de julio en Parque Central. Tras el pitazo final, el técnico encerró a sus hombres en el vestuario y, revoleando en forma nerviosa sus manos, les exclamó: «¡Esto es un desastre! Estoy furioso con ustedes, nunca jugaron tan mal. Si repiten esta actuación, les retiro mi amistad». Lo insólito del reproche es que el equipo norteamericano acababa de vencer claramente a su rival europeo 3 a 0.

Penales

Mucho se habló ya del excelente arquero francés Alex Thépot, y todavía hay mucho más para decir de él: fue el primero en atajar un tiro penal en un Mundial. El 19 de julio en el estadio Centenario, Francia y Chile, que ya habían enfrentado a México con sendas victorias, se midieron para ver quién definía el grupo con Argentina. A los 18 minutos del primer tiempo, el árbitro uruguayo Aníbal Tejada señaló la primera «pena máxima» de los Mundiales, por una falta dentro del área francesa. Carlos Vidal se hizo cargo del remate, que cayó en las manos del ágil Thépot. Chile finalmente se impondría por 1 a 0 con un tanto de Guillermo Subiabre a los 65. Terminado ese match, en el mismo estadio jugaron a continuación Argentina y México. A los 23 minutos del primer tiempo, el guardameta azteca Oscar Bonfiglio contuvo otro penal, a Fernando Paternoster. Algunas versiones aseguran que Paternoster, disconforme con el fallo a favor otorgado por el árbitro boliviano Ulises Saucedo (quien también se desempeñaba como entrenador de la selección de su país), tuvo un gesto de caballeresco «fair play» al lanzar un tiro suave, muy fácil para Bonfiglio, para compensar el supuesto error del referí. En ese momento, Argentina ya ganaba 3-0 y terminaría el match con un amplio triunfo por 6 a 3. Curiosamente, en ese mismo encuentro, el guardameta argentino Ángel Bossio también detuvo un penal, a los 20 minutos de la segunda etapa. Bossio desvió el disparo de Manuel Rosas, quien ya le había marcado un gol a los 42 del primer tiempo... justamente mediante un tiro penal. Rosas quedó registrado como el primero en anotar un gol desde los «once metros» en un Mundial. Saucedo también pasó a la historia: los tres penales que sancionó en un solo partido siguen siendo una marca que no fue superada en la historia de la Copa.

Nazi

Curiosa la actitud del capitán de la selección francesa, Alexander Villaplane. En esta primera Copa representó orgulloso a su país, pero doce años más tarde, durante la nefasta Segunda Guerra Mundial, colaboró con las fuerzas alemanas de Adolf Hitler, que habían ocupado una gran parte de la nación gala. El futbolista se unió a la *Schutz-Staffel* (el escuadrón militar del Partido Nacionalsocialista alemán, conocido por su sigla "SS") para dedicarse a la persecución de los cabecillas de la resistencia francesa. También intervino en la masacre de todos los habitantes del pueblo Oradour-sur-Glane y se le atribuyeron cincuenta y dos asesinatos personales de hombres, mujeres y niños. Expulsadas las tropas germanas, Villaplane fue capturado y fusilado el 26 de diciembre de 1944 en el fuerte de Montrouge, situado en el suburbio parisino de Arcueil.

En tanto, Lucien Laurent, autor del primer gol de la historia de los mundiales, fue prisionero de los alemanes. Al terminar la Segunda Guerra Mundial, descubrió que los invasores habían saqueado el depósito de muebles de Estrasburgo donde había almacenado sus pertenencias. Los nazis le habían robado todos sus recuerdos, en especial la camiseta que había vestido con honor en Uruguay.

Técnico dormido

Durante la semifinal que protagonizaron Argentina y Estados Unidos el 26 de julio, el delantero norteamericano James Brown cayó lesionado. El técnico Bob Miller —quien también se ocupaba del entrenamiento físico y de la atención médica de sus hombres— ingresó a la cancha con una valija llena de aceites, ungüentos y remedios para asistir al jugador. Al arrodillarse para observar qué le ocurría a Brown, Miller volcó su valija, y sus frascos y cajas rodaron por el piso. Una de las botellitas caídas, que contenía cloroformo, perdió el corcho y comenzó a derramar su contenido sobre el césped. Cuando el técnico intentó recuperar su cloroformo, se acercó demasiado al líquido volcado, respiró sobre él… y se desmayó. Miller debió ser retirado y acostado del otro lado de la línea de cal por sus propios futbolistas. Brown se recuperó solito, sin ningún tratamiento, y siguió jugando.

Pase policial

Varios libros dedicados a la historia de la Copa del Mundo coinciden en destacar que, durante la semifinal entre Uruguay y Yugoslavia, jugada el 27 de julio, uno de los tantos se produjo luego de una situación irregular. La escuadra europea había abierto el marcador a los 4 minutos a través de Djordje Vujadinovic, mas el equipo oriental rápidamente le dio vuelta con tantos de Pedro Cea (a los 18) y Juan Anselmo (a los 20). A los 31, según las crónicas, un pelotazo que tenía destino fuera de la cancha rebotó en un policía situado junto a la línea de cal —una versión destaca incluso que el agente se metió en la cancha para evitar que saliera el balón— y permaneció en juego, sin que el árbitro brasileño Almeida Rego ni sus líneas, el boliviano Ulises Saucedo y el francés Thomas Balvay, advirtieran la irregularidad. La acción continuó y terminó en la tercera conquista local, anotada de nuevo por Anselmo. Los jugadores balcánicos protestaron con vehemencia la conquista, que de todos modos fue avalada por el referí. Uruguay coronó su triunfo con tres goles más y se clasificó para la final. Los yugoslavos, en tanto, quedaron tan enfadados por lo que consideraron una injusticia, que no se presentaron a jugar el *match* por el tercer puesto con Estados Unidos, derrotado en la otra semi por Argentina. Fue el único partido en el que uno de los contendientes se ausentó en toda la historia mundialista.

Exceso de desconfianza

Horas antes de la final entre Argentina y Uruguay, el delantero Francisco Varallo comunicó a los dirigentes albicelestes que no se encontraba en condiciones físicas ideales para el importante match. El «Cañoncito» había recibido un fuerte golpe en su rodilla derecha ante Chile y la lesión ya le había impedido jugar la semifinal ante Estados Unidos. Como la falta de previsión de quienes estaban al frente de la delegación había pasado por alto que un médico integrara el grupo, se recurrió a los servicios del doctor Julio Campisteguy, hijo del presidente oriental. El profesional revisó a Varallo, tras lo cual recomendó que el futbolista no integrara el equipo por no estar realmente apto para participar del encuentro. Sin embargo, los «astutos» directivos hicieron caso omiso de la opinión de Campisteguy por considerar interesado su diagnóstico e incluyeron al atacante entre los once titulares, en lugar de ponerlo a Alejandro Scopelli, quien además de encontrarse en óptimo estado, había marcado un gol en la semifinal. Para verificar el estado de la lesión, obligaron a Varallo a patear con todas sus fuerzas... ¡una pared! Ya en la cancha, con una muslera como inútil asistente, el pobre «Pancho» apenas podía con su alma. «No me podía mover», reconoció el goleador de Boca Juniors, quien en el segundo tiempo abandonó el campo, agobiado por el dolor, y dejó a su equipo en inferioridad numérica. Efectivamente, el diagnóstico del médico local había sido correcto y honesto.

Feriado espontáneo

La final entre Argentina y Uruguay generó una enorme expectativa en Buenos Aires. Miles de personas se lanzaron a comprar pasajes para cruzar en barco a Montevideo y acudir al «Centenario». La misma Asociación Amateur Argentina de Football, consignó *La Nación*, «fletó cinco vapores para llevar a los hinchas, por la demanda de pasajes». Aunque los organizadores de la Copa habían destinado unas ocho mil entradas a la parcialidad argentina, se cree que unas veinte mil personas inundaron la vecina orilla, muchas de las cuales debieron masticar su bronca al pie del estadio por no haber conseguido tickets: se habían agotado hasta los de reventa, cuyo precio se había disparado ferozmente. No llegaron más viajeros argentinos porque una densa niebla cubrió todo el fin de semana la ribera montevideana, lo que obligó a cancelar varios servicios fluviales y también los aéreos. Algunos buques regresaron después de pasar la noche fondeados en medio del río. En Buenos Aires, el interés por el clásico choque conmocionó la actividad laboral y social de los porteños de ese miércoles 30 de julio. Como en esos tiempos no había televisión, y los aparatos de radio eran demasiado costosos y exclusivos para las familias ricas, la gente se congregaba a las puertas de los edificios que ocupaban los diarios para escuchar las alternativas de los partidos que los cronistas transmitían por teléfono, amplificadas a través de enormes parlantes dirigidos hacia la calle. En todos los barrios, las casas de electrodomésticos sintonizaron sus radios para convocar a los hinchas como la miel a las moscas. *La Nación* acentuó que «desde algunos minutos antes de la hora en que se debía comenzar el juego, quedó interrumpido el tráfico transversal de la Avenida de Mayo y la circulación se hizo puramente de peatones en todo el largo de la arteria, desde Bolívar a Sáenz Peña y viceversa». El mismo periódico enfatizó que «el directorio de la General Motors Argentina, atento a la gran expectativa suscitada por el encuentro internacional, y que casi la totalidad de su personal es argentino, ha dispuesto concederle asueto con goce de sueldo a partir del mediodía, a fin de que pueda asociarse libremente al entusiasmo reinante en la población». Los diarios coincidieron en que se decretó un «feriado espontáneo» en la capital argentina para escuchar lo que pasaba en Montevideo.

Doble trabajo

El belga Jan Langenus no sólo fue el árbitro que más partidos dirigió durante el Mundial de Uruguay, con cuatro presentaciones, incluida la final. Langenus había viajado a Montevideo con un doble propósito: ser juez y periodista. Según la revista *Goles*, «cuando terminaba cada uno de los partidos, con sus pantalones cortos todavía puestos (arriba vestía camisa, saco y corbata, una indumentaria que hoy bien puede calificarse de insólita), le pasaba las crónicas al semanario alemán *Kicker* por teléfono». Para arbitrar el «clásico» Uruguay-Argentina, Langenus exigió a los organizadores un seguro de vida, temeroso de que ocurriera una tragedia dentro del Centenario. Pero nada sucedió y, tras el pitazo final, el belga salió disparado hacia el puerto de Montevideo para embarcarse de vuelta a casa.

La batalla del Plata

Si bien las agresiones sufridas durante y finalizado el encuentro con Francia parecían cicatrizadas después de tres amplias victorias consecutivas, el ánimo en el hotel de La Barra de Santa Lucía no era el mejor para enfrentar a los dueños de casa. Roberto Cherro se había autoexcluido; Adolfo Zulemzú dijo que estaba imposibilitado por una dolencia, que fue ratificada por una revisión médica; el «Cañoncito» Francisco Varallo tampoco quería jugar por encontrarse lesionado en la rodilla derecha. «Terminaron poniéndome a mí —sostuvo Varallo en una entrevista concedida varios años más tarde— porque los jugadores mayores, como "Nolo" Ferreira, Monti y (Carlos) Spadaro, quienes armaban el equipo, se dieron cuenta de que (Alejandro) Scopelli, que era el insider derecho titular, se había asustado un poco por el clima que se vivía». La revista *El Gráfico* aseveró que «en el campamento argentino se hacían correr rumores extravagantes de represalias en caso de ganar». Uno de los blancos fue el propio Monti, quien, horas antes de la final, había recibido innumerables amenazas anónimas contra él y su familia. «Me mandaron mensajes, me dieron serenatas que no me dejaron dormir la noche anterior», confesó «Doble ancho» en un reportaje, tiempo después. Para Varallo, «Monti no tendría que haber entrado en la final, se lo notaba cohibido, como con miedo a jugar». Una versión afirmó que detrás de las intimidaciones contra el mediocampista de San Lorenzo estaba la mafia italiana. Su idea era que, derrotada la selección argentina, Monti fuera el chivo expiatorio de los hinchas y, fastidiado con su gente, aceptara ser contratado por Juventus de Turín y, al mismo tiempo, pasar a integrar la escuadra «azzurra». Lo cierto fue que, a su regreso a Buenos Aires, Monti se entrevistó con dos enviados de la «Vecchia signora» y aceptó mudarse a Turín. «Todos los argentinos me habían hecho sentir una porquería, un gusano, tildándome de cobarde y echándome exclusivamente la culpa de la derrota en la final mundialista ante los uruguayos. Y de pronto me encontraba ante dos personas que venían del extranjero a ofrecerme una fortuna por jugar al futbol», admitió el mediocampista.

Otro que no estaba convencido de integrar el equipo finalista era Ferreira, quien había mantenido un conflicto con varios de sus compañeros: estaban rencorosos porque, a pesar de no haber jugado contra México por haber retornado a Buenos Aires para rendir un examen, «Nolo» fue titular en la semifinal ante Estados Unidos. Estos futbolistas se quejaron ante los dirigentes argentinos y el entrenador Juan José Tramutola pero, no obstante el entredicho, Ferreira fue persuadido por los directivos y el técnico para integrar la escuadra.

Ya en el césped del Centenario, con las tribunas repletas y realizado el sorteo de las pelotas, el juego se inició con muchísimos roces y pierna fuerte. Los medios argentinos acusaron a los uruguayos de pegar arteramente a sus rivales, ante la supuesta pasividad del árbitro belga. El arquero visitante, Juan Botasso, aseguró a la revista *La Cancha* que lo golpearon «sin consideraciones de ninguna especie, desde el principio del partido». Botasso comentó que los peores porrazos los recibió del delantero Héctor Castro, uno en los riñones y otro en el muslo que le provocó una «paralítica». Castro, quien a los trece años había perdido el antebrazo derecho en un accidente con una sierra eléctrica, había clavado su muñón en la humanidad del guardavalla. «Durante aquel partido tuve mucho miedo porque me amenazaron con matarme a mí y a mi madre. Estaba tan aterrado que ni pensé en el partido que estaba jugando, y perjudiqué así el esfuerzo de mis compañeros», concedió Monti. De todos modos, Argentina se fue al descanso con un marcador favorable por dos a uno: Pablo Dorado había abierto la cuenta para los locales, pero los visitantes se pusieron al frente con anotaciones de Carlos Peucelle y Guillermo Stábile (máximo «scorer» de la Copa con ocho conquistas). Algunas versiones periodísticas dejaron entrever que, dentro del vestuario, los albicelestes fueron amenazados por hinchas armados. Esta situación no fue confirmada oficialmente por ninguno de los protagonistas. Monti sí recalcó que «al volver para el segundo tiempo, había unos trescientos milicos con sus bayonetas caladas» junto a la línea de cal. «A nosotros no nos iban a defender. Me di cuenta de que si tocaba a alguien, se prendía la pólvora. Le dije a mis compañeros "estoy marcado, pongan ustedes porque yo no puedo". Después de todo, ¿qué querían que fuera, héroe del futbol?» En el complemento, Uruguay, impulsado por el aliento de su gente, salió a buscar la gloria. Las crónicas de la época convinieron en que la mayoría de los futbolistas visitantes parecía no reaccionar, presa de una pasividad pasmosa. «El cuadro oriental —publicó *El Gráfico*— estaba entero, mientras que en el argentino Monti no marchaba por decisión propia; Juan Evaristo y Botasso, lesionados en el primer tiempo, y Varallo, resentido de lesiones anteriores». Con ventaja física, el equipo celeste dio vuelta el tanteador con tres conquistas conseguidas por Pedro Cea, Victoriano Santos Iriarte y el propio Castro. El dueño de casa, organizador del primer certamen ecuménico, levantó por primera vez la figura dorada de la diosa de la victoria. Años más tarde, Varallo y Ferreira minimizaron los escritos periodísticos argentinos que acusaban a los orientales de haberse impuesto con malas artes. Varallo alegó que Argentina tenía equipo para salir campeón, pero «ellos nos ganaron por ser más guapos y más vivos. No por ser mejores jugadores». «Nolo», en tanto, aseguró que «los uruguayos no dieron tantas patadas, ellos jugaron fuerte como siempre lo hicieron», aunque razonó que tantas presiones y amenazas «causaron impacto entre los argentinos y disminuyeron considerablemente el rendimiento del equipo». Categórico, el capitán oriental Nasazzi sostuvo: «Ganamos la Copa porque pusimos más sangre».

Italia 1934

La primera Copa europea no pudo desligarse del enrarecido clima político y social que envolvía al Viejo Continente. El régimen despótico de Benito Mussolini presionó primero a la FIFA para que Italia organizara el campeonato y luego se valió de métodos sombríos para que el equipo «azzurro» no tropezara en su camino hacia el título mundial. La victoria italiana sirvió a la causa fascista que glorificaba el nacionalismo sobre otras doctrinas, como el comunismo. Los futbolistas locales fueron amenazados de muerte para que ganaran el torneo, obligados a afiliarse al Partido Nacional Fascista y se ofreció un trofeo adicional al «Jules Rimet», la «Coppa del Duce», para la escuadra vencedora.

La presión no solamente alcanzó a los deportistas italianos. Los libros de historia del fútbol publicados en Sudamérica hacen referencia a los saludos «nazis» o «fascistas» que efectuaban las selecciones de Alemania e Italia mientras sonaban sus respectivos himnos antes de los partidos. La verdad es que todos los equipos realizaron el «saludo romano» —acto de estirar el brazo derecho, recto, hacia delante— que en esos tiempos habían tomado como gesto distintivo Adolf Hitler y Mussolini. Distintos periódicos de entonces destacaron que, por ejemplo, antes de enfrentarse el 27 de mayo en Bologna, las escuadras de Argentina y Suecia saludaron al palco oficial con sus brazos extendidos al frente. Es más: el diario porteño *La Nación* informó que «al desembarcar la delegación argentina», en el puerto de Nápoles —adonde llegó tras cruzar el Atlántico y el Mediterráneo rumbo al Mundial—, «envió un telegrama de salutación al jefe del Gobierno, señor Benito Mussolini». Ese mismo día, agregó el matutino argentino, los jugadores y dirigentes «se trasladaron a Forli para depositar flores sobre la tumba de los padres del Duce». Este caso es una muestra de la oscura atmósfera que dominaba Europa por esos días, en los que, a pesar de todo, dieciséis selecciones se reunieron para disputar la segunda edición de la Copa del Mundo de fútbol. Jules Rimet, padre de la competencia, se lamentó por dos ausencias notorias: Uruguay e Inglaterra. Se dice que varios motivos justificaron la ausencia oriental: Cobrarse «ojo por ojo» la desconsiderada deserción de los italianos en el primer certamen, estar en desacuerdo con la dictadura de Mussolini y que los futbolistas, que recientemente habían conseguido que se blanqueara el profesionalismo, prefirieron quedarse para intervenir en los rentables partidos locales y no jugar «por el honor» con la celeste. De una u otra forma, la escuadra uruguaya fue la única campeona que no defendió su título desde 1930 hasta Sudáfrica 2010. Inglaterra, en tanto, seguiría dándole la espalda al campeonato ecuménico hasta 1950. Por otra parte, Rimet sumó su grano de arena al propósito de Mussolini al afirmar, el 13 de mayo, que «la Copa del Mundo será un éxito al que habrá contribuido en gran parte el Comité Organizador, que despliega una actividad difícil de igualar».

Respecto del sistema de competencia, para esta segunda edición se modificó el régimen de grupos y se adoptó un cuadro de eliminación directa que arrancó desde octavos de final. Esto determinó que ocho de las dieciséis naciones participantes quedaran eliminadas en su primer match. Para esta Copa comenzaron a jugarse encuentros clasificatorios. El primero lo protagonizaron Suecia y Estonia, el 11 de junio de 1933: el equipo escandinavo se impuso por 6 a 2. Comenzada la competencia, el 27 de mayo, en la victoria de Austria sobre Francia, 3-2 en Turín, por los octavos de final, hubo otra novedad: se disputó el primer «alargue» mundialista. Días después, Italia y Checoslovaquia jugarían el primer tiempo extra en una final.

Barcos

Así como jugar en Uruguay significó una larguísima travesía marítima para las cuatro selecciones europeas y las de Estados Unidos y México que viajaron a Montevideo, llegar a Italia no fue tampoco sencillo para los equipos americanos. Brasil y Argentina, por ejemplo, demoraron casi dos semanas en arribar a la península, y apenas dos o tres días para quedar eliminados, gracias al nuevo sistema de competencia. La escuadra brasileña, casualmente, había compartido en el buque *Conte Biancamano* parte del recorrido con la española, que subió en la escala de Barcelona y que fue, precisamente, la que la eliminó el 31 de mayo en Génova, por 3 a 1. Pero peor la pasaron México y Estados Unidos. Las dos selecciones hicieron juntas en la misma embarcación la larguísima travesía hasta Roma, donde el 24 de mayo disputaron... ¡la eliminatoria! Estados Unidos se impuso por 4 a 2 en el Estadio Nacional y los aztecas volvieron a casa inmediatamente. La estadía de los «yankees» no fue mucho más larga. Tres días más tarde, el 27, en el mismo escenario, fueron goleados por la selección local 7 a 1.

Goleador frustrado

El delantero irlandés Patrick Moore fue el primer jugador en marcar cuatro goles en un solo partido mundialista, aunque sucedió durante la eliminatoria para Italia 1934. Moore anotó los cuatro tantos de su equipo ante Bélgica, el 25 de febrero de 1934 en Dublin. Lo más llamativo del caso es que, después de tan notable desempeño, Moore no pudo salir victorioso esa tarde, porque el juego finalizó igualado.

Clasificado con trampa

Italia fue el único país organizador de la Copa que debió participar de una serie clasificatoria para disputar su propio Mundial. El 25 de marzo de 1934, dos meses antes del inicio de la competencia, el seleccionado italiano se vio obligado a enfrentar en Milán a Grecia, equipo al que derrotó con facilidad 4-0. Sin embargo, la amplia victoria fue fraudulenta, ya que el equipo «azzurro» incluyó en sus filas a tres futbolistas que, según las reglas de entonces, no estaban habilitados para vestir esa camiseta. En esa época, si un jugador deseaba integrar el seleccionado de otro país, se le exigía un mínimo de tres años de residencia en su nueva patria y un período similar después de haber defendido por última vez a su anterior equipo nacional. Ni los argentinos Luis Felipe Monti y Enrique Guaita, ni el brasileño Amphiloquio Marques cumplían con los requisitos fijados por la FIFA. Monti jugó para Argentina en julio de 1931, mientras que Guaita lo hizo en 1933. Marques Filo, en tanto, llegó por primera vez a Italia en julio de 1931. La FIFA no midió con la misma vara el caso del rumano Iuliu Baratki. En abril de 1934, la entidad emitió un comunicado en el cual señaló que Baratki «podrá ser súbdito rumano según el Tratado de Trianón (el acuerdo de paz que, al finalizar la Primera Guerra Mundial, dio origen a los países que hasta entonces conformaban el Imperio Astrohúngaro), pero por haber jugado en 1932 en el equipo nacional húngaro no puede figurar en otro combinado nacional hasta transcurridos tres años». Baratki recién pudo representar en un Mundial a Rumania en 1938.

Pero éstas no fueron las únicas estafas cometidas por los organizadores del torneo: el partido revancha con Grecia, que debía desarrollarse en Atenas, nunca se jugó. En ese entonces, se adujo que los helenos, abrumados por el amplio marcador del primer choque, no estaban dispuestos a soportar una segunda humillación, y menos en su tierra. Sesenta años después de la suspensión del encuentro, trascendió que la por entonces empobrecida federación griega aceptó una oferta de los italianos consistente en la compra de una casa de dos plantas en Atenas, a cambio de cancelar el compromiso y dar por perdida su participación.

Absuelto

En 1928, la Federazione Italiana Giuoco Calcio le quitó el título de campeón a Torino luego de que se descubriera que el club «granate» había sobornado con cincuenta mil liras a Luigi Allemandi, jugador de Juventus, su «clásico rival». Asimismo, se suspendió «de por vida» a Allemandi. Pero, pocos meses antes del comienzo de la Copa, el entrenador italiano Vittorio Pozzo solicitó una amnistía para el futbolista castigado. Allemandi participó así de la eliminatoria ante Grecia y de los cinco partidos del Mundial.

No hubo revancha

Seis de los trece participantes del primer Mundial Uruguay 1930 viajaron a Italia para la segunda cita. Curiosamente, todos cayeron en la primera rueda y debieron volverse con el sabor amargo de ser eliminados en un solo encuentro: Bélgica perdió ante Alemania 5-2; Francia con Austria 3-2; Rumania con Checoslovaquia 2-1; Estados Unidos con la selección local, 7-1; Argentina con Suecia 3-2; y Brasil con España, 3-1.

Deme «Duce»

Cuando llegó al estadio «Nazionale» de Roma para presenciar el choque entre Italia y Estados Unidos, el 27 de mayo, el dictador Benito

Mussolini fue recibido por una horda de obsecuentes funcionarios y sumisos directivos futbolísticos que, con ampulosas florituras, lo invitaron a ocupar un espacio de privilegio en el palco de honor. No obstante la empalagosa bienvenida, Mussolini se negó a ingresar al coliseo sin su correspondiente entrada. El «Duce» ordenó que no hubiera privilegios «para nadie», y él mismo se dirigió a una de las boleterías para adquirir tres billetes para él y dos de sus cinco hijos, que lo acompañaban.

Según el cristal con que se mire

El suizo Leopold Kielholz no parecía jugador de futbol: medía apenas 1,71 metros y los gruesos cristales de sus anteojos evidenciaban una severa miopía. No obstante, dentro de la cancha, Kielholz —cual Clark Kent, aunque sin abandonar sus gafas— se transformaba en un delantero indomable. El 27 de mayo, en el San Siro de Milán, el aguerrido atacante anotó dos de los goles con los que su equipo derrotó a Holanda por 3 a 2. Cuatro días después, en Turín, Kielholz volvió a inscribirse en el marcador, ante Checoslovaquia, pero su selección cayó finalmente por 3 a 2 con la escuadra que luego sería subcampeona. Cuatro años más tarde, el delantero viajó a Francia, pero no participó en ninguno de los tres encuentros disputados por el equipo helvético.

No voy en tren...

El delantero húngaro Gyorgy Sarosi no participó en el triunfo ante Egipto, por 4 a 2 en Nápoles, porque había perdido el tren que debía llevarlo desde Budapest a Italia. Sarosi, quien trabajaba en un estudio de abogados, debió retrasar su viaje junto a la delegación magiar para atender un asunto laboral. El atacante sí pudo integrar la selección húngara el 31 de mayo en Bologna, ante Austria, y marcó un gol de penal. Pero, esa tarde, el excepcional equipo austríaco, conocido como «Wunderteam» o «equipo maravilla», se impuso por 2 a 1.

Avatar de Avar

Pocos minutos antes de finalizar el primer tiempo de ese partido entre Austria y Hungría, el delantero magiar Istvan Avar sufrió una lesión muscular en una pierna, que lo obligó a abandonar el campo de juego. En la segunda parte, cuando el austríaco Karl Zischek anotó el segundo tanto de su equipo, el técnico húngaro, Odon Nadas, le pidió a Avar que hiciera un esfuerzo y retornara a la cancha, porque, con uno menos, iba a resultar imposible dar vuelta el marcador. El jugador accedió y cuatro minutos más tarde fue víctima de una falta dentro del área rival. El árbitro italiano Francesco Mattea marcó el penal y el propio Avar, a pesar de su dolencia, se encargó de la ejecución. Pero su potente remate salió desviado, algunos centímetros por encima del travesaño. Hungría siguió al ataque y a los 56 minutos Mattea volvió a señalar la pena máxima por otro «foul» de la defensa austríaca. El centrodelantero Gyorgy Sarosi acomodó la pelota, pero Avar lo convenció para que le dejara hacerse cargo del disparo. Ansiaba su revancha. Sarosi accedió y Avar volvió a sacar un fuerte disparo que, otra vez, salió por encima del larguero. A los 60, otro penal para Hungría: esta vez Sarosi se hizo cargo y la tercera fue la vencida. Más allá del estrecho margen, el equipo de Nadas no pudo alcanzar el empate: tres minutos después se quedó con nueve hombres por la expulsión de Imra Markos y la salida definitiva de Avar, vencido por el dolor de su pierna y la vergüenza de su infeliz «doblete».

Tres partidos en cuatro días

Italia es el único país que, a lo largo de todos los Mundiales, jugó tres partidos en cuatro días. El primero de ellos tuvo lugar el 31 de mayo en Florencia, donde el equipo local empató 1-1 con España tras 120 minutos, la primera igualdad mundialista. Tal como lo indicaba el reglamento de entonces, los dos seleccionados volvieron a enfrentarse en el mismo escenario para romper la paridad. En la revancha, los «azzurri» se impusieron por 1 a 0 con un gol de Giuseppe Meazza. Dos días más tarde, el 3 de junio, Italia viajó a Milán para derrotar a Austria 1-0, gracias a un tanto del argentino Enrique Orsi.

Derrota y medalla

Los españoles abandonaron Italia convencidos de que habían sido «ganadores morales» de su duelo ante los dueños de casa. Jugadores, dirigentes y periódicos ibéricos calificaron literalmente como «un robo» el primer encuentro jugado en Florencia el 31 de mayo. Denunciaron que el arquero Ricardo Zamora había terminado el juego con dos costillas fracturadas por un golpe que le había propinado el centrodelantero Angelo Schiavo en la jugada en la que Giovanni Ferrari anotó la igualdad definitiva a los 44 minutos. También repudiaron que se les anulara un tanto por una posición adelantada que, a su criterio, no había existido. «Nos han birlado el partido. Lo más indignante de todo han sido los dos goles que han decidido el partido: el que les han regalado a ellos y el que nos han anulado a nosotros. Para empatar me hicieron un foul, que el árbitro fue el primero en advertir: Schiavo me dio dos soberbios puñetazos que me enviaron a sentarme al fondo de la red, y así Ferrari pudo rematar a placer. El árbitro iba a anularlo cuando los italianos le trajeron a los jueces de línea, y éstos lo convencieron para que diera validez a semejante tanto», se desahogó Zamora luego del encuentro. También dijeron que los vascos Isidoro Lángara e Irrasti Ciríaco habían quedado inutilizados para la revancha debido a la brusquedad de los italianos y la ostentosa desidia del árbitro belga Louis Baert. En realidad, la violencia afectó a las dos escuadras: para el desempate, los italianos tuvieron que efectuar cuatro modificaciones por contusiones y los españoles, siete. Los diarios hispanos se quejaron asimismo de que en el segundo juego, que tuvo lugar 24 horas más tarde, el referí suizo René Mercet dejó pegar a mansalva a los locales. Los ibéricos disputaron casi todo el segundo tiempo con diez hombres, por la lesión de Crisanto Bosch, y también con su arquero suplente Juan Nogués golpeado. Casualidad o no, Baert y Mercet fueron expulsados del campeonato al día siguiente. Aunque eliminados —el 1° de junio Italia se impuso por 1 a 0 con un gol de Giuseppe Meazza—, los españoles regresaron a casa como verdaderos triunfadores. Además de los distintos banquetes y fiestas en honor de los jugadores, el periódico madrileño *La Voz* inició una suscripción nacional para premiar con una suma de dinero y medallas de oro a los integrantes del equipo. Según el matutino, «los italianos vencieron por su juego brusco, y el propósito de la colecta es demostrar que se respeta y admira la valiente lucha de los españoles». Nadie quedó fuera de la iniciativa. Los primeros en depositar sus contribuciones fueron el alcalde de Madrid, los miembros del Concejo Deliberante y todos los funcionarios comunales.

Bronca

Después de que Italia venció a Austria por 1 a 0 en Milán, el técnico visitante, Hugo Meisl, volaba de bronca: «Debimos ganar, porque sobre el terreno se ha demostrado que nuestra técnica es muy superior a la de los italianos. Pero me ha fallado la línea delantera. Se han impuesto, han llevado con seguridad el ataque, pero les ha faltado calor. A la hora de tirar, se han mostrado completamente estúpidos», disparó el entrenador a un periodista. Además de reconocer las fallas de sus hombres, Meisl atribuyó el triunfo «azzurro» a un arbitraje parcial del sueco Ivan Eklind y a las presiones extrafutbolísticas del fascismo. «Es imposible ganar en el ambiente que han preparado. Hay que resignarse y dejar que los azules se queden con el título. Pero esto no nos impedirá declarar que su futbol no es el mejor, y que el título de campeones del mundo no lo conseguirán con justicia». El técnico fue terminante: «Son brutalidades inadmisibles y, si no se corrigen, perturbarán el verdadero deporte».

Hoy un juramento...

Enrique Guaita reveló varios años después de la final ante Checoslovaquia que «si hubiéramos tenido que enfrentar a Argentina, no jugábamos» para Italia. «Lo juramos Luis Monti, Raimundo Orsi, Atilio de María y yo» antes del comienzo del torneo, aseguró Guaita. Gracias a la rápida derrota albiceleste, los cuatro ítalo-argentinos no necesitaron renunciar al equipo «azzurro». Fue una suerte, si se tienen en cuenta las represalias que solía tomar el fascismo con aquellos a los que consideraba «traidores»...

El nazi, la boda y las camisetas

El 31 de mayo, cuando volvió al hotel de Milán luego de haber participado en el triunfo ante Suecia, por 2 a 1 en San Siro, el volante alemán Rudolf Gramlich recibió una mala noticia: la fábrica de zapatos para la que trabajaba en Frankfurt, de propietarios judíos, había sido confiscada por las autoridades nazis. Gramlich, quien se desempeñaba profesionalmente como curtidor, debió dejar de lado su pasión futbolera y retornar a casa para tratar de ayudar a sus patrones y salvar su única fuente de sustento. De retorno en Frankfurt, la buena reputación de Gramlich como integrante de la selección germana nada pudo hacer para cambiar el triste destino de sus empleadores. El jugador no corrió la misma trágica suerte que ellos, ya que era alemán de raza aria y solamente quedó desocupado por poco tiempo. La sangre de sus patrones lo había dejado sin trabajo, pero la propia le consiguió otro, pocas horas más tarde, en las filas del cuerpo militar del Partido Nacionalsocialista alemán, *Schutz-Staffel*, más conocido como las espeluznantes «SS». El mediocampista pasó, así, de víctima a victimario.

En tanto, en Roma, sin la presencia de Gramlich, la selección germana perdió la semifinal ante Checoslovaquia, por 3 a 1, y quedó relegada a jugar por el tercer puesto con Austria. Para este partido, programado para el 7 de junio en Nápoles, el entrenador Otto Nerz estaba en problemas: entre deserciones y lesiones, de los 18 jugadores que había llevado a Italia sólo estaban disponibles diez. Para ocupar el puesto que quedaba libre, en la defensa, Nerz mandó un telegrama de urgente convocatoria al zaguero y figura de Alemannia Aachen, Reinhold Münzenberg, quien ya había vestido la camiseta de la selección en cuatro oportunidades. Tras recibir el comunicado, Münzenberg llamó al hotel donde estaba alojada la delegación y le explicó al ayudante de campo de Nerz, Josef Herberger, que no podía trasladarse hasta allí porque el mismo día del encuentro debía participar en un acontecimiento muy importante: su propia boda. Impertérrito, Herberger apeló a una frase que convenció al futbolista a sumarse al equipo alemán: «Una fecha de casamiento se puede retrasar, pero un Mundial, no». Con Münzenberg como puntal de la defensa, Alemania venció a Austria por 3 a 2 y se quedó con la medalla de bronce.

Pero a este curioso match le quedaba, todavía, una historia muy particular. Cuando salieron al césped del estadio napolitano «Giorgio Ascarelli», las dos escuadras vestían sus uniformes tradicionales, de color blanco y pantalón negro. La única diferencia estaba en las medias: ambas eran blancas pero las germanas tenían una franja negra más ancha. En su libro *100 Highlights Fussball. Momentaufnahmen Weltmeisterschaften 1930-1998*, el periodista Andreas Baingo afirma que, como los capitanes no se pusieron de acuerdo sobre cuál de los dos conjuntos debía cambiar su atuendo, el árbitro italiano Albino Carraro decidió comenzar el juego a pesar del conflicto cromático. La confusión fue tal, que los espectadores italianos no sabían cuál equipo atacaba hacia un lado y cuál para el otro. Tal vez favorecidos por esta increíble situación, los alemanes se pusieron en ventaja 2-0 en pocos minutos, de la mano, o mejor dicho de los pies, de Ernest Lehner y Edmund Conen. Desconcertados, los austríacos le pidieron permiso a Carraro para sacarse las camisetas y calzarse unas del equipo local Napoli que había conseguido, de apuro, uno de sus dirigentes. Los tiroleses creían además que con el celeste en el pecho obtendrían el apoyo de los espectadores. Sin embargo, el cambio no fue tan efectivo: primero, porque apenas había siete mil hinchas, en su mayoría despreocupados respecto del resultado. Segundo, porque si bien los austríacos lograron marcar dos veces, esto no alcanzó para evitar la victoria de Alemania, que terminó imponiéndose por 3 a 2.

El reto de Mussolini

Cuando el árbitro sueco Ivan Eklind pitó la culminación del primer tiempo de la final entre Italia y Checoslovaquia, con el marcador en blanco, el «Duce» Benito Mussolini saltó de su silla y corrió hasta el vestuario local. Allí, el dictador encaró al argentino Luis Monti y lo «sermoneó» por la gran cantidad de patadas que había repartido entre sus rivales. Mussolini le señaló que, con uno de sus arteros golpes, el volante sudamericano había derribado al checoslovaco Oldrich Nejedly dentro del área italiana y le remarcó que no se había sufrido un penal en contra gracias a que el «benévolo» Eklind estaba «colaborando» con su causa. Empero, le advirtió que, si se repetía una situación de esa naturaleza, a Eklind no le quedaría más remedio que sancionar la falta. El dictador le pidió al argentino que ayudara al juez y no le complicara su «trabajo» con acciones tan difíciles de encubrir. Mussolini regresó a su asiento para disfrutar del triunfo italiano, por 2 a 1, y también del ejemplar comportamiento que el endulzado Monti desplegó en el complemento.

Cuestión de Estado

Días antes del comienzo del torneo, Mussolini se reunió con el entrenador italiano, Vittorio Pozzo, para advertirle: «Usted es el único responsable del éxito, pero que Dios lo ayude si llega a fracasar». La amenaza de «Il Duce» se hizo extensiva también a los jugadores italianos. «Ganan o shhhh», les advirtió pasando su dedo índice por la garganta, durante una comida supuestamente de «camaradería». Para Mussolini, la Copa no era una simple competencia deportiva, sino la ocasión ideal para mostrar al mundo el poderío fascista. Todo contribuía a la causa. Incluso, que en la escuadra «azzurra» hubiera cuatro jugadores argentinos —Luis Felipe Monti, Raimundo Orsi, Enrique Guaita y Atilio Demaría— o un brasileño, Amphiloquio Marques, quien adoptó el nombre «Anfilogino Guarisi» para pasar por natural de la península itálica. Los estadios fueron rebautizados convenientemente: el de Roma, hoy «Estadio Olímpico», fue llamado «Stadium del Partido Nacional Fascista». Frente a tan espeso clima de violencia, Monti no entendía nada: «En Montevideo me mataban si ganaba, en Roma me mataban si perdía», comentó años más tarde. Tuvo suerte: en ambas oportunidades el resultado lo mantuvo a salvo.

Ni parecido

Al día siguiente del gran triunfo ante los checoslovacos, el ítalo-argentino Raimundo Orsi, autor del gol de la victoria, aceptó hacer una sesión de fotos para los periódicos locales. Los reporteros llevaron a Orsi hasta el Estadio Nacional del Partido Nacional Fascista romano, donde se jugó el encuentro decisivo, colocaron sus cámaras detrás del arco en el que se había señalado la conquista, y pidieron al «héroe» que repitiera el formidable disparo que había doblegado al famoso arquero checoslovaco Frantisek Planicka y consagrado campeón a Italia. Debido a los obsoletos mecanismos de los equipos fotográficos de la época, nadie había logrado retratar a Orsi en el momento culminante. El argentino —que se había vestido para la ocasión con los colores «azzurri» para dar mayor realismo a las imágenes— probó una, dos, tres... veinte veces, pero la pelota nunca pasó, ni cerca, por el sector junto a un palo donde había ingresado la tarde anterior. El sol se puso, las sombras cubrieron el césped y los fotógrafos, que habían gastado toda su película en vano, debieron regresar a sus redacciones sin la imagen destacada de la Copa.

Francia 1938

Si el Mundial Italia '34 se desarrolló en medio de incipientes conflictos políticos, Francia '38 sufrió en carne propia haberse disputado en la antesala de la Segunda Guerra Mundial. A solamente un año del inicio de la mayor catástrofe bélica de la humanidad, la pelota rodó entre alambres de púa, pólvora y sangre que bullía por odio y rencor. Adolf Hitler había decidido que las fronteras alemanas no estaban lo suficientemente lejos de Berlín y el 13 de marzo de 1938 se le ocurrió anexar Austria al mapa germano. Esto provocó que la selección austríaca, clasificada para la Copa luego de superar a Letonia en la eliminatoria, quedara fuera del certamen. Aunque este trabajo analiza la historia de una competencia deportiva, no se puede soslayar que la deserción de un equipo de un torneo de futbol es poca cosa comparada con las graves consecuencias que dejó el escalofriante conflicto bélico. Austria no fue reemplazada por otra selección y Suecia, que había sido sorteada como su rival, pasó directamente a cuartos de final. En un lacónico comunicado, los «diplomáticos» organizadores del torneo sólo indicaron en la planilla oficial que pasaba «al turno siguiente Suecia por no presentación de Austria», sin emitir una palabra del drama que atravesaba la nación tirolesa. Tal vez para regalar una sonrisa al pueblo incorporado a fuerza de fusiles, la selección germana incluyó en sus filas a siete futbolistas austríacos: Josef Stroh, Rudolf Raftl (éstos ya habían integrado el plantel de Austria en Italia '34, si bien no jugaron), Wilhelm Hahnemann, Leopold Neumer, Johann Pesser, Willibald Schmaus y Stefan Skoumal. En lo deportivo, estas incorporaciones sirvieron de poco: Alemania fue eliminada en la primera ronda. El técnico germano había requerido también los servicios de Walter Nausch, capitán en ese momento de la escuadra alpina. Pero, como el régimen nazi lo obligaba a divorciarse de su esposa judía, Nausch prefirió huir hacia Suiza. El mejor futbolista austríaco de entonces, Matthias Sindelar —Matěj Šindelář, en checo, conocido como «el Mozart del Fútbol», gran figura del Mundial de 1934—, también se negó a jugar para Alemania. Nacido en 1903 en Kozlov (Moravia, actual República Checa), Sindelar —llamado «el hombre de papel» por su altura, delgadez y aparente fragilidad— se negó a servir al régimen de Hitler, aunque solo se tratara de jugar al fútbol, su gran pasión. Algunos historiadores aseguran que este centrodelantero rechazó representar a Alemania por su supuesto origen judío. Esta hipótesis es incorrecta. El delantero pertenecía a una familia católica. Además, meses antes de los Juegos Olímpicos de Berlín 1936, el gobierno nazi había dictado leyes que vedaban toda competencia deportiva a los atletas hebreos y en especial se les prohibía representar a Alemania. Sindelar estuvo vinculado a la comunidad israelita porque, tras iniciar su carrera en ASV Hertha Vienna, fue vendido a Fußballklub Austria Wien, una institución que tenía fuertes lazos con esa colectividad. Lo más maravilloso del gesto de Matthias en contra del nazismo fue que, sin pertenecer al judaísmo, salió en su defensa con enorme generosidad y sin reparos, y se opuso con vehemencia al siniestro mandato de Adolf Hitler, a pesar del riesgo que esto representaba para sí. Sindelar protegió a numerosos amigos israelitas y hasta llegó a comprar el bar de uno de ellos para impedir que se lo confiscaran los alemanes. «El hombre de papel» murió el 22 de enero de 1939 en extrañas circunstancias. Según la versión oficial, falleció junto a su amante italiana Camilla Castagnola a raíz de un escape de gas accidental ocurrido en el departamento que compartían en Viena. Versiones de un hipotético atentado de parte de los nazis, como de un pacto suicida de la pareja al verse perseguida por la feroz SS, también son barajadas por numerosos textos. Lo cierto es que unas veinte mil personas asistieron a su entierro en el cementerio vienés de Zentralfriedhof. Mientras sus restos eran depositados en la tumba, la sede central del correo austríaco colapsó por el gigantesco volumen de telegramas de condolencia llegado desde toda Europa.

Austria no fue el único país que se ausentó por graves problemas políticos: España se encontraba sumergida desde julio de 1936 en la cruenta Guerra Civil. A pesar de ello, desde la península ibérica concurrieron dos delegados a París para presenciar la Copa y participar de un Congreso de la FIFA, uno por cada bando en lucha. En el plano reglamentario de la competencia, en ese cónclave, que se realizó el 3 de junio, se aprobó una moción del presidente de la federación alemana, Felix Linnemann, para que «no se permita reemplazo alguno de jugadores en matches de campeonatos organizados por la FIFA». Sólo se aceptó que en partidos amistosos entre equipos nacionales, si ambos capitanes se ponían de acuerdo, se cambiara a los arqueros en caso de lesión. El sistema de juego del torneo fue el mismo que se empleó en Italia cuatro años antes: eliminación directa desde octavos de final. Para esta edición se estableció además que el campeón del Mundial anterior no jugaría eliminatoria, lo mismo que el país organizador, y se dispuso que si en la final los dos equipos no se sacaban ventaja después de los 90 minutos y los 30 del alargue, ambos iban a ser declarados «campeones por igual mérito». Otra curiosidad: cada selección debió presentar dos fotografías y un breve resumen biográfico de cada jugador a pedido de los veedores de la FIFA.

El 9 de junio, en el Parque de los Príncipes de París, cuando Suiza y Alemania jugaron un desempate tras igualar 1-1 el primer juego, el zaguero helvético Ernst Loertscher marcó el primer gol en contra en una Copa Mundial. Loertscher batió a su compañero Willy Huber a los 22 minutos y colocó el marcador 2 a 0 en contra de su equipo. Suiza no se amilanó y, como se verá más tarde, la historia tuvo final feliz para el desafortunado defensor. Algunos periodistas aseguran que el primer gol en contra correspondió al defensor mexicano Felipe Rosas, cuando el equipo azteca cayó por tres a cero ante Chile el 16 de julio de 1930 en el Parque Central de Montevideo. Según los registros oficiales de la FIFA, ese tanto fue otorgado al chileno Guillermo Subiabre.

La final del campeonato —disputada el 19 de junio en Colombes, un suburbio de París— tuvo como ganador a Italia, que se impuso por 4 a 2 sobre Hungría. Por primera vez un país organizador no se consagraba campeón. Por primera vez un país repetía la hazaña de levantar la copa.

Brasil y Cuba, «carneros»

Durante los Juegos Olímpicos que en 1936 se desarrollaron en Berlín, el Comité de la FIFA se reunió en la Opera Kroll de la capital alemana para designar la sede en la que se efectuaría dos años después la tercera Copa del Mundo. Argentina, único país que presentó la candidatura por América, confiaba en ser electa, debido a que el campeonato anterior se había efectuado en el Viejo Continente. Sin embargo, los votos, en su mayoría europeos, se inclinaron hacia otro postulante: Francia. La decisión estuvo sustentada en parte por intereses políticos —se argumentó, entre otras cosas, que significaba un tributo al francés Jules Rimet, presidente de la FIFA y «alma mater» del certamen— y, en alguna medida, por las enormes distancias que había que recorrer para llegar desde Europa a Buenos Aires. A raíz de esta decisión, Argentina renunció a participar del torneo e intentó convencer al resto de las naciones americanas para que no intervinieran en la competencia que, entendía, correspondía ser organizada por un estado criollo. De esta forma, Uruguay, Estados Unidos, México, El Salvador, Colombia, Costa Rica y Surinam retiraron sus inscripciones y se unieron a la protesta. Pero el boicot continental no resultó del todo exitoso debido a que dos países, Brasil y Cuba, le dieron la espalda a los reclamos argentinos y enviaron a París sus respectivas delegaciones.

Saludo

La FIFA recibió muchas quejas porque en 1934 todos los equipos que participaron de la Copa de Italia debieron efectuar el «saludo romano», que en esos tiempos utilizaban los fascistas y nazis, en la ceremonia de presentación y ejecución de los himnos previa a cada encuentro. Para el Mundial de Francia, la entidad permitió que cada una de las selecciones eligiera cómo formar y dirigirse a las autoridades y el público antes de cada partido, «a fin de evitar incidencias que pudieran herir la sensibilidad o el orgullo nacional» de cada escuadra. La FIFA anunció que «cada equipo podrá saludar o mantenerse firme» durante dicha ceremonia. El 4 de junio, antes de iniciarse el partido inaugural entre Alemania y Suiza, en París, los dos equipos se formaron frente al palco de honor: los germanos hicieron el saludo nazi, mientras los suizos se mantuvieron firmes con sus brazos a los costados del cuerpo. Los italianos, en tanto, también levantaron sus brazos antes de casi todos sus encuentros. Los defensores del título sólo se cuidaron de no vestir la casaca negra del fascismo ni saludar como Mussolini en la final, porque en las tribunas del estadio olímpico de Colombes había numerosos italianos exiliados que, de lo contrario, los hubieran repudiado.

Hinchas

Antes del comienzo del campeonato, la Federación Francesa de Futbol pidió al Ministerio de Relaciones Exteriores que intercediera ante el gobierno alemán para que permitiera el viaje de los hinchas de ese país a la capital gala, para presenciar el choque con Suiza, que inauguraría el certamen. Con Europa a las puertas del mayor conflicto bélico de la historia, un decreto de Adolf Hitler prohibía que grupos de «más de treinta alemanes cubran una distancia mayor de doscientos kilómetros a partir de las fronteras alemanas». Como el Ejecutivo germano se mantuvo firme, su selección jugó sin apoyo: unos diez mil alemanes debieron cancelar sus localidades reservadas porque no pudieron salir de su país. Otra versión aseguró que el gobierno alemán no dio permiso de salida a los hinchas que querían ver el partido ante Suiza para evitar la pérdida de divisas en el extranjero.

Lo echaron hasta de su casa

Durante el partido inaugural entre Suiza y Alemania —que terminó igualado en uno y obligó a un juego de desempate cinco días más tarde— el árbitro belga Jan Langenus expulsó al austríaco Johann Pesser —quien integraba la selección alemana— por haberle aplicado una violenta patada al helvético Severino Minelli. La acción de Pesser fue tan desleal que la propia Federación Alemana de Futbol sancionó al jugador «por mal comportamiento deportivo». A causa de ese artero golpe, Pesser fue suspendido por seis meses para actuar en su club, Rapid Wien, y por un año para la escuadra nacional.

La venda milagrosa

El triunfo ante Alemania en la revancha de octavos de final, el 9 de junio en el Parque de los Príncipes de París, fue un verdadero milagro suizo. El equipo helvético perdía 2-0 a los 41 minutos, por los goles de Wilhelm Hahnemann, a los 8, y Ernst Loertscher, en contra, a los 22. A los 42, Suiza descontó por medio de Eugen Wallaschek, pero dos minutos más tarde quedó con diez hombres: el talentoso delantero Georges Aeby golpeó su cabeza contra un poste y debió ser retirado en camilla, desmayado. La escuadra alpina salió a jugar el segundo tiempo con uno menos, hasta que a los 13 de ese período Aeby retornó con la testa envuelta en vendas. Un diario destacó que «su retorno pareció dar nuevo aliento a todo el equipo de Suiza, que comenzó a jugar con brillo». Así fue: el atacante realizó tres pases-gol para que Fredy Bickel y Andre Abegglen, en dos oportunidades, dieran vuelta el marcador y sellaran el triunfo suizo por 4 a 2. La fortísima contusión no le permitió a Aeby integrar el equipo tres días después, en Lille ante Hungría. Sin el «vendado» en la cancha, la escuadra magiar se impuso fácilmente por 2 a 0.

Caro, pero el peor

Como el país organizador se hacía cargo de los gastos de traslado, alojamiento y alimentación de todos los equipos, varios periódicos locales se quejaron por la invitación cursada a las Indias Holandesas Orientales (hoy Indonesia), la primera nación asiática en intervenir en la Copa del Mundo. Según los diarios, «su participación costó a la Federación Francesa la suma de 400 mil francos», una pequeña fortuna para la época. Para tener un parámetro: en ese entonces, ese dinero equivalía a unos cuarenta mil pesos argentinos. El kilo de pan en Buenos Aires costaba unos 33 centavos, por lo que el viaje costó lo mismo que unos 120 mil kilos. Como el equipo del sudeste asiático fue goleado 6-0 por Hungría y eliminado en el primer partido, disputado en Reims, uno de los matutinos advirtió que «cada uno de los noventa minutos de juego del conjunto asiático representó para el comité organizador de la Copa del Mundo la bagatela de 4.500 francos».

Hasta la edición de Brasil 2014, Indias Holandesas Orientales/Indonesia es la única nación que solamente disputó un partido en fases finales de toda la historia de los mundiales.

El abogado

Como en 1934, el centrodelantero húngaro Gyorgy Sarosi seguía trabajando para un importante estudio de abogados de Budapest. En mayo, a sólo semanas del inicio de la Copa, se le pidió que se ocupara de un trascendental caso judicial, que preveía muy buenos dividendos y, si lo ganaba, un enorme prestigio en el campo jurídico. Frente a tan magnífica posibilidad de progreso profesional, Sarosi comunicó a sus compañeros que no viajaría a Francia. Pero los jugadores y el técnico, Alfred Schaffer, lo convencieron de participar en el Mundial con argumentos sólidos: era el capitán del equipo, y el único, por su versatilidad, capaz de ocupar también puestos en el mediocampo y la defensa. En esta edición de la Copa, Sarosi fue la gran figura de Hungría y su máximo artillero: marcó dos goles a Indias Orientales, el 5 de junio en Reims; uno a Suiza, el 12 de junio en Lille; uno a Suecia, el 16 de junio en París por las semis; y otro a Italia, en la final. Su amor por el futbol no sólo le hizo abandonar aquel caso judicial, sino la carrera legal por completo. Hasta su retiro, en 1948, Sarosi obtuvo cinco ligas y cuatro copas nacionales, todos con Ferencvaros de Budapest. Luego se trasladó a Italia, donde fue técnico de numerosos equipos, entre ellos Juventus y AS Roma.

¿Por qué no te quedaste en la cabina?

El 5 de junio, en Toulouse, por la primera ronda, Cuba igualó 3-3 con Rumania tras los 90 minutos iniciales y el correspondiente alargue de media hora. Como se trataba de un torneo con eliminación directa, los dos equipos —tal como lo disponía el reglamento en ese momento— volvieron a enfrentarse cuatro días después en el mismo escenario para liquidar el pleito. Al llegar al estadio municipal, el entrenador cubano José Tapia dispuso que salieran a la cancha los mismos once futbolistas que habían actuado en el debut. Sin embargo, el arquero titular, Benito Carvajales, solicitó que su lugar fuera ocupado por su suplente, Juan Ayra, para poder intervenir como comentarista en la transmisión del juego que llevaría adelante una radio de su país. Con Ayra bajo los tres palos y Carvajales en la cabina, Cuba venció a su rival europeo 2-1. Tras la victoria, la escuadra centroamericana viajó a Antibes para enfrentar a Suecia en cuartos de final. Ese día, 12 de junio, no hubo cobertura radial, de modo que Carvajales le pidió a Tapia recuperar su puesto en el arco. El técnico accedió, aunque luego maldijo que justo ese día la emisora no cubriera las acciones del *match*. El "comentarista" se comió ocho goles y Cuba quedó eliminada del campeonato.

Premio doble

Luego de que el 5 de junio, en Marsella, Italia derrotara a Noruega 2-1 en un durísimo duelo que se resolvió en tiempo extra y tras 120 minutos de intensa lucha, el capitán de los vencedores, Giuseppe Meazza, le reclamó a su entrenador, Vittorio Pozzo, que otorgara al plantel unas horas de «descanso» después de tantas semanas de rigurosa y extenuante preparación. Pozzo, reblandecido por la victoria del debut, accedió y les permitió a sus muchachos salir de paseo hasta la noche, momento en el que debían retornar a su hotel. Meazza, sin embargo, se excedió en su licencia y regresó al hospedaje la mañana siguiente... después de pasar la noche con «dos bellas señoritas» francesas, según reconoció el propio capitán. El desenfreno no sorprendió a nadie. Meazza, quien tenía fama de mujeriego, solía «concentrarse» para los partidos de la liga italiana... ¡en un burdel de Milán!

Menos mal que estaban enfermos...

El día anterior al choque con Brasil, la figura del seleccionado polaco, Ernest Wilimowski, permaneció en cama por padecer una afección en una muela. Como el delantero no quería perderse el encuentro, le pidió al dentista francés que lo atendió que no le extrajera el diente, porque la extirpación lo hubiera obligado a permanecer dos o tres días sin realizar esfuerzos para evitar una hemorragia. El galeno, entonces, sólo le practicó al delantero una cura provisional. Esa misma jornada, en la concentración de Brasil también debieron solicitar la presencia de un médico: el gran goleador Leónidas da Silva padecía una fuerte otitis. El especialista lo revisó y recomendó que permaneciera en cama hasta la hora del partido. El 5 de junio, en Estrasburgo, Wilimowski y Leónidas se olvidaron por completo de sus afecciones y protagonizaron uno de los choques más intensos de la historia de los Mundiales: el polaco anotó cuatro goles (récord mundialista en ese momento), y el brasileño, tres, para un electrizante duelo que los sudamericanos ganaron por 6 a 5. Wilimowski se retiró del estadio bastante «caliente». No era para menos: su equipo perdió a pesar de sus cuatro conquistas. Uno de los goles de Leónidas, en tanto, quedó en la galería de los recuerdos por haber sido anotado «descalzo». El partido se disputó en medio de una fuerte tormenta que convirtió el campo de juego en un barrial. En uno de los ataques de la escuadra brasileña, Leónidas perdió su botín en el barro, pero continuó la jugada y terminó mandando la pelota a las redes con su pie apenas cubierto por la media. Esta conquista debió haber sido anulada por el referí sueco Ivan Eklin, pero éste no se dio cuenta de la irregularidad porque la media blanca del goleador estaba completamente oscura, manchada de barro. Las lesiones no abandonaron a Leónidas. En ese duro partido, sufrió un fuerte golpe en la cabeza al chocar contra el poste de uno de los arcos y también una infección en la vista producida por la cal utilizada para demarcar la cancha. Mas nada pudo detener al indomable atacante, que le señaló un gol a Checoslovaquia en el empate a uno del 12 de junio en Bordeaux, y otro el 14, en el mismo escenario, en el desempate que los brasileños ganaron 2-1.

De negro, por única vez

Italia no gozó de la simpatía del público. Ser el equipo que representaba el fascismo le granjeó a la escuadra *azzurra* la oposición de la hinchada francesa y también de sus paisanos que se habían exiliado en la nación vecina para escapar del régimen de Benito Mussolini. El día que la selección italiana llegó a Francia para participar del torneo, unos 3 000 expatriados invadieron la estación de trenes de Marsella para abuchear a los futbolistas. Más adelante, cuando el equipo de Vittorio Pozzo enfrentó a Francia por los cuartos de final —el 12 de junio en París—, cientos de italianos concurrieron al estadio para apoyar a la selección... ¡local! Esa tarde, las dos escuadras salieron a la cancha vestidas de azul, su tradicional color. El referí belga Louis Baert convocó a los dos capitanes, Etienne Mattler y Giuseppe Meazza, para realizar el sorteo que decidiera qué conjunto conservaría su tonalidad. Ganó Mattler e Italia debió recurrir a un juego de camisetas alternativo. Los utileros contaban con dos: uno blanco, que normalmente usa Italia en estas circunstancias, y otro negro, que jamás se había utilizado. Antes de que se repartieran las casacas, un dirigente realizó una llamada a Roma para consultar al propio Mussolini. La respuesta fue terminante. Vestida de negro por única vez en su historia, la selección italiana se impuso por 3 a 1 y pasó a las semifinales.

Se rompe, pero no abandona

Cada Copa tuvo su «batalla», y la de 1938 no fue la excepción. El duelo de cuartos de final entre Brasil y Checoslovaquia fue el más parejo del certamen. Se resolvió luego de dos partidos, el primero de los cuales fue verdaderamente sangriento. El árbitro húngaro Pal Von Hertzka, a cargo de ese juego en el Parc Lescure de Bordeaux, el 12 de junio, debió echar a tres protagonistas —dos sudamericanos y uno europeo—, cosa que no había ocurrido hasta el momento en un Mundial: Zezé Procopio debió dejar la cancha luego de atacar a puntapiés a dos rivales; Machado y Jan Riha, más tarde, por tomarse a golpes de puño. Aunque su rival había sufrido más expulsiones, Checoslovaquia terminó con un jugador menos, porque su delantero estrella

Oldrich Nejedly —autor del tanto, de penal— se retiró con una fractura en su pie, mientras que Josef Kostalek abandonó el campo con un fuerte golpe en el abdomen. El que se mantuvo firme pese a todo fue el gran arquero Frantisek Planicka, el mejor de la historia de su país, quien había sufrido una fractura. Algunas versiones aseguran que se había roto el radio de uno de sus brazos; otras, de una clavícula. Planicka se lesionó durante los primeros noventa minutos y estuvo bajo los tres palos hasta que se cumplió la media hora de alargue. La igualdad se mantuvo, a pesar de la ventaja de un hombre de más con la que contó Brasil durante los 30 minutos de adicional. Dos días más tarde, en el mismo estadio pero con el arbitraje del francés George Capdeville, los equipos volvieron a verse las caras, con muchos suplentes —a Planicka lo reemplazó Karel Burket—. Sin embargo, en esta oportunidad los veintidós protagonistas se desenvolvieron con absoluta caballerosidad. Los europeos abrieron el «score» mediante Vlastimil Kopeky, pero los brasileños se recuperaron y lo dieron vuelta con una conquista de Leónidas y otra de Roberto.

Hombre demasiado prevenido vale por cero

En la historia anterior se dijo que «nada» detuvo a Leónidas. Habría que aclarar que esa expresión sólo se refería a las lesiones. Al finalizar el desempate con Checoslovaquia, el técnico brasileño, Ademar Pimenta, decidió no incluir al magnífico delantero para la semifinal contra Italia, programada para el 16 en Marsella. «Leónidas está demasiado cansado. Lo reservo para el domingo próximo, en el que jugaremos la final en París», manifestó a la prensa el confiado entrenador. Pimenta agregó que «sería ridículo no reconocer que el partido será duro, pero tengo fe absoluta en nuestra victoria». Los brasileños daban por seguro su triunfo sobre Italia, al punto de reservar pasajes aéreos para llegar la misma noche de la semi a París y poder descansar tres días antes de la final del domingo 20. Pero, sin su gran figura, Brasil fue derrotado por 2 a 1 y relegado a jugar sólo por el tercer puesto, con Suecia. Cuando terminó el encuentro, el eufórico entrenador italiano Vittorio Pozzo se acercó al palco donde estaban los delegados brasileños, y disparó: «Espero que no cancelen el viaje y aprovechen los pasajes para asistir a nuestra final con los húngaros». Casi se arma de nuevo...

Leónidas volvió a la cancha el 19, en París, y marcó otros dos goles ante Suecia —Brasil se impuso por cuatro a dos—, con los que sumó ocho y se consagró como máximo artillero de la tercera edición de la Copa.

Elástico

En el minuto sesenta de la durísima semifinal, con el marcador 1-0 para Italia ante Brasil, el árbitro suizo Hans Wuethrich marcó un penal para los defensores del título por una falta sobre Silvio Piola. El capitán «azzurro», Giuseppe Meazza, asumió la responsabilidad del disparo, aunque su uniforme no estaba en condiciones: en una jugada previa se le había roto el elástico que sujetaba su pantalón, en un forcejeo con un rival. Sin quitar su mano izquierda de la cintura, para impedir que su short cayera, Meazza acomodó la pelota, tomó carrera y lanzó un disparo que se coló en la red, no obstante el esfuerzo del arquero brasileño Walter, quien se había arrojado acertadamente hacia su derecha. Exultante por el gol, que dejaba a su equipo con un pie en la final, Meazza corrió hacia la tribuna donde estaban los hinchas italianos y, al levantar las dos manos para celebrar, quedó en calzoncillos. El capitán fue rodeado por sus compañeros hasta que un asistente del técnico Pozzo le alcanzó otro pantalón, con el que finalizó el juego.

Premio

Poco antes de partir desde Río de Janeiro hacia Europa, un grupo de aficionados, convencidos de que su equipo saldría campeón, prometió a los arqueros Algisto Lorenzato Domingos, apodado «Batatais», y Walter de Souza Goulart, «Walter», un suculento premio en efectivo por cada partido en que sus vallas finalizaran invictas. Para el partido debut, en Estrasburgo ante Polonia, el entrenador Ademar Pimenta designó a Batatais. Pero, como el arquero de Fluminense recibió cinco goles —algunos de los cuales parecieron fácilmente evitables—, para el segundo match, ante Checoslovaquia, Pimenta decidió cambiar de guardameta. El 12 de junio, en Bordeaux, Walter —quien jugaba para Flamengo— tuvo una actuación brillante, pero no pudo mantener su arco virgen: a los 67, Oldrich Nejedly marcó la igualdad que obligaba a jugar un desempate. A partir de allí, siempre con Walter como titular, Brasil derrotó a la escuadra checoslovaca por 2 a 1, cayó ante Italia por idéntico marcador en la semifinal, y venció a Suecia 4-2, por el tercer puesto. De regreso a casa, Walter se reunió con los hinchas y les reclamó el dinero prometido, al argumentar que el tanto de Nejedly no debía tomarse en cuenta, porque había sido marcado mediante un penal. Pero los fanáticos, que no estaban de buen humor porque su selección había retornado sin la copa, rechazaron el argumento del arquero, que se quedó sin recompensa no obstante su ingenioso argumento.

El presidente despistado

El presidente de Francia, Albert Lebrun, concurrió al estadio olímpico de Colombes, en las afueras de París, para presenciar la final entre Italia y Hungría, aunque sabía bastante poco de futbol. Minutos antes del comienzo del encuentro, el titular de la FIFA, Jules Rimet, invitó a Lebrun a dar el puntapié inicial. El mandatario aceptó, pero su desconocimiento del futbol, que nunca había jugado, le hizo pasar un mal momento: Lebrun apuntó con cuidado a la pelota, pero su patada no hizo blanco en el balón, sino en el suelo, lo que provocó las risotadas del público. El Presidente reiteró el movimiento con más cuidado y esta segunda vez la pelota sí se movió, hacia los pies de Silvio Piola. Poco después, al ocupar su sitio en el palco de honor, Lebrun cayó en la cuenta de que su equipo nacional no estaba en la cancha. «¿Dónde están los franceses?», le preguntó a Rimet. Abochornado porque era la primera vez que la selección anfitriona no participaba de la final, el presidente de la FIFA apuntó con su dedo índice al árbitro George Capdeville. «Ahí lo tiene —le dijo—, el referí es francés».

Derrota festejada

Mussolini volvió a entrometerse con sus particulares manejos en esta tercera edición mundialista. Por un lado, aportó recursos del Estado italiano, como un avión que trasladara al equipo de una sede a otra para que los futbolistas estuvieran más descansados. Pero, por el otro, volvió a amenazar de muerte a todos los integrantes del plantel, incluido el reputado Pozzo, si no regresaban a Roma con la Copa. Mussolini envió a la concentración de París un telegrama con solamente tres palabras: «Vencer o morir». Los «azzurri» jugaron tan nerviosos el último encuentro que, tras el pitazo final, los húngaros casi se suman a la «vuelta olímpica», a pesar de su propia derrota. El arquero magiar, Antal Szabo, no podía disfrazar su sonrisa: «Nunca en mi vida me sentí tan feliz después de una derrota. Con los cuatro goles que me hicieron les salvé la vida a once seres humanos», confesó a un periodista. La guerra estaba a un paso y Szabo no tenía dudas: en esos tiempos, la vida valía muy poco. Los Mundiales de futbol, en tanto, quedarían postergados doce años, hasta que se enfriaran los cañones y se disipara el humo de las bombas.

Brasil 1950

«Los de afuera son de palo». Nunca esta sentencia adquirió tanto valor como en la final de Brasil 1950: doscientas mil personas desbordaron el estadio Maracaná de Río de Janeiro para presenciar el desenlace de la cuarta Copa del Mundo, doscientas mil almas que generaron un clima nunca antes visto para alentar a un equipo. Brasil, además, llegaba al match culminante con tremendas goleadas sobre España y Suecia —6-1 y 7-1, respectivamente—, mientras que su oponente, Uruguay, había igualado en dos con la selección ibérica y había conseguido un exiguo 3-2 sobre la escandinava. El extraño sistema del campeonato, con un cuadrangular final, daba muchas ventajas a los dueños de casa: se quedaban con toda la gloria apenas con un empate. Como si todo esto no bastara como antecedente ventajoso, Brasil tenía en sus filas al gran goleador del certamen, Ademir, quien ya había marcado siete tantos. No obstante, el 16 de julio de 1950 surgió más fuerte que nunca lo que se conocería en todo el mundo como la «garra charrúa», y los hombres vestidos de celeste ratificaron que en el futbol sólo juegan los de adentro. Once contra once. La extraordinaria victoria uruguaya, por dos a uno, es posiblemente la mayor sorpresa que haya deparado la final de un Mundial y abrió la puerta para que en otras ediciones —como la siguiente, o la de 1974— quedara acreditado que no siempre el favorito es el que levanta el trofeo y que el partido no se decide hasta el minuto 90.

La cuarta Copa Mundial debió haberse realizado en 1942 en Alemania, pero la Segunda Guerra Mundial obligó a una interrupción de doce años. Con la vuelta de la paz, la FIFA realizó su primer congreso el 25 de julio de 1946 en Luxemburgo. Allí, ninguno de los delegados de las naciones europeas, en plena reconstrucción, presentó candidaturas para el siguiente campeonato, que se había fijado para 1949. La solitaria postulación de Brasil —que antes del «parate» había reclamado que el torneo regresara a América— fue aclamada por absoluta mayoría y hasta se aceptó sin reproches que el anfitrión pidiera un año de prórroga para acondicionar sus estadios ya existentes, y erigir uno nuevo: el hoy histórico Maracaná. En esa reunión se otorgó además un sublime reconocimiento al padre del Mundial, quien llevaba un cuarto de siglo al frente de la FIFA, al bautizarse el trofeo de oro como «Copa Jules Rimet».

Para esta edición fueron rechazados los pedidos de participación de Alemania y Japón, considerados responsables de la guerra y sus brutales consecuencias. Empero, durante el tradicional congreso previo al inicio del campeonato, se anunció que los dos países podrían volver a jugar partidos con cualquier entidad de la federación internacional. Al finalizar la Segunda Guerra, la nación germana fue dividida en tres: la «República Federal Alemana», supervisada por Gran Bretaña y Estados Unidos, la «República Democrática Alemana», controlada por la Unión Soviética, y «Sarre», en manos de Francia.

Para el desarrollo de este torneo, la FIFA puso en práctica un extraño sistema: cuatro zonas de cuatro equipos, de las cuales el primero pasaba a un cuadrangular final, todos contra todos. Sólo la casualidad quiso que Brasil y Uruguay jugaran una «final». Si se hubieran dado otros resultados en este grupo, los orientales podrían haber llegado sin chances al juego. La federación tomó nota del caso y nunca más se volvió a emplear un sistema parecido para la definición de la Copa.

Como detalle de color, aparecieron los números en las camisetas, los himnos se interpretaron solamente en los encuentros del cuadrangular final y se autorizó a que al costado del campo de juego el entrenador pudiera estar acompañado de un médico y un masajista. También se había decidido inicialmente que los referís ingleses recibieran la asistencia de un intérprete, pero luego se dio marcha atrás con esta medida, según la FIFA, «a efecto de que (los árbitros) puedan seguir su cometido en forma clara y sin tropiezos con explicaciones».

El suizo Fredy Bickel y el sueco Erik Nilsson, quienes habían intervenido en el Mundial de Francia '38, fueron los únicos que volvieron a actuar en la Copa luego de la guerra. Otros dos suecos, Karl-Erik Palmer y Lennart Skoglund, pudieron viajar gracias a que el rey Gustavo V les otorgó sendas licencias para cumplir con el servicio militar obligatorio. Alcides Ghiggia se convirtió en la carta de triunfo uruguaya: fue el primer futbolista en marcar goles en todos los partidos que disputó su equipo, incluida la final.

Maracaná

El estadio Maracaná de Río de Janeiro es una monumental joya arquitectónica cuya construcción demandó casi dos años, la mano de obra de once mil trabajadores, medio millón de bolsas de cemento y diez millones de kilogramos de hierros. El gigantesco coliseo, que debe su nombre al delgado riacho que bordea uno de sus flancos, posee sus graderías totalmente techadas y su campo de juego ostenta las medidas máximas permitidas por la FIFA: 110 metros por 75. El Maracaná fue levantado especialmente para esta Copa del Mundo y su inauguración se adelantó apenas seis días al inicio de la competencia. Allí se disputaron ocho de los 22 encuentros del certamen, incluida la histórica final, jugada el 16 de julio, para la que se vendió la mayor cantidad de boletos en la historia mundialista: 175 mil, según el registro oficial. Pero se calcula que otras 25 mil personas —entre colados e invitados— accedieron a ese partido. El Maracaná fue inaugurado cinco días antes del puntapié inicial con un amistoso entre combinados de San Pablo y Río de Janeiro. Para esa jornada no se cobró entrada y se permitió que la gente ingresara hasta colmar su capacidad. Los arquitectos querían comprobar, de esta forma, si habían fraguado bien los materiales. Afortunadamente, todo estuvo en orden.

Deserciones

Tres selecciones que se habían clasificado para la Copa decidieron a último momento no presentarse en Brasil. Escocia, segunda del grupo «británico» detrás de Inglaterra, consideró que no le correspondía participar. Portugal, en tanto, argumentó «problemas técnicos» y también se retiró de la competencia. El faltazo de India, que en un principio debía jugar con Suecia, Paraguay e Italia en el grupo 3, fue mucho más original: el equipo asiático se negó a concurrir porque a sus futbolistas se les prohibía jugar con los pies descalzos, tal como era la costumbre en las canchas de Bombay y Nueva Delhi. La FIFA mantuvo firme su postura aunque algunos indios no utilizaron calzado cuando intervinieron en los Juegos Olímpicos de Londres 1948. India jugó un único partido en ese certamen, el 31 de julio de 1948, en el estadio del barrio capitalino de Ilford, donde fue derrotada 2-1 por Francia.

La selección gala, precisamente, había aceptado la invitación para concurrir a Brasil —había caído ante Yugoslavia en la eliminatoria—

para ocupar la plaza de alguno de los renunciantes. Pero, al conocer el cuadro de la competencia, sus directivos se quejaron porque en el grupo 4 que le asignaron, con Uruguay, Bolivia y, en principio, Portugal, debían jugar un partido el 25 de junio en Porto Alegre, al sur del país, y otro el 29 en Recife, al norte. Los delegados franceses dijeron que no era justo que el equipo tuviera que cubrir una distancia de 3.900 kilómetros entre ambos cotejos, mientras otras selecciones no cambiaban de sede o apenas se movían unos pocos kilómetros. Como el comité organizador se negó a modificar el fixture, Francia dijo «au revoir» y no viajó. A pesar de las deserciones, la estructura del campeonato no fue modificada, de modo que el grupo 4 quedó con solamente dos contendientes: Uruguay y Bolivia.

Argentina

La selección celeste y blanca renunció a participar del torneo antes de que se desarrollaran las eliminatorias sudamericanas, lo que permitió el pase directo de Bolivia y Chile. Los argumentos nunca fueron aclarados con la debida transparencia. Se dijo extraoficialmente que el presidente Juan Perón no quería enviar un equipo por diferencias políticas con el gobierno brasileño. También se indicó que se temía un clima violento contra el equipo argentino luego de un escandaloso partido jugado en 1945 en Buenos Aires durante un campeonato sudamericano, que finalizó con una batalla campal. Por este incidente, Argentina ya había estado ausente en el sudamericano de Río disputado el año anterior. Iniciado el campeonato, la prensa porteña prácticamente ignoró lo que ocurría en Brasil, pero al consagrarse campeón Uruguay, aprovechó para subirse al carro del triunfo en desmedro del enemigo carioca. El semanario *Mundo Deportivo*, por ejemplo, tituló de un modo muy particular su artículo referido a la final de la Copa: «Terminante superioridad del juego rioplatense». En el cuerpo de la nota señaló que «ha quedado demostrado por fin lo que desde hace mucho intuimos: que la capacidad de lucha rioplatense librada a la rápida concepción de jugadas que emanen como lógicas de acuerdo al ritmo del partido, resulta más productiva que el armazón frío y estático de sistemas que no saben graduarse a las alternativas de las acciones». Otra revista semanal, *Campeón*, aseveró que «la victoria uruguaya ratificó que el futbol rioplatense sigue siendo el mejor del mundo». Típica pero repudiable actitud porteña: las victorias son nuestras; las derrotas, ajenas.

Súmese al censo

Todos los futbolistas extranjeros, miembros de las delegaciones y acompañantes fueron encuestados para el censo general que se llevó a cabo en Brasil mientras se disputaba el Mundial. El registro anterior había tenido lugar en 1940 y, como lo ordenaba la ley, debía repetirse en 1950. El censo alcanzó también a los turistas que habían llegado a Brasil para presenciar los partidos y a los que, simplemente, viajaron para disfrutar de las famosas playas del extenso litoral del país.

Barco

El 4 de mayo de 1949 se produjo una de las grandes tragedias de la historia del futbol. El avión que transportaba a los jugadores y al cuerpo técnico del club italiano Torino se estrelló poco antes de arribar a la capital piamontesa contra una basílica de la localidad de Superga. El plantel granate regresaba de Lisboa, Portugal, donde había enfrentado a Benfica en un match amistoso. La desventura también golpeó fuerte a la selección italiana: diez de sus once titulares jugaban en el equipo turinés, que había ganado las últimas cuatro ligas de manera consecutiva. Para viajar a Brasil a defender el título de 1938, el entrenador Ferruccio Novo se enfrentó a dos problemas: uno, armar un nuevo seleccionado «de cero»; otro, el traslado hacia Sudamérica, ya que, después de lo sucedido, los jugadores estaban muy sensibilizados y nadie quería ver un avión ni en figuritas. En conclusión, se determinó que la escuadra «azzurra» viajara en barco, única delegación que arribó por ese medio a Brasil. Ya en altamar, Novo se topó con otro imponderable: en el primer entrenamiento todas las pelotas terminaron en el mar. Al arribar varios días después a Santos, localidad-puerto de San Pablo, los jugadores italianos se encontraban mal entrenados y ligeramente excedidos de peso. En su debut, el 25 de junio, Italia fue derrotada por Suecia 3-2 y quedó eliminada cuatro días después cuando el equipo escandinavo empató con Paraguay. El equipo peninsular fue el primer defensor del título en no superar la primera ronda de la competencia siguiente. A su regreso a Roma, Novo aceptó estoico las durísimas críticas que le llegaron a través de la prensa: «Estoy pronto para responder en el proceso de la Copa del Mundo. Juro decir la verdad y nada más que la verdad, me coloco en manos de la opinión pública, que me juzgue. Es cierto que me equivoqué, pero también se han equivocado muchos otros que tampoco son infalibles. Solamente se me puede atribuir un error: el de no haber insistido en llevar en avión a los jugadores».

10 a 1

Por primera vez, Inglaterra aceptó jugar un Mundial y viajó a Brasil con sus grandes figuras, entre ellas Alf Ramsey y Stanley Matthews, conducidas por el célebre entrenador Walter Winterbottom, el primero en ser contratado para dirigir una selección inglesa. Hasta entonces, un comité de la «Football Association» determinaba el equipo y citaba a los jugadores mediante telegramas. Hasta Brasil 1950, los inventores del futbol sólo habían competido oficialmente con Escocia, Gales e Irlanda por el torneo británico, y amistosamente contra otros países, casi siempre en su estadio del barrio londinense de Wembley. En su debut, el 25 de junio en el Maracaná, los ingleses derrotaron fácilmente a Chile por 2 a 0. Para enfrentar al débil equipo de los Estados Unidos en Belo Horizonte, el 29 de junio, Winterbottom dejó en el banco a Matthews, a quien quería fresquito para el choque decisivo con España. El entrenador creía ganado el match antes de empezar y su optimismo parecía lógico: los estadounidenses habían llegado a Brasil luego de perder dos amistosos (0-5 con el Besiktas de Turquía y 0-1 con un combinado amateur de, vaya paradoja, la misma Inglaterra) y en su debut habían caído por 3 a 1 con España. En las casas de apuestas de Londres, la victoria «yankee» se pagaba quinientos a uno. Pero esa tarde a los ingleses no les salió una. A los 38 minutos, un pelotazo de 25 metros de Walter Bahr encontró la cabeza de Larry Gaetjens —un haitiano que ni siquiera se había nacionalizado estadounidense— y el balón fue a parar al fondo del arco británico, a pesar de la estirada del arquero Bert Williams. En desventaja, los ingleses lanzaron miles de centros dentro del área rival, pero todos fueron rechazados por la —ese día— sólida defensa norteamericana. Los minutos se evaporaron, hasta cristalizar uno de los grandes batacazos de la historia del futbol mundial. Finalizado el juego, el referí italiano Generoso Dattilo le dijo a un periodista que «si no lo hubiera arbitrado yo mismo, jamás lo hubiera creído». El prestigioso matutino londinense *The Times* opinó que «probablemente nunca antes un equipo inglés jugó tan mal». Digno representante de la flema inglesa, Winterbottom tomó la bochornosa caída con tranquilidad, al menos delante de la prensa internacional: «La derrota, aunque sea ésta una derrota increíble, es accidente normal en toda pugna deportiva».

El 0-1 recibido a través del télex de la agencia de noticias Reuters sorprendió a los periódicos británicos: muchos solicitaron una confirmación del resultado, pero otros, apremiados por el cierre y casi ahorcados por la diferencia horaria, pensaron que se trataba de un error tipográfico, algo bastante usual en esos tiempos de incipiente tecnología en telecomunicaciones, y titularon, orgullosos, «Inglaterra 10 - Estados Unidos 1».

En tanto, el editor de deportes del distinguido *The New York Times* optó por no publicar la noticia y hacer un bollo de papel con el cable: ¡creyó que se trataba de una broma!

Técnico agredido

El 25 de junio, al día siguiente del debut de Brasil en el Maracaná, el entrenador brasileño, Flavio Costa, viajó a Belo Horizonte para ver Yugoslavia-Suiza, futuros rivales de su equipo. Cuando el público advirtió su presencia en el estadio, le dedicó una silbatina prolongada en señal de protesta por no haber incluido un solo jugador del estado de Minas Gerais en la selección. Tres días más tarde, en San Pablo, Flavio Costa estuvo a punto de ser «linchado» por hinchas locales luego del empate con Suiza, 2-2, en el estadio Pacaembú. El técnico fue abordado por un grupo de aficionados a la salida de la cancha, cuando se aprestaba a subir al ómnibus que trasladaba al equipo. Varios policías intervinieron y evitaron que Flavio Costa fuera golpeado. Además de lo que se consideraba un resultado decepcionante, Costa no gozaba del afecto de los hinchas paulistas porque había desarrollado su carrera como jugador y entrenador en Río de Janeiro. Se dice que estos dos incidentes fueron determinantes para que Brasil disputara el resto de sus partidos en el Maracaná.

Riguroso

El choque del 25 de junio entre Yugoslavia y Suiza estuvo a punto de ser suspendido por el referí italiano Giovanni Galeati. Al salir a la cancha del Parque Independencia de Belo Horizonte, el árbitro notó que estaban mal colocadas las redes de ambas vallas, por lo que ordenó a los organizadores locales que las retiraran y las pusieran de manera correcta. El severo juez objetó también las características del escenario, que no contaba con alambrado «olímpico» perimetral para impedir el acceso del público al terreno de juego. Galeati se puso firme y poco faltó para que se retirara sin permitir que se realizara el encuentro. Al hombre de negro le parecía poco segura la bajita pared que apenas separaba la tribuna del césped. «Una invasión sería muy fácil, no entiendo cómo este lugar fue habilitado para una competencia de tanta trascendencia», repetía Galeati a cada rato. Finalmente, los dirigentes locales lograron convencer al árbitro y el partido se jugó: Yugoslavia se impuso por 3 a 0.

Papelitos

Inglaterra debía doblegar al menos por dos goles de diferencia a España para clasificarse para la ronda final. La escuadra británica había vencido 2 a 0 a Chile, pero había sido derrotada por Estados Unidos 1 a 0, mientras la ibérica había ganado sus dos partidos: 3 a 1 a los estadounidenses y 2 a 0 a los sudamericanos. Para afrontar el gran duelo, el técnico inglés Walter Winterbottom entregó a cada uno de sus hombres un papel con complejas instrucciones. Pero, para asegurarse de que los jugadores estudiaran sus órdenes escritas, los obligó a repetirlas en voz alta delante de él y a firmar un documento en el que declaraban que las habían leído. Este extraño sistema no tuvo resultados positivos: el 2 de julio, en el Maracaná, España se impuso por 1 a 0 —gol de Telmo Zarraonandía, un vasco conocido como «Zarra», a los 48 minutos— y los ingleses debieron regresar a casa humillados en su primera participación mundialista.

Veneno

La selección yugoslava había demostrado un excelente nivel de juego en sus dos primeras presentaciones: había vencido 3-0 a Suiza el 25 de junio, y por 4-1 a México el 28, en Belo Horizonte y Porto Alegre, respectivamente. Al llegar a Río de Janeiro para el encuentro definitorio del grupo 1 ante Brasil, la delegación balcánica decidió no alimentarse en el hotel sino en la embajada yugoslava, por temor a sufrir algún atentado. Los europeos pensaban que, como la escuadra local necesitaba imperiosamente un triunfo para clasificar al grupo final —había derrotado a México pero igualado con Suiza—, podía entretejerse un atentado gastronómico desde la cocina del hotel.

Perder los puntos

Después de tanto cuidado alimentario, el 1º de julio se enfrentaron Brasil y Yugoslavia. Mientras los equipos se aprestaban a salir al campo de juego del Maracaná, el jugador balcánico Zeljko Cajkovaski resbaló con sus botines y se golpeó la cabeza contra el marco de hierro de una de las puertas corredizas del túnel. El porrazo le provocó a Cajkovaski un profundo corte en la frente del que manaba sangre a borbotones, por lo que el jugador debió regresar al vestuario para que le aplicaran cuatro puntos de sutura. Como todavía no se podían hacer cambios, y la planilla oficial ya estaba firmada y cerrada con el herido entre los once titulares, Yugoslavia debió empezar el encuentro con diez hombres. El referí galés Benjamin Griffiths se negó a postergar el inicio porque, según el reglamento del torneo, «cualquier equipo que retrase en más de un minuto el comienzo de los partidos será descalificado». A los 15 minutos del primer tiempo, Cajkovaski se incorporó a su equipo, con el cráneo vendado para proteger la fresca costura de su herida. Pero ese cuarto de hora ya había sido aprovechado por la selección brasileña para ponerse en ventaja, con un gol de Ademir a los cuatro minutos. Aun con once, Yugoslavia no pudo igualar el marcador: a los 65, Brasil selló su triunfo con un tanto de Zizinho, tras un fulminante contragolpe que encontró a todos los yugoslavos pugnando por el empate.

¿Justo a mí me venís con eso?

La tardecita del sábado 1º de julio, los jugadores de Bolivia realizaron una práctica ligera en el estadio Parque Independencia de Belo Horizonte, donde al día siguiente enfrentarían a los uruguayos. Los futbolistas andinos practicaron centros, córners y todo tipo de remates al arco, con mucha precisión y buen dominio del balón. Cerca de las cuatro de la tarde, llegó al lugar la delegación oriental para cumplir también con el reconocimiento del terreno y mover los músculos. Al notar la presencia de los uruguayos, los bolivianos comenzaron adrede a errar sus pases y desviar sus disparos de manera deliberada, para simular un menor nivel de capacidad. Tal vez los hombres del altiplano creyeron ser muy originales en este tipo de maniobras de distracción: seguro ignoraban que habían sido precisamente sus futuros adversarios los primeros en utilizarlas en los Juegos Olímpicos de 1924, tal como se comentó en el primer capítulo de este libro. Pero, a diferencia de lo ocurrido en Francia veintiséis años antes, los bolivianos no se salieron con la suya: fueron vapuleados por los orientales, que no tuvieron dificultad, ni piedad, para imponerse por 8 a 0.

Petardos

La utilización de bombas de estruendo y fuegos artificiales fue toda una novedad en esta Copa del Mundo. Jugadores y periodistas extranjeros quedaban boquiabiertos cada vez que la selección local salía a la cancha: miles de potentes petardos, brillantes bengalas y destellantes cañitas voladoras surcaban el cielo. Más allá del colorido que proporcionaba, este tipo de festejos fue severamente criticado por la prensa, debido a las numerosas personas que resultaban heridas en las tribunas. El periódico carioca *A Noite* indicó que «las explosiones se registran en el campo de juego en el momento más inesperado. Hubo muchos heridos y quemaduras, algunas de gravedad, durante el partido inaugural» entre Brasil y México. Los fuegos de artificio también provocaron erosiones a algunos jugadores. El 13 de julio, cuando el delantero Chico salió al césped del Maracaná junto a sus compañeros para enfrentar a España, un petardo explotó a pocos centímetros de una de sus piernas. El atacante debió ser atendido durante varios minutos antes del inicio del encuentro. Felizmente para él, la quemadura no sólo no impidió su actuación, sino que hasta pareció haberle transmitido sus destellantes bríos: Chico marcó dos de los seis goles de su equipo y fue una de las grandes figuras de la tarde.

Naranjas

Para los partidos de la ronda final, la dirección del Estadio Municipal Maracaná formuló un pedido «especial» a la policía de Río de Janeiro: que prohibiera la venta de naranjas dentro del coliseo y en sus inmediaciones. Los diarios de la época destacaron que la solicitud se debió a las quejas de varios equipos víctimas de «bombardeos, que en los pasados encuentros fueron a veces violentos». Un matutino uruguayo destacó que a los 1.400 agentes encargados de mantener el orden y la seguridad durante los encuentros se les encomendó que ejercieran «una vigilancia especial» para impedir la comercialización de los «peligrosos» cítricos.

Whisky

La noche del triunfo de Uruguay sobre Suecia, el 13 de julio en el Pacaembú de San Pablo, la delegación celeste fue invitada a una fiesta de despedida organizada por funcionarios locales, que querían agasajar a los visitantes por su exitoso paso por la ciudad. Apenas arribados los jugadores al lugar donde se había organizado el homenaje, un ejército de mozos ingresó al salón con bandejas cargadas de vasos con whisky, bebida escocesa muy apreciada en la nación oriental. Al ver tanto ir y venir de camareros, y que sus compañeros empezaban a empinar el codo más de la cuenta, el capitán Obdulio Varela olfateó rápidamente lo que en verdad se perseguía con tanta generosidad: debilitar a los futbolistas que un par de días más tarde —viaje mediante— debían jugar la final en Río de Janeiro. Varela, veloz de reflejos, se paró en medio del salón y, con su vista fija en los anfitriones, pegó un grito: «Señores: o se termina el whisky, o nosotros nos volvemos a Montevideo». La fiesta continuó muy bien regada, pero con dulces gaseosas y sabrosos jugos de fruta.

Maracanazo

Uruguay necesitaba ganar o ganar para consagrarse campeón y los antecedentes no parecían los mejores. La escuadra local llevaba un vertiginoso ritmo goleador —como se dijo, acababa de destrozar 6 a 1 a España y 7 a 1 a Suecia, los otros finalistas— y poco antes del inicio de la Copa, el 14 de mayo, había vencido a sus ahora rivales por 3 a 2 en un amistoso preparatorio jugado también en Río, en la cancha de Vasco da Gama. Mientras los futbolistas orientales se cambiaban en el vestuario del Maracaná, un dirigente se acercó, los reunió y les dijo: «Muchachos, no se hagan mucho problema. Solamente traten de no comerse seis goles. Con cuatro estamos cumplidos». Estas palabras derrotistas aguijonearon el ánimo de los visitantes y despertaron un voraz apetito de triunfo, tanto contra el rival en la cancha como con los enemigos internos. En el túnel, el capitán Obdulio Varela reunió a sus compañeros y con su vozarrón los arengó: «Los de afuera son de palo. Cumplidos solamente si somos campeones». Varela, inteligente como pocos, hizo salir a su equipo al campo de juego en el mismo momento que lo hacía Brasil, para evitar que sus compañeros se achicaran con lo que hubiera sido una estruendosa silbatina. Algunos medios uruguayos, para destacar la tranquilidad de sus hombres de cara al importante duelo, destacaron que el defensor Schubert Gambetta durmió una siesta en el vestuario del gigantesco estadio horas antes de la final.

Luego de un primer tiempo sin goles, el local abrió el marcador a los dos minutos del complemento mediante Albino Friaça Cardoso. Los celestes no se amilanaron y, con buen juego y más amor propio, dieron vuelta el tanteador con Juan Schiaffino, a los 66, y Alcides Ghiggia, a los 79. El segundo tanto charrúa enmudeció el Maracaná. Doscientas mil «estatuas» no daban crédito a lo que veían. «Fue la primera vez en mi vida que escuché algo que no fuera ruido. Sentí el silencio», describió tiempo después Schiaffino. Heridos de muerte, los jugadores brasileños intentaron por todos los medios acercarse al arquero Roque Máspoli, pero la firmeza uruguaya hizo que sus ideas se fueran diluyendo con cada minuto que pasaba, hasta el pitazo final del inglés George Reader, quien esa tarde se convirtió en el árbitro más veterano en actuar en un Mundial, con 53 años y 236 días. Mientras el único sonido que se escuchaba en las tribunas era el de las lágrimas cayendo contra el suelo. La selección oriental dio el primer gran golpe de la final de una Copa del Mundo. Un golpe en el que sólo creían los once celestes que salieron al césped del Maracaná. De regreso a Montevideo, los dirigentes uruguayos mandaron acuñar medallas de plata para los futbolistas y de oro para ellos mismos. Esta distinción provocó náuseas a los héroes. «Si lo hubiéramos sabido, perdíamos a propósito», aseguró Varela. «Yo la tiraba afuera», se le sumó el goleador Ghiggia.

Rimet

Cuando Jules Rimet abandonó su asiento en el palco oficial para dirigirse al campo de juego y encabezar la ceremonia de clausura, el partido todavía no había finalizado: se encontraba igualado en uno. Brasil era campeón, y Rimet había practicado el discurso final en un solo idioma: el portugués. Sin embargo, al llegar al borde del césped, las cosas habían cambiado. Uruguay era otra vez campeón. Rimet se olvidó del protocolo y, entre la muchedumbre que festejaba, descubrió al capitán uruguayo Obdulio Varela y le entregó el trofeo. No le salió una palabra: solamente le estrechó la mano.

Un partido para el infarto

El desenlace entre Brasil y Uruguay fue literalmente, como acostumbran a decir los relatores deportivos, un «partido para el infarto». En Uruguay, ocho personas murieron a causa de ataques cardíacos provocados por la gran definición: cinco durante el encuentro y tres después del pitazo final. En tanto, los médicos del estadio Maracaná informaron que allí debieron ser atendidas 169 personas con problemas coronarios, de presión arterial, brotes de histeria y desmayos. Seis de ellos fueron derivados a un hospital cercano en grave estado. Se dice que esa noche, la más triste de Río de Janeiro, Obdulio Varela fue «camuflado» de bar en bar para, cervezas mediante, levantarle el ánimo a los moribundos cariocas. Esa noche triste, cuentan las crónicas policiales, se habría registrado un centenar de suicidios en todo el país. Uno que estuvo a punto de quitarse la vida fue el delantero brasileño Danilo, agobiado por no haber podido evitar la sorprendente derrota junto a sus diez compañeros.

Para nunca más volver

El talentoso músico Ary Barroso había sido contratado por una emisora radial de Río de Janeiro para transmitir los partidos de Brasil en la Copa. El 16 de julio, con el Maracaná a reventar, Barroso puso el brillo de su voz y su talento para la improvisación al servicio de la final que, con un empate, daría el preciado primer título a los dueños de casa. A los 47, el brasileño Friaça marcó el gol que ponía a su equipo a medio metro de la Copa y el locutor estalló en gritos de algarabía. El uruguayo Juan Schiaffino, a los 66, bajó los decibeles del eufórico relato y Alcides Ghiggia, a los 79, lo apagó definitivamente. Mientras el silencio se apoderaba del Maracaná tras la segunda conquista oriental, Barroso se levantó y con un lacónico «voy a tomar un café» abandonó la cabina… a la que nunca volvió. «Era tanto el desencanto que no podía seguir», se excusó años más tarde. Tan traumatizado quedó el músico, que jamás volvió a relatar un partido de futbol.

Mujer

Finalizado el partido que consagró a Uruguay, los futbolistas locales se refugiaron en el vestuario. Temerosos de ser linchados por los enfurecidos hinchas, los jugadores brasileños dejaron el estadio en medio de un férreo operativo de seguridad. En el vestidor quedó el entrenador del equipo, Flavio Costa, convencido de que sería asesinado en cuanto pusiera un pie fuera del Maracaná. Costa permaneció encerrado durante dos días y solamente aceptó abandonar el coliseo cuando un familiar le alcanzó un disfraz muy particular. Casi 48 horas después del pitazo final, el técnico escapó de su cautiverio vestido de mujer.

Mufa

El arquero Moacir Barbosa nunca logró sobreponerse al «Maracanazo». De «ídolo» pasó a ser el hombre más odiado del país. Si bien continuó su carrera hasta 1962 —período en el que ganó dos títulos con Vasco da Gama—, terminó sus días abandonado en una pensión miserable. En la década de 1980, al ser remodelado el Maracaná, la nueva administración le regaló a Barbosa el viejo arco de madera donde había recibido los dos fatales goles. El arquero cortó los postes y con ellos prendió una fogata y preparó una opípara parrillada para convidar a los pocos amigos que le quedaban. Cuando, en 1993, intentó visitar a los jugadores que se preparaban para el Mundial Estados Unidos 94, un directivo de la confederación brasileña ordenó a los guardias: «Llévense lejos a este hombre, que sólo trae mala suerte». Los goles de Juan Schiaffino y Alcides Ghiggia lo obligaron incluso a vivir algunos años en el exilio. Hasta el día de su muerte, el 8 de abril de 2000, Barbosa repitió incansablemente: «La pena más alta en mi país por cometer un crimen es de 30 años. Hace 50 que yo pago por un delito que no cometí».

Otra que cargó con el estigma de la derrota fue la camiseta nacional. Desde 1919, la escuadra brasileña vestía totalmente de blanco, en algunas oportunidades con vivos azules en el puño y el cuello. Tras el «Maracanazo», la federación decidió cambiar los colores del equipo, para atraer la suerte y torcer el destino. Para ello, convocó a un concurso en 1953, mediante un aviso en un matutino. La única condición que se proponía como base del certamen era que el nuevo conjunto incluyera los cuatro colores de la bandera nacional: amarillo, verde, azul y blanco. Se recibieron unas trescientas propuestas, entre las cuales fue elegida ganadora la de Aldyr García Schlee, un muchacho de 19 años que trabajaba como periodista en un diario del estado de Río Grande do Sul, limítrofe con Uruguay. El joven confesó que el concurso no era fácil: «Hasta tres colores, todo bien, pero con cuatro se puso realmente difícil, porque los cuatro colores de la bandera juntos no combinan. Hice más de cien diseños, pero nada funcionaba, hasta que llegué a la conclusión de que la camiseta tenía que ser toda amarilla, con vivos verdes» en el cuello y las mangas, explicó años más tarde. García Schlee le añadió el pantalón azul y las medias blancas, y su proyecto terminó imponiéndose. La nueva camiseta se estrenó el 14 de marzo de 1954 en el Maracaná, con una victoria ante Chile por 1 a 0. Aunque Brasil no obtuvo el éxito que anhelaba en el Mundial siguiente, Suiza '54, la camiseta «verdeamarela» se mantuvo y hoy es reconocida como la más famosa del mundo.

Varios años más tarde, durante una entrevista, el exitoso diseñador sorprendió con una inesperada declaración. Dijo que, por haberse criado a metros de la frontera sur de su país, era hincha de Uruguay, y reveló que celebró el «Maracanazo» luego de escuchar la final por radio. El estandarte más querido de Brasil fue doblemente producto de la «garra charrúa».

Suiza 1954

Suiza 1954 fue el Mundial en el que comenzó a forjarse una leyenda. Hasta entonces, el equipo germano —que no estuvo en Brasil por disposición de la FIFA en base a los lamentables acontecimientos ocurridos durante la Segunda Guerra Mundial— era de segundo nivel dentro de Europa. Para la sexta edición de la Copa, ni siquiera fue considerado como «cabeza de serie» en el sorteo de los grupos y tuvo la entereza de vencer en la final a Hungría, la mejor escuadra de esa época y con la que había caído 8-3 en la primera fase. No fueron pocos los que desconfiaron de que la levantada alemana estuviera sólo sostenida por el corazón valiente de sus guerreros y pusieron en tela de juicio la utilización de sustancias estimulantes. Se dice que horas después de la final, los jugadores que participaron del encuentro fueron atacados por extrañas manchas y ronchas, que oficialmente se atribuyeron a una comida en mal estado servida en el hotel. De todos modos, Alemania inició en Suiza una prestigiosa campaña futbolística que hoy registra asistencia perfecta a todas las ediciones, tres títulos, tres segundos puestos y el honor de no haber dejado jamás una Copa antes de los cuartos de final.

La final contra Hungría fue un verdadero hito: si Uruguay sorprendió con el «Maracanazo», Alemania impresionó al mundo al doblegar al campeón olímpico de Helsinki '52, dueño de una racha invicta de 31 partidos: 27 ganados y cuatro igualados. Además, los magiares, comandados por el genial Ferenc Puskás —quien había cambiado su apellido original, Purcsfeld, por Puskás, que en húngaro significa «fusilero»—, habían vapuleado recientemente a Inglaterra en dos choques —6 a 3 en Wembley y 7 a 1 en Budapest— y llegaban al encuentro definitorio con la escalofriante marca de 25 goles en cuatro partidos disputados en la Copa. Una curiosidad: el equipo húngaro estuvo ganando todos los duelos 2-0, incluida la final. Con el correr de los Mundiales, la selección germana demostrará que la hazaña no fue casualidad, y que nunca se le debe dar por vencida antes de que el árbitro marque el final. En Suiza, el mejor no fue el mejor. No sería la última vez.

Para este quinto torneo, la FIFA determinó que se armaran cuatro zonas de cuatro equipos y que los dos cabezas de serie de cada una se enfrentaran contra los otros dos equipos del grupo, pero no entre sí, para que los países supuestamente más fuertes recién se cruzaran a partir de cuartos de final. El extraño fixture aportó más problemas que soluciones —debieron jugarse varios desempates— y tres de los ocho preclasificados quedaron fuera en la primera ronda. A Alemania, que luego sería campeón, no se lo tuvo en cuenta como cabeza de serie. Un detalle ridículo tuvo que ver con el partido por el tercer puesto: si Uruguay y Austria hubiesen igualado, los dos hubieran sido considerados terceros. Otra incoherencia: en la primera ronda, si un partido finalizaba igualado, debían disputarse treinta minutos de prórroga. Pero si el marcador permanecía equilibrado al cabo del alargue, se lo daba por empatado. Uno de los que hizo oír bien fuerte sus quejas contra la organización fue el presidente del club escocés Celtic, Bob Kelly, quien al retornar a su país dijo que «la organización fue caótica» y la conducta de los jugadores, desesperanzadora». Kelly afirmó que no permitiría que los futbolistas de su institución jugaran otra vez en una Copa. Escocia había perdido 1-0 con Austria y 7-1 con Uruguay.

Este certamen fue el de mayor promedio de gol de la historia (5,38, producto de 140 conquistas en solamente 26 juegos) y también el escenario del partido con más tantos: Austria 7 - Suiza 5.

Alemania y Hungría fueron las primeras selecciones en chocar dos veces en el mismo Mundial en dos instancias diferentes, sin considerar en este sentido los desempates. La final —el segundo duelo— fue la primera en contar con una pareja de hermanos: los germanos Fritz y Ottmar Walter. Si bien a lo largo de los Mundiales varios equipos tuvieron en sus filas duplas fraternas, los Walter fueron los primeros en levantar juntos la Copa (luego serían igualados por Bobby y Jack Charlton en 1966).

La participación de Fritz Walter bien puede considerarse milagrosa. El delantero, capitán de la victoriosa escuadra germana, había participado como soldado durante la Segunda Guerra Mundial. Capturado por las fuerzas soviéticas, fue enviado a un campo de prisioneros cercano a la ciudad rumana de Sighetu Marmației. Allí, a pesar de contraer de malaria, participó en improvisados partidos de fútbol junto a guardias húngaros y eslovacos. Cuando el ejército soviético ordenó que los enemigos cautivos fueran trasladados a un predio de trabajos forzados en Siberia, Walter fue salvado por un centinela que lo había reconocido por haberlo visto actuar en un amistoso entre Hungría y Alemania. El guardián mintió a sus superiores respecto de que Walter no era alemán sino austríaco, lo que permitió que el futbolista pudiera retornar a su país y se salvara de la deportación y una muerte casi segura de enfermedad, hambre y frío.

Suiza '54 marcó además el nacimiento de una relación que se fortalece cada día desde entonces: el futbol y la televisión. Una empresa difusora con base en ocho países europeos acordó con la FIFA televisar nueve partidos, entre ellos el juego inaugural y la final. Fue un paso relativamente pequeño para los organizadores de la Copa, pero gigantesco para sus futuros emprendimientos comerciales.

Alemania vs. Alemania

En la eliminatoria, Alemania debió enfrentar a Alemania. Mejor dicho, la República Federal Alemana (RFA), establecida al finalizar la Segunda Guerra Mundial, jugó contra Sarre, una región germana vecina a Francia, que los galos controlaron a pedido de las Naciones Unidas hasta 1957. En 1953, la FIFA aceptó la incorporación de Sarre y el azar quiso que cruzara con la RFA en la instancia clasificatoria rumbo a Suiza. La RFA ganó fácil los dos encuentros: 3-0 como local y 3-1 de visitante. En el primero de ellos, jugado en Stuttgart el 11 de octubre de 1953, el mediocampista «federal» Horst Eckel fue protagonista del primer cambio en un partido mundialista, al reemplazar a Richard Gottenger con la anuencia del referí. Algo insólito, ya que las sustituciones recién se permitirían a partir de México '70.

En esa zona hubo otro equipo: Noruega. ¡Qué lío se hubiera armado si, en lugar de la nación escandinava, se hubiera designado para ese grupo a la «tercera» Alemania, la República Democrática Alemana!

Como con la mano

Durante la etapa clasificatoria para el Mundial se enfrentaron por el grupo europeo España y Turquía, que en los papeles hacía prever un triunfo sencillo para los hispanos. De hecho, en el partido de ida, jugado en Madrid, los locales ganaron por 4 a 1 con una actuación brillante del húngaro Ladislao Kubala, quien se había nacionalizado y por esos tiempos vestía el uniforme ibérico. Pero en la revancha, llevada a cabo en Estambul, Kubala fue destrozado a patadas por sus oponentes ante la indiferente actuación del árbitro y, con esa ventaja, los turcos se impusieron por un gol a cero. Con una victoria por bando, se programó un desempate en el estadio Olímpico de Roma. Parecía que, en territorio neutral, los españoles acabarían con la pesadilla. Sin embargo, pocos minutos antes del comienzo del tercer partido llegó un telegrama suscripto por la FIFA, que prohibía la inclusión del futbolista magiar por considerar que su fichaje no se había tramitado en forma regular. Kubala ya estaba cambiado y a punto de salir a la cancha con sus compañeros. Los ibéricos jugaron bajo protesta y, a pesar de dominar las acciones durante la mayor parte del encuentro, alcanzaron un agónico empate a dos a poco del final. Como el marcador permaneció inalterable tras treinta minutos de adicional, se recurrió a un sorteo para decidir cuál de los dos conjuntos clasificaba para el campeonato —así lo indicaba el reglamento—, aunque la diferencia de goles beneficiaba ampliamente al seleccionado hispano. Se colocaron dos papelitos con los nombres de las dos naciones en un sombrero y se pidió a un niño, llamado Franco Gemma, que tomara uno. La hoja elegida decía «Turquía», por lo que España quedó afuera no obstante haber sido superior a su rival. Enfervorizados por el golpe de suerte, los turcos invitaron a Franco a viajar a Suiza como su amuleto, pero el aura del chico no fue suficiente para impedir la eliminación en primera ronda.

Árbitros, a las duchas

Días antes de la inauguración de la Copa, la FIFA elaboró una lista de directivas que entregó a todos los árbitros convocados, para su cumplimiento «obligatorio». Las seis disposiciones eran las siguientes:

1) Tomar una ducha fría por la mañana, antes de nada al levantarse, y otra antes de acostarse.
2) Hacer durante quince minutos diariamente el ejercicio de saltar la cuerda.
3) No tomar bebida alcohólica de ninguna especie en el día de un partido a su cargo, sea partícipe como juez o como fiscal de línea.

4) Correr dos mil metros un día sí, otro no, y tomar una ducha fría después de ese ejercicio.

5) Acostarse temprano en víspera de un partido a su cargo.

6) En caso de la muerte del árbitro en el transcurso de un encuentro, éste será inmediatamente dado por terminado.

Algunas de estas órdenes son muy curiosas, otras extravagantes. Afortunadamente, ninguno de los réferis se vio obligado a cumplir con la última: le iba a resultar bastante difícil de consumar.

Viejitos

El promedio de edad de los jugadores coreanos era de 31 años, uno de los más altos de toda la historia de la Copa. Las causas de esta singular situación se debieron a la denominada «Guerra de Corea», que se desarrolló entre 1950 y 1953 y culminó con la península dividida en dos naciones: la del norte, con un gobierno comunista, y la del sur, una república presidencialista de supuesto estilo occidental. En el conflicto murieron más de un millón de coreanos y, al momento de disputarse el Mundial, la mayoría de los jóvenes de entre 21 y 23 años cumplía con el servicio militar obligatorio. A causa de los devastadores bombardeos, había en todo el país una gran necesidad de mano de obra para reparar o reemplazar los edificios destruidos. Los veinte futbolistas que viajaron a Suiza eran efectivos militares o empleados civiles de las fuerzas armadas. El arquero Hong Duk Yung tenía 33 años; el defensor Min Byung Dae, 38; el volante Chung Nam Sick, 37; el delantero Choi Jung Mih, quien había sido prisionero de guerra, 32. El papel del guardavalla Yung es digno de ser destacado: recibió 16 goles en solamente dos partidos, algo jamás superado en una Copa del Mundo. El 17 de junio, en Zurich, Corea perdió 9-0 con Hungría, y tres días después, en Ginebra, 7-0 con Turquía.

Acalorada impericia

El debut de Escocia en una Copa del Mundo fue desastroso. Si bien esta selección nunca superó la primera ronda en ninguno de los ocho Mundiales en los que participó, la actuación en Suiza fue bochornosa, y no nada más en el vergonzoso sentido de la palabra. Por ineptitud o ignorancia, la Asociación Escocesa de Fútbol envió a sus jugadores con camisetas de manga larga confeccionadas en gruesa lana para disputar partidos en un verano helvético que tuvo temperaturas de casi 40 grados Celsius. Bien abrigaditos, los británicos cayeron 1 a 0 ante Austria, el 16 de junio, y tres días más tarde, mientras el termómetro marcaba 37 grados en el estadio Saint Jakob de Basilea, fueron aplastados 7 a 0 por Uruguay. El defensor Tommy Docherty fue lapidario al tratar de encontrar una explicación a la goleada: «La Federación Escocesa asumió que en Suiza siempre hace frío porque hay montañas. Yo creo que pensaron que íbamos en una expedición a la Antártida». La selección sudamericana, que ese día vistió livianas remeras de mangas cortas y escote en «v», marcó dos goles en la primera mitad y otros cinco en el complemento, cuando sus rivales ya se habían derretido.

Marcha atrás

Italia y Suiza protagonizaban un duelo muy caliente en Lausanne, el 17 de junio, en la apertura del Grupo 4 que compartían con Inglaterra y Bélgica. A poco de comenzado el segundo tiempo —con el marcador igualado a uno por goles de Robert Ballaman y Giampiero Boniperti—, el delantero visitante Benito Lorenzi, a quien apodaban «Veneno», por su mal carácter, le pegó una violenta patada al defensor helvético Roger Bocquet. El árbitro brasileño Mario Viana, sin vacilar, se acercó a Lorenzi para informarle que estaba expulsado y le ordenó que se retirara de la cancha. Pero el colérico atacante, en lugar de abandonar el campo de juego, comenzó a exigirle al referí, de muy malos modos, que diera marcha atrás con la medida. Enseguida, a Lorenzi se le sumaron varios de sus compañeros, que rodearon a Viana. Con manotazos, empujones y amenazas, los italianos consiguieron que el brasileño anulara el castigo. El juego siguió once contra once y a los 78 los suizos consiguieron desnivelar la paridad mediante un gol de Sepp Huegi. Con el pitazo final, los italianos volvieron a asediar al referí, a quien acusaron de haber favorecido con sus fallos a los suizos. Lorenzi, desencajado, le pegó al juez una patada en la cola. Viana fue finalmente rescatado por la policía, pero nunca denunció la agresión del delantero «azzurro». La FIFA tampoco actuó de oficio, a pesar de que la embestida se vio desde las tribunas y también por televisión. Lorenzi no fue suspendido e integró el equipo italiano que, en la fecha siguiente, derrotó a Bélgica por 4 a 1. Como Suiza e Italia finalizaron la ronda con la misma cantidad de puntos, debieron enfrentarse otra vez, en Basilea, para definir al que pasaría a cuartos de final. Con Lorenzi nuevamente en la cancha, esta vez los helvéticos se impusieron por un inapelable 4-1.

Usted no entra, Rimet

Poco le importó a la recepcionista del estadio Hardturm de Zurich lo que decía el anciano de blancos bigotes: no tenía ninguna credencial que lo acreditara como Jules Rimet. El presidente honorario de la FIFA, padre de la competencia y en cuyo nombre había sido bautizada la Copa, intentó explicarle a la joven rubia y regordeta que sus documentos habían quedado en el hotel. Mas la muchacha se mantuvo firme. «Nein». Rimet esperó pacientemente hasta que un directivo de la organización local lo reconoció y le franqueó el acceso a la platea para ver el partido entre Alemania y Turquía.

Fair play

Los jugadores húngaros estaban muy preocupados por tener que enfrentar a Corea del Sur el 17 de junio en Zurich. La inquietud no pasaba por lo deportivo, sino por lo político. Los magiares creían que los asiáticos actuarían con mucha rudeza y saldrían a lesionarlos por pertenecer a un país comunista (Hungría integraba el bloque rojo detrás de la «Cortina de Hierro» soviética), como represalia por la guerra vivida meses antes en su tierra frente a sus vecinos del norte. Empero, el partido, que los europeos ganaron por 9 a 0, fue uno de los más limpios de la historia: solamente se cobraron cinco faltas.

Los uruguayos, un relojito

Tras los triunfos 2-0 ante Checoslovaquia, el 16 de junio en Berna, y 7-0 ante Escocia, el 19 en Basilea, los jugadores uruguayos fueron autorizados por el técnico Juan López «para salir a pasear por la noche». Pese a ello, varios periódicos resaltaron que «en una decisión digna de mencionarse, prefirieron no hacerlo y decidieron quedarse en los salones del hotel Bellevue au Lac conversando y cantando, prueba cabal del buen espíritu que disfrutan». Al día siguiente, los deportistas aceptaron salir de la concentración para visitar la fábrica de relojes Movado, en la localidad de Chaux-de-Fonds. Pero no se trató de un gesto desinteresado: cada uno de los muchachos fue «obsequiado con un reloj», revelaron los periódicos.

Bicicleta

Una mujer alemana pedaleó su bicicleta a lo largo de 300 kilómetros hasta Basilea para presenciar el choque ante Hungría, el 20 de junio. Al llegar al estadio, la mujer ocupó uno de los asientos, pero se desmayó segundos antes del puntapié inicial a causa del tremendo esfuerzo. Al recobrar el conocimiento, la agotada ciclista se negó a ir a un hospital y permaneció en la cancha hasta el final. Tal vez hubiera recibido un trato más saludable de parte de los médicos que de los jugadores húngaros, que no tuvieron piedad para golear a los suplentes germanos por 8 a 3.

Partidazo

El 26 junio, en Lausanne, Austria y Suiza protagonizaron, por los cuartos de final, uno de los mejores encuentros de la historia de la Copa del Mundo, y el que tuvo la mayor cantidad de goles. La escuadra local tomó la iniciativa en el marcador y en 19 minutos ya estaba 3-0 arriba, gracias a las conquistas de Robert Ballaman (a los 16 minutos) y Sepp Huegi (17 y 19). No obstante, Austria reaccionó con cinco tantos consecutivos de Theodor Wagner (25 y 27), Robert Koerner (26 y 34) y Ernst Ocwirck. Antes de que finalizara la primera etapa, Ballaman volvió a marcar a los 39 y tres minutos más tarde Wagner desvió un penal. Si bien hacía un intenso calor, las acciones no decayeron en la segunda mitad. A los 53, Wagner se rehabilitó y puso el 6 a 4. Cinco minutos después, Huegi volvió a estrechar la distancia, hasta que, finalmente, Erich Probst, a los 76, marcó el último tanto visitante. La intensidad de las acciones y la elevada temperatura motivaron que el arquero austríaco, Kurt Schmied, terminara el partido casi desvanecido. Schmied pasó la mayor parte del segundo tiempo aferrado a uno de los postes del arco, mientras el defensor Ernst Happel rechazaba sobre la línea de meta los pelotazos rivales. Terminado el match, el árbitro escocés Charles Faultless fue golpeado por un joven al abandonar el estadio. Su actuación fue repudiada por los espectadores helvéticos, que lo acusaron de haber favorecido a los austríacos. Faultless fue rescatado de los hinchas por dos dirigentes suizos, que lo acompañaron hasta su hotel.

Gracias, Alemania

La victoria de Alemania sobre Yugoslavia, por 2 a 0 en cuartos de final, fue ampliamente festejada por los amantes de la carne vacuna de Lausanne. Ocurrió que, al llegar al hotel donde se instaló la delegación balcánica, un directivo le indicó a la gerencia del establecimiento que necesitaban cinco bifes de ternera por día para cada uno de los 32 integrantes del equipo. Para satisfacer la demanda, un empleado del hotel debió salir de compras por todas las carnicerías y mercados de la ciudad. Tras dos semanas, el enorme volumen de carne consumido por los yugoslavos acabó con las reservas de Lausanne. Eliminada la selección balcánica de la competencia, llegó el alivio para los carniceros, cuyas heladeras habían quedado vacías. Normalizada la situación, sus clientes celebraron el final de la veda con una deliciosa parrillada.

Batalla campal

El 27 de junio, Hungría y Brasil fueron los protagonistas de otro gran duelo que, por sus pasajes de inusitada violencia, fue bautizado como «la Batalla de Berna». Los magiares, sin su figura, Ferenc Puskás —lesionado en un tendón en el choque con Alemania—, se impusieron por 4 a 2 en un match que tuvo fragmentos de buen futbol, pero también de pierna fuerte. El juez inglés Arthur Ellis expulsó a los 71 minutos al brasileño Nilton Santos y al húngaro Jozsef Bozsik por tomarse a golpes de puño. Cinco minutos después, Ellis también mandó a los vestuarios al delantero sudamericano Humberto, por aplicar un puñetazo al defensor rival Gyula Lorant. Al finalizar el encuentro, los brasileños rodearon al referí para reclamarle vehementemente que en el penal que había convertido Mihaly Lantos no había existido falta previa de José Bauer a Sandor Kocsis y que, en el cuarto tanto de los europeos, Kocsis, su autor, había estado en posición adelantada. Mientras tanto, Mauro Rafael, apodado «Maurinho», se acercó a Zoltan Czibor y le extendió su mano derecha, en señal de amistad. Cuando Czibor le estrechó su diestra, Maurinho le lanzó a la mandíbula un certero piñazo con la izquierda. Esta agresión desató una gresca generalizada, en la que participaron jugadores, suplentes y cuerpo técnico de ambas escuadras. En medio de patadas voladoras, trompadas y forcejeos cuerpo a cuerpo, Puskás se metió en la cancha y arrojó una botella que hizo blanco en el rostro del volante João Baptista Pinheiro. El mediocampista brasileño, con la cara cubierta de sangre, fue sacado del lugar por un compañero. También resultaron heridos dos policías que intentaron separar a los contendientes. Del otro lado de la línea de cal, el entrenador de Brasil, Zezé Moreira, le lanzó un botín a su colega magiar Gustav Sebes: el zapato cortó la frente de Sebes, quien luego recibió algunos puntos de sutura. Una vez que volvió la calma, la FIFA analizó lo sucedido y decidió que no hubiera suspensiones para nadie, a pesar de haber amonestado a las dos delegaciones por su «comportamiento antideportivo». Al expulsado Bozsik le hubiera correspondido una fecha, al menos, de acuerdo con el reglamento de la época, y un castigo mucho mayor al desbocado Puskás. Pero, según la entidad, una sanción generalizada para todos los expulsados y participantes de la reyerta «perjudicaría sólo a Hungría para su encuentro con Uruguay», por las semifinales, ya que los brasileños ya estaban eliminados. La FIFA, en un fallo propio del gobernador romano de Judea Poncio Pilatos, se lavó las manos al dejar los castigos «a cargo de las dos asociaciones nacionales, con la orden de informar a la federación mundial lo antes posible sobre las medidas adoptadas». Desde luego, ni la de Hungría ni la de Brasil levantaron un dedo en contra de sus futbolistas. El caso desató la ira de los uruguayos, siguientes rivales de los europeos, quienes elevaron una queja a la FIFA, por entender su fallo como «una actitud completamente reñida con los cánones del deporte». La entidad no hizo lugar a la protesta y Bozsik estuvo presente ante los orientales. Con esta ventaja, Hungría se impuso 4-2.

El fin de un invicto

La victoria de Hungría sobre Uruguay, en la semifinal del 30 de junio en Lausanne, cortó una impresionante racha invicta del equipo oriental en torneos internacionales, de 21 partidos. La serie comenzó en los Juegos Olímpicos de París 1924, donde Uruguay ganó todas sus presentaciones: 7-0 a Yugoslavia, 3-0 a Estados Unidos, 5-1 a Francia, 2-1 a Holanda y 3-0 a Suiza. Cuatro años más tarde, en los Juegos Olímpicos de Amsterdam '28, la selección celeste venció 2-0 a Holanda, 4-1 a Alemania, 3-2 a Italia e igualó en uno la primera final con Argentina. En el desempate, se impuso por 2 a 1. En el primer Mundial, desarrollado en su casa en 1930, Uruguay volvió a vencer en todos sus compromisos: 1-0 a Perú, 4-0 a Rumania, 6-1 a Yugoslavia y 4-2 a Argentina en una nueva final. Como no intervino ni en

Italia '34 ni en Francia '38, la siguiente parada de la imbatible selección oriental fue Brasil '50: allí superó a Bolivia 8-0, empató a dos con España, derrotó 3-2 a Suecia y 2-1 al anfitrión, en el famoso «Maracanazo». En Suiza, Uruguay comenzó con un 2-0 ante Checoslovaquia, seguidos de un 7-0 a Escocia y un 4-2 a Inglaterra. Hungría terminó con el invicto, pero debió transpirar más de la cuenta, ya que los noventa minutos finalizaron igualados en dos. En el tiempo suplementario, dos tantos de Sandor Kocsis (a los 111 y 116) redondearon la victoria magiar y el fin de la notable serie uruguaya.

El muerto que hace goles

Durante la semifinal de Lausanne se produjo un caso extraordinario: un futbolista de Uruguay sufrió un paro cardíaco y, tras recibir una dosis de coramina —un medicamento que estimula las funciones vasomotoras y respiratorias—, siguió jugando. El protagonista de la notable situación fue el delantero Juan Hohberg, quien, curiosamente, había nacido en Argentina y comenzado su carrera como arquero. Hohberg —quien ese día debutaba en la escuadra oriental— consiguió los dos goles que le permitieron a Uruguay igualar el encuentro, a los 75 y 86 minutos. Según cuenta el periodista Alfredo Etchandy en su libro *El mundo y los Mundiales*, cuando el atacante marcó la igualdad, «sus compañeros le cayeron arriba en el festejo y por la emoción sufrió un paro cardíaco. Fue reanimado por el kinesiólogo Carlos Abate, quien le suministró coramina por la boca. Cuando empezó el alargue seguía afuera, pero poco después retornó a la cancha y jugó hasta la finalización de la prórroga».

Zapatero campeón

Mucho debió trabajar Adolf «Adi» Dassler —un zapatero que había abierto su taller de calzado «Adidas» en 1920 en la ciudad de Herzogenaurach— para el seleccionado alemán. En primer lugar, para que el delantero Uwe Seeler se desenvolviera con comodidad. En sus comienzos, cada vez que Seeler salía a la cancha y comenzaba a correr, sentía un terrible e intenso dolor en uno de sus pies. Tras una minuciosa investigación, se descubrió que el atacante tenía los pies de diferente tamaño, por lo que comenzó a utilizar botines confeccionados «a medida» para cada extremidad. Pero la labor de Dassler no terminó allí. Para este torneo, preparó un diseño innovador con una suela que permitía intercambiar los tapones de los zapatos, atento a las copiosas lluvias que suelen acompañar el verano helvético. La final, jugada el 4 de julio en Berna, comenzó con una ligera llovizna. Con la cancha rápida, los húngaros se pusieron 2 a 0 en apenas ocho minutos, pero Alemania no se rindió, y logró empatar antes de que terminara la primera mitad. En el entretiempo, una lluvia torrencial convirtió el campo del Wankdorf Stadium en un barrial. El entrenador alemán, Sepp Herberger, ordenó a sus hombres cambiar los tapones de los zapatos por unos más largos. Afirmada en el innovador invento de Adi, la escuadra germana logró el tercer tanto a los 84, por medio de Helmut Rahn, luego de que el arquero húngaro, Gyula Grosics, resbalara en el césped mojado. Alemania doblegó a la invencible Hungría y ganó su primera Copa, y Adi Dassler demostró que el zapatero también juega.

Telegrama goleador

A pesar del victorioso debut 4-1 ante Turquía, el 17 de junio en el estadio Wankdorf de Berna, el entrenador alemán, Sepp Herberger, se sintió insatisfecho con la tarea ofensiva de sus dirigidos. Herberger creía que debía sumar potencia al ataque, de modo que envió un telegrama a Helmut Rahn, un efectivo artillero del club Rot-Weiss Essen que, en ese momento, estaba en Montevideo, en medio de una gira por Sudamérica. «Presentarse urgente en Suiza en el primer avión», decía el apremiante mensaje. Rahn se subió a un aparato que partió de Uruguay hacia Europa, vía Brasil, y llegó a Basilea tras un fatigoso viaje de dos días y numerosas escalas. No obstante la demoledora travesía, el jugador se unió a sus compatriotas y salió a la cancha del estadio Saint Jacob para enfrentar a la poderosa Hungría. Aunque el choque, que tuvo lugar el 20 de junio, fue catastrófico para los germanos —el equipo magiar se impuso por 8 a 3—, el entrenador quedó muy satisfecho con la tarea del delantero, que consiguió un tanto ese día y volvió a anotar en cuartos de final, frente Yugoslavia. En la final, la gran revancha ante Hungría, Rahn metió un doblete que le dio el título al seleccionado germano y lo catapultó a la jerarquía de héroe nacional.

Festejos

La victoria mundialista fue celebrada con gran euforia en toda Alemania. Cuando el tren que trasladaba al equipo campeón de Berna

a Munich cruzó la frontera helvético-germana, 6 000 fanáticos desbordaron la estación ferroviaria de Jestetten, el primer pueblo del lado
alemán. Los fervorosos hinchas —que con singular sentido de la decencia habían pagado su boleto para acceder al andén— se arrojaron a
las vías para detener la marcha del convoy y saludar a sus héroes. Ya
en Munich, el 6 de julio, los campeones fueron recibidos en la plaza
principal de la metrópoli bávara por más de medio millón de personas. Para ese día, por recomendación de la alcaldía local, se decretó
asueto general en fábricas, bancos y oficinas gubernamentales. Tampoco hubo clases en escuelas ni colegios. El equipo circuló por las
calles de la ciudad en quince automóviles. Las autoridades aseguraron a la prensa: «El entusiasmo que reina hoy sobrepasaba con mucho
al de las concentraciones de la época de (Adolf) Hitler, cuando Munich
era capital del partido nazi».

Los que quedaron bastante frustrados fueron los jugadores húngaros. El gobierno socialista de Budapest había prometido vacaciones en Suiza con todos los gastos pagados para los futbolistas y sus
mujeres. De hecho, las esposas y novias ya habían hecho las valijas y
se aprestaban a viajar a la nación helvética para unirse a sus parejas.
El batacazo cayó como un balde de agua fría. Las «vacaciones» llegaron dos años más tarde, cuando se produjo la rebelión de 1956 y
la consecuente represión soviética: todos los integrantes de esa maravillosa selección húngara se exiliaron en España, Alemania y otros
países alejados del régimen comunista.

Suecia 1958

Podría decirse que el de Suecia fue un Mundial con muchos estrenos. El más importante, el de Brasil como vencedor. Ocho años después del humillante «Maracanazo», la escuadra sudamericana comenzó a tejer su historia como mejor equipo del planeta. En la península escandinava, el conjunto brasileño se dio el gusto de levantar la «Copa Jules Rimet», que doce años más tarde conquistaría en forma definitiva al consagrarse primer tricampeón.

La justa y merecida victoria de Brasil en Europa, fuera de su continente, fue un hito únicamente igualado por el propio Brasil en Corea-Japón 2002 y por España en Sudáfrica 2010. El doblete de la escuadra «verdeamarela» fuera de América fue un argumento utilizado numerosas veces por la Confederación Sudamericana de Fútbol (CONMEBOL) a la hora de defender las (hoy) cuatro plazas y media que le corresponden a un sub-continente con solamente diez países competidores. Hasta la edición de 2006 inclusive, Sudamérica había sumado nueve campeonatos (cinco Brasil, dos Uruguay y dos Argentina) contra nueve, también, de Europa (cuatro de Italia, tres de Alemania y uno de Inglaterra y otro de Francia). En Sudáfrica, España, con su primera conquista, inclinó la balanza. Pero, en este punto, es justo reconocer que la participación de equipos europeos siempre fue muy mayoritaria: En Italia 1934, por ejemplo, fueron 12 de los 15 competidores; en Suiza 1954, 12 de 16; en España 1982, 14 de 24. Actualmente hay una mayor equidad, aunque de todos modos los representativos del Viejo Continente se adueñan nada menos que de 13 de las 32 plazas mundialistas. De los diecinueve Mundiales jugados más Brasil 2014, diez (la mitad) tuvieron como escenario países europeos (dos veces Italia, Francia y Alemania, y una Suiza, España, Suecia e Inglaterra) y ocho naciones de América, pero nada más cinco correspondieron a la CONMEBOL: Uruguay 1930, Brasil 1950 y 2014, Chile 1962 y Argentina 1978. Otro detalle: En Brasil 2014, la Copa retorna a Sudamérica después de... ¡36 años!

Para la galería de los ídolos, en Suecia surgió uno de 17 años que, para muchos, fue el más grande de la historia: Edson Arantes do Nascimento, el «Rey» Pelé. Además de su talento y exquisita definición, Pelé es recordado por dos récords mundialistas: es el único jugador que ganó tres Copas y es el goleador más joven: tenía 17 años y 239 días el 19 de junio de 1958, cuando vulneró la valla de Gales. En el plano de la indumentaria, aparecieron los guantes para los arqueros, en las manotas del legendario guardametas soviético Lev Yashin, conocido como «la araña negra» por vestir siempre buzo, pantalón y medias negros. En el marcador, el 11 de junio Brasil e Inglaterra protagonizaron el primer encuentro sin goles, en la sexta edición de la Copa y al cabo de 115 partidos. En este Mundial, la FIFA implementó un quinto sistema de competencia: cuatro zonas de cuatro equipos cada una, en las cuales los dos primeros clasificaron para cuartos de final. A partir de allí se siguió un cuadro de eliminación directa.

Otro gran logro de esta edición lo concretó el delantero francés Just Fontaine, quien consiguió 13 goles en un solo torneo, un récord que no fue igualado sino hasta el comienzo del Mundial de Brasil 2014. Fontaine —quien había viajado como suplente y se incorporó al equipo a causa de un severo esguince sufrido por el centrodelantero titular, Raymond Blair— inscribió su nombre en los «scores» de los seis encuentros que disputó la selección gala: marcó tres tantos a Paraguay (los europeos se impusieron por 7 a 3), dos a Yugoslavia (Francia cayó 3-2), uno a Escocia (triunfo por 2 a 1), dos a Irlanda del Norte (4-0), uno a Brasil (la escuadra gala cayó por 5 a 2 en la semifinal ante el campeón) y cuatro a Alemania (6-3) en el *match* por el tercer puesto. Al finalizar el campeonato, un periódico sueco le regaló a Fontaine un fusil, como premio por haber sido el máximo «artillero».

Poker británico

Por única vez desde Uruguay 1930 a Brasil 2014, las cuatro asociaciones británicas (Inglaterra, Escocia, Gales e Irlanda del Norte) clasificaron para disputar la Copa. Tres de ellas (Inglaterra, Escocia e Irlanda del Norte) lo hicieron luego de ganar sus respectivos grupos europeos. Los galeses, en cambio, a su futbol debieron sumarle una dosis de suerte. Ocurrió que en la zona eliminatoria para Asia y África (a la que se habían sumado Turquía y Chipre), Israel fue pasando rondas sin jugar, porque por cuestiones políticas sus distintos rivales se negaron a enfrentarlo: Turquía primero, Indonesia después (pretendió que se disputara un solo encuentro en terreno neutral) y finalmente Sudán. Como el reglamento determinaba que, salvo la nación anfitriona y la última campeona, ningún equipo podía clasificar sin haber disputado al menos un juego previo al torneo, la FIFA determinó que los israelíes enfrentaran a una escuadra europea, segunda de su grupo, seleccionada por un sorteo. El azar benefició a Gales, que llegó a Estocolmo gracias a un doble 2 a 0 —de ida, el 15 de enero de 1958, en Tel Aviv; y de vuelta, el 5 de febrero, en Cardiff—. En esa misma irregular y convulsionada zona, Chipre no pudo enfrentar a Egipto porque las autoridades británicas —que por ese entonces ocupaban el gobierno del país africano— se negaron a otorgarles la visa a los jugadores de la isla mediterránea.

Fracaso nebuloso

Soplo dos veces Italia no compitió en la fase final de la Copa del Mundo: la primera, Uruguay 1930, porque no quiso participar; la segunda, Suecia 1958, porque por única vez en su historia tropezó en la eliminatoria. La escuadra "azzurra" compartió su zona con Irlanda del Norte y Portugal y llegó al último juego, programado para el 4 de diciembre de 1957 en Belfast ante la escuadra británica, con enormes posibilidades de viajar a la nación escandinava: nada más necesitaba un empate. Ese día, el equipo peninsular igualó 2-2, mas no consiguió su pasaje al Mundial. ¿Por qué? A causa de una densa niebla en Londres, que obligó a cerrar los aeropuertos, el árbitro designado para ese juego, el húngaro István Zsolt, no pudo efectuar su escala en la capital inglesa ni llegar a tiempo para conducir el encuentro. El percance tomó desprevenidos a los dos equipos, que se enteraron del faltazo a último momento, cuando ya se estaban preparando en un Windsor Park repleto. Los entrenadores y futbolistas de las dos selecciones acordaron enfrentarse, pero de manera amistosa y bajo el arbitraje del referí local Thomas Mitchell. Más de un mes después, el 15 de enero de 1958, Zsolt sí acudió a la cita para resolver qué país se clasificaba para el Mundial. De nuevo en el mismo estadio colmado, Irlanda del Norte se adelantó en el primer tiempo con tantos de Jimmy McIlroy y Wilbur Cush. El conjunto visitante descontó en la segunda mitad mediante Dino da Costa, pero diezmado por la expulsión del uruguayo Alcides Gigghia —el héroe del Maracanazo, quien se había nacionalizado italiano—, la escuadra «azzurra» no pudo igualar el marcador y quedó eliminada de una Copa del Mundo, por primera y única vez hasta Brasil 2014, en una eliminatoria. Irlanda del Norte, en cambio, logró su primer boleto para un Mundial. Un hito que se celebró en todos los pubs durante largas horas y con miles de barriles de oscura cerveza.

Pelé blanco

La Unión Soviética tenía un equipo que «metía miedo». Dos años antes del Mundial de Suecia se había apoderado fácilmente de la medalla de oro en los Juegos Olímpicos de Melbourne y pocas semanas antes del inicio de la Copa había vapuleado por 6 a 0 a la escuadra anfitriona. Estas hazañas estaban directamente relacionadas con la magia que irradiaba la estrella del equipo rojo: Eduard Anatolevich Streltsov, de 20 años, a quien mucho tiempo después se conocería como «el Pelé blanco». Fino y elegante, letal dentro del área, Streltsov había irrumpido con toda la gloria en las filas del Torpedo Moscú: metió tres goles en cada uno de los dos primeros partidos que jugó en el equipo de la capital roja, con solamente 17 años. Tanto talento dentro del campo pronto generó una oleada de fama y pleitesía fuera de los estadios, que embriagó al novel delantero. Sus goles comenzaron a bajar, en inversa proporción a los vasos de vodka y las largas noches de juerga. Engreído por su prestigio, se animó a desafiar a los jerarcas comunistas que pretendieron transferirlo a otros clubes, como CSKA o Dynamo. Se dice además que, en una fiesta en el Kremlin, llegó a insultar a la hermana de la ministra de Cultura, Yekaterina Furtseva. Sus adoradores aseguran que estos desplantes lo colocaron al tope de la lista negra del gobierno. Días antes de que la delegación soviética partiera rumbo a Estocolmo, una joven de 20 años, Marina Lebedeva, denunció a la policía haber sido violada por Streltsov. El futbolista, aunque negó los cargos, aceptó firmar una confesión a cambio de que se le permitiera viajar a Suecia. Pero en vez de viajar al oeste, su periplo se encaminó hacia oriente, a una cárcel de trabajos forzados de Siberia. En Moscú nadie creyó la confesión. Unos cien mil operarios de la automotriz Zil salieron a la calle para protestar por lo que creían una injusticia del gobierno contra el gran ídolo. Sin Streltsov, la Unión Soviética logró pasar ajustadamente la primera ronda —debió vencer a Inglaterra (1-0) en un partido de desempate—, tras lo cual fue eliminada en cuartos de final por Suecia con un holgado 2 a 0. Semanas antes, con Streltsov en las filas rojas, las cosas habían resultado diametralmente opuestas. El delantero recuperó su libertad siete años más tarde, en 1965. Si bien su estado físico había sido mellado por los castigos y el implacable clima de la estepa siberiana, Streltsov regresó a su amado Torpedo, equipo con el que ganó la liga soviética y llegó a las semifinales de la Copa de Campeones de Europa. Hoy una escultura levantada a las puertas del estadio del Torpedo recuerda las hazañas del goleador, fallecido en julio de 1990. En ruso, pegarle con el taco a la pelota se dice «streltsov».

La tragedia de Munich

El 6 de febrero de 1958, un avión charter de British European Airways llevaba de retorno a Inglaterra al equipo de Manchester United, que había clasificado para la semifinal de la Liga de Campeones. United había igualado en tres tantos con Estrella Roja en Belgrado, al que había vencido por 2 a 1 en Old Trafford. La aeronave debió hacer una escala en el aeropuerto de Munich, Alemania, para reaprovisionarse de combustible, en medio de una fuerte tormenta de nieve. Para continuar el viaje, el avión intentó despegar dos veces, pero las ruedas patinaban en el agua helada de la pista. Una versión asegura que la torre de control sugirió al piloto, James Thain, postergar el retorno. No obstante, el comandante volvió a tratar de hacer volar a su avión, pero éste apenas pudo elevarse de la pista inundada por la nieve derretida, embistió la reja perimetral de la estación aérea y se estrelló contra una casa cercana. Murieron 23 de los 44 pasajeros, entre ellos ocho jugadores. Cuatro de las víctimas fatales eran titulares en la selección inglesa: Roger Byrne, David Pegg, Tommy Taylor y Duncan Edwards. Entre los sobrevivientes estuvieron Robert «Bobby» Charlton y el arquero de Irlanda del Norte, Harry Gregg. No pocos analistas atribuyeron el flojito papel de Inglaterra en el Mundial —fue eliminada en primera ronda en un desempate contra la Unión Soviética— a lo que se conoció como «la tragedia de Munich».

A los bifes

Un integrante del seleccionado argentino se quejó ante algunos reporteros por el tamaño de los churrascos europeos. «Estamos acostumbrados a bifes más gruesos en nuestro país. Allá se comen bifes que automáticamente hacen que un jugador salga a la cancha dispuesto a dar todo». Antes de viajar a Suecia, los encargados de la delegación albiceleste prepararon grandes cantidades de carne y extracto de carne para alimentar a los jugadores y, así, «mantener su estado». Las apabullantes derrotas ante Alemania (3-1) y Checoslovaquia (6-1), y la eliminación en la primera rueda resultaron una publicidad nada positiva para el mundialmente reconocido manjar de las pampas.

De los pelos

En un momento de relax entre los entrenamientos previos al comienzo de la Copa, el delantero alemán Helmut Rahn le apostó al defensor Erich Juskowiak cincuenta coronas suecas (por entonces, unos nueve dólares) que era capaz de cortarse bien cortito su largo y ondulado cabello. Rahn entró una tarde con Juskowiak y otros compañeros a una peluquería local y, sin hesitar, puso su cabeza a disposición del barbero. Mientras las tijeras daban un nuevo estilo a su cráneo, preguntó si alguien quería arriesgar cien coronas a que se pelaba al ras... pero nadie se atrevió a recoger el guante. A Rahn le gustaba más ganar una apuesta que jugar al futbol. Los cabellos del atacante volvieron a ser noticia pocos días más tarde, cuando un peluquero de la localidad alemana de Bückeburg anunció a la prensa que Rahn podría atenderse en su local en forma gratuita de por vida, como premio por haber marcado dos goles frente a Argentina. El barbero envió además un telegrama a la concentración germana en Suecia, para anunciarle al jugador su «generosa» recompensa.

En la selección local, el arquero Karl Svensson y el defensor Nils Liedholm apostaron con algunos compañeros que no llegaban a la final. Perdieron y jugaron ante Brasil con las cabezas rapadas.

Si se calla el cantor...

Así como en 1930 la selección argentina gozó de las visitas del mítico Carlos Gardel, en Suecia el plantel contó con su propio cantante: Julio Elías Mussimesi. El arquero suplente de Amadeo Carrizo llevaba, en forma paralela al futbol, una carrera como cantor de tangos y chamamés, e incluso había grabado varios discos. En su equipaje, Mussimesi llevó junto a su gorra y sus guantes varios de sus «long play», para no terminar agotado por la doble jornada de entrenamiento y canto en la concentración de Halsingborg. Pero, según reconoció ante un periodista, principalmente porque «no me gusta pasar el tiempo cantando sin que me paguen». Todo un profesional.

Le hicieron la cruz

Poco antes de que se inaugurara el campeonato, la Asociación de Futbol de Irlanda del Norte efectuó un extraño pedido a la FIFA: no jugar los domingos. La curiosa solicitud se basaba en que seis de los integrantes de la semiprofesional escuadra británica —Billy Simpson, Sammy Mc Grory, Bobby Rea, Sammy Chapman, Tommy Hamill y Bobby Trainor— eran fervorosos cristianos que se tomaban muy en serio el bíblico descanso del séptimo día. Los seis jugadores habían advertido que dos de los tres compromisos de la primera fase —ante Alemania y Checoslovaquia— se habían programado, precisamente, para días domingo. La FIFA rechazó el reclamo e Irlanda del Norte viajó a Suecia con un plantel reducido a 16 futbolistas: los otros seis prefirieron quedarse para no perderse los servicios religiosos de una iglesia de Belfast. Tal vez por «mandato divino», el equipo británico no perdió ninguno de esos dos compromisos domingueros: venció el 8 de junio a su par checo por 1 a 0, y el 15 igualó con Alemania en dos tantos. Dios habrá estado, por el contrario, demasiado ocupado para seguir los partidos de Irlanda el miércoles 11, cuando perdió 3-1 contra Argentina, y el jueves 19, cuando fue eliminada por Francia, 4-0, ya en cuartos de final.

Adolescentes

Distintos periódicos aseguraron que los encargados de la delegación argentina debieron llamar a la policía para que controlara a un grupo de jovencitas, en su mayoría adolescentes, que logró ingresar al hotel donde estaba concentrado el seleccionado albiceleste. Según los reportes, uno de los jugadores «fue rodeado por las muchachas, y a la fuerza fue llenado de besos». Los matutinos resaltaron que las chicas lograron «romper las barreras que los separaban de los altos y apuestos argentinos».

La radio de Garrincha

Pocos saben que el fantástico delantero brasileño Manoel «Mané» Francisco Dos Santos, popularmente conocido como «Garrincha», estuvo bastante cerca de no ir a Suecia. Entre las innovaciones que se apreciaron en Estocolmo, se destacó la contratación de un psicólogo, João Carvalhais, para trabajar con el plantel del entrenador brasileño Vicente Feola. Según los estudios y entrevistas realizados por Carvalhais, Garrincha debía ser expulsado del equipo por su bajísimo coeficiente intelectual. El especialista advirtió a Feola que el delantero de Botafogo de Río de Janeiro tenía «botellas en lugar de seso». Al trascender este informe, Nilton Santos y Didí, compañeros de Mané en Botafogo y líderes dentro del plantel nacional, se reunieron con el psicólogo y lo convencieron para que no insistiera con la remoción del atacante carioca: «Doctor, Garrincha sabe jugar al futbol», le dijeron. A pesar de su pobre capacidad para razonar, sus pies desviados hacia adentro, tener una pierna seis centímetros más corta que la otra y su columna vertebral torcida, Mané jugó con su selección 60 partidos, de los cuales ganó 52, empató siete y perdió sólo uno. Empero, sus detractores —tal vez para justificar la recomendación del psicólogo— cuentan que durante el desarrollo de la Copa, el delantero adquirió en una tienda local una radio a transistores tan cara como moderna para los tiempos que corrían. Apenas regresó a la concentración, Garrincha mostró orgulloso la flamante adquisición a sus compañeros, quienes, asombrados, lo felicitaron por su buen gusto en la elección. Sin embargo, Américo, el famoso masajista del plantel, lo apartó y le explicó que había hecho un mal negocio. «Este aparato no te va a servir en Brasil —le dijo— porque solamente transmite en sueco». Ingenuo como pocos, Garrincha encendió la radio y comprobó que, efectivamente, en todas las estaciones los locutores hablaban el idioma escandinavo. Luego de algunos minutos de proferir maldiciones contra el vendedor que, supuestamente, lo había engañado, el delantero aceptó cederle el aparato al astuto masajista, quien de esta manera se apoderó, a un costo infinitamente inferior al abonado por Mané, de la radio que sólo servía «para los suecos».

Remera amarilla

Cuando el árbitro inglés Reginald Leafe miró a las dos escuadras formadas sobre el césped del estadio del FF Malmö, le pareció que el blanco de la camiseta alemana podría confundirse con el celeste clarito y el blanco de la argentina, especialmente porque ambos equipos llevaban pantalones y medias negros. Leafe llamó a los dos capitanes y, por medio de un sorteo, determinó que Argentina utilizara una indumentaria alternativa. Como los suramericanos no contaban con otro juego de ropa, aceptaron en préstamo el que les ofreció un dirigente del club IFK Malmö, el otro equipo de la ciudad y tradicional rival del anfitrión. Así, por primera y única vez en su historia, Argentina vistió una camiseta amarilla.

Golf

Los futbolistas alemanes descubrieron que en el hotel donde concentraban había una cancha de golf en miniatura. El juego rápidamente entusiasmó a los futbolistas, que comenzaron a amenizar sus momentos de ocio con reñidas partidas. Pronto, de las simples apuestas se pasó a un importante torneo —organizado por los propios jugadores— que tenía como premio un viaje a Italia para dos personas con todos los gastos pagados. Enterado de la insólita iniciativa, el entrenador Sepp Herberger intervino y ordenó la cancelación de la competencia. «Sería inoportuno que mis muchachos se preocuparan más por un torneo de golf en miniatura, con un premio tan atractivo, que por la Copa», afirmó al justificar su decisión a los periodistas que seguían las alternativas del equipo europeo.

Paquetes

A la concentración de Francia llegaba cada día una enorme bolsa repleta de paquetes enviados por encomienda postal desde París. Y, cada día, los dirigentes franceses se sentían abochornados por la generosidad de los hinchas tricolores. Dentro de los envoltorios viajaban botellas de vino, salames, quesos, jamones, chocolates y otras exquisiteces, para que los jugadores se sintieran como en casa. Aparentemente, la comida cayó muy bien en el ánimo de los galos, que alcanzaron su mejor actuación mundialista hasta ese momento: clasificaron terceros. Además, el delantero Just Fontaine, como ya se citó, consiguió el récord de tantos anotados en un solo torneo: 13. Nada mal para una selección que había llegado a Suecia con apenas tres juegos de camisetas porque sus propios dirigentes habían evaluado que no pasarían la primera fase.

Zapatos rotos

Just Fontaine no arrancó el torneo con el pie derecho. En un entrenamiento previo al debut frente a Paraguay, el 8 de junio, al delantero se le rompió uno de sus botines. «En aquella época no había patrocinador y me encontré sin nada. Por fortuna, Stéphane Bruey, uno de mis compañeros suplentes, calzaba el mismo número que yo y me prestó sus zapatos», confió el goleador. Seis partidos más tarde, Fontaine le devolvió a Bruey el par con el que anotó doce tantos, siete con el pie derecho y cinco con el izquierdo. El gol trece lo marcó de cabeza.

¡Qué suerte para la desgracia!

Un joven sueco encontró en la calle un boleto de entrada para la final entre la selección local y la de Brasil, programada para el 29 de junio en el estadio Rasunda de Estocolmo. El honesto muchacho, en lugar de quedarse el ticket para sí, ya que no había podido conseguir uno por la altísima demanda, prefirió entregarlo en la Central de Policía de la capital sueca. Por su gesto, el joven recibió una recompensa de dos coronas y media, el 10 por ciento del valor oficial del boleto, que en el mercado negro se ofrecía a 500 coronas. La policía emitió un comunicado en el que precisó que «quien haga el reclamo» para recuperar el billete «deberá demostrar fehacientemente ser su legítimo dueño». Al muchacho se le indicó que, si nadie lo reclamaba, podía hacerse acreedor del preciado pase... pero tal como lo indicaban las leyes locales, debía primero esperar a que nadie se presentara durante... ¡seis meses!

Boicot

El partido con menor cantidad de público del campeonato tuvo lugar el 17 de junio entre Gales y Hungría: sólo concurrieron 2.823 personas. ¿El motivo? Una organización humanitaria sueca convocó a un boicot en contra de los húngaros, porque el régimen comunista que conducía el gobierno magiar había ejecutado al líder de una rebelión armada que se había levantado contra la ocupación soviética.

¿Si probaban con una palangana?

Después de la pésima actuación de su equipo —y posiblemente para evitar el primer impacto de una repulsa generalizada—, el cuerpo técnico argentino encabezado por Guillermo Stábile decidió regresar a Buenos Aires en dos tandas y por supuesto integrar el segundo grupo. La primera arribó al aeropuerto de Ezeiza la fría mañana del domingo

22 de junio y a pesar de los manguerazos de agua helada de los bomberos, cientos de hinchas recibieron a los futbolistas con insultos y una lluvia de monedas lanzada desde la terraza para el público hacia la pista a la que, en ese entonces, los pasajeros bajaban directamente desde el avión. Ya dentro del edificio principal de la estación aérea, al pasar por la Aduana, los jugadores recibieron un segundo cachetazo: debieron dejar allí una radio, un fusil máuser, cinco máquinas de escribir, una calculadora y prendas de vestir, porque no tenían en ese momento el dinero suficiente para pagar los derechos de importación. Si hubieran juntado las monedas...

Queja desmedida

Antes del partido con Argentina, los checoslovacos reclamaron a la FIFA que designara a otro árbitro, por considerar que el inglés Arthur Ellis los había perjudicado contra Alemania. Según la denuncia, Ellis había otorgado un gol a la escuadra germana aunque la pelota no había traspuesto la línea de cal del arco —los checos ganaban 2-0 y finalmente el encuentro terminó igualado en dos—. Incluso, los demandantes presentaron una filmación para sustentar su reclamo. Pero la FIFA, luego de analizar el caso, desestimó la queja: «No se cambiarán los árbitros solamente porque un equipo diga que no le gusta el hombre a cargo del juego», indicó el organismo a través de un comunicado. Los checoslovacos jugaron «bajo protesta», pero luego celebraron sin chistar: golearon a los argentinos 6 a 1.

No fue negocio

Dos revendedores de entradas se presentaron en una sede policial de Estocolmo porque, según denunciaron, unos clientes habían prometido pagar un elevado precio exigido, pero una vez que los tickets pasaron de mano, entregaron una cantidad mucho menor de dinero. La policía desestimó la curiosa denuncia, al asegurarles a los acusadores que nada se podía hacer: «No tenemos cómo localizar a los culpables», se excusó el jefe de la comisaría.

Camisetas

Cuando terminaron los dos partidos semifinales, los organizadores del campeonato advirtieron que ambas escuadras finalistas vestían camisetas amarillas. Como una de las dos debía utilizar un color alternativo, se convocó a un sorteo, que ganó Suecia. Los dirigentes brasileños cayeron en la cuenta de que no tenían un juego de remeras de repuesto, de modo que llamaron al utilero del equipo, le dieron dinero y le encomendaron la compra de un nuevo uniforme. La única condición que pusieron fue que no adquiriera un juego de color blanco, el utilizado la fatídica tarde del «Maracanazo». El hombre recorrió las calles de Estocolmo, hasta que en un local textil encontró 20 casacas azules. Durante dos días, el utilero trabajó «a cuatro manos» para coser los números en las espaldas y los escudos de la Confederación Brasileña en el pecho. Del otro lado, los dirigentes suecos estaban encantados con la posibilidad de conservar el amarillo para la final. «Nos da una ventaja decisiva. Hay un factor psicológico favorable al poder jugar con los propios colores de nuestro emblema nacional, y siempre existe la posibilidad de que un jugador del equipo rival cometa el error de pasarle la pelota a uno de nuestro equipo», indicó un directivo a la prensa. Pero el entrenador brasileño Feola no le dio importancia al cambio de camisetas: «Mis jugadores conocen bien el juego de cada uno y no cometerán tal equivocación». El amplio 5 a 2 final conseguido por sus hombres le dio la razón.

Desinterés nepalés

La única persona que rechazó la invitación para presenciar el partido final entre Suecia y Brasil fue el rey Mahendra de Nepal. La pareja real nepalesa había almorzado ese domingo 29 de junio con el monarca sueco Gustavo y la reina Luisa. Cuando el departamento de protocolo del Ministerio de Relaciones Exteriores local invitó al visitante a concurrir al palco de honor del estadio Rasunda para acompañar a Gustavo, Mahendra contestó que, en lugar de ver futbol, prefería visitar los puntos turísticos de Estocolmo. No fue una buena tarde para el rey: encima del desplante, debió masticar la derrota de su equipo por 5 a 2.

Premios

Luego de su brillante triunfo ante la Unión Soviética, todos los jugadores de Brasil recibieron de regalo una bicicleta de la empresa sueca Monark. Tras la obtención del campeonato, una fábrica de televisores de Río de Janeiro entregó sin cargo 23 aparatos, uno para cada deportista y otro para el entrenador Feola. Asimismo, a sólo 24 horas de la obtención del torneo, la *Gaceta Sportiva* de Río de Janeiro recaudó entre sus lectores unos 500 mil cruzeiros para premiar a los campeones. Cuando los héroes llegaron a casa, la cifra rondó el millón. Por su parte, el presidente brasileño, Juscelino Kubitschek de Oliveira, firmó un decreto para otorgar una pensión a los jugadores y sus familias. Un premio exorbitante que puso de manifiesto cuánto se ansiaba la conquista mundial.

Chile 1962

No fue nada fácil para Chile organizar con éxito la séptima edición de la Copa del Mundo. El 10 de junio de 1956, al realizarse el Congreso de la FIFA en Lisboa, que le otorgó la sede al país sudamericano, el presidente del Comité Organizador, Carlos Dittborn, pronunció una frase histórica para el largo y angosto país andino: «Porque nada tenemos, lo haremos todo». Chile comenzó una espectacular serie de obras, que incluyó estadios, hoteles y hasta la instalación de la primera estación de televisión. El fervoroso impulso no pudo ser detenido, siquiera, por un atroz terremoto, que el 22 de mayo de 1960 tuvo epicentro en la ciudad de Concepción, donde dejó un saldo de 125 muertos y cientos de heridos. Chile, con muchísimo esfuerzo, logró organizar un muy buen campeonato. Lamentablemente, Dittborn no llegó a ver realizado su sueño: murió un mes antes, a los 41 años, a causa de un paro cardíaco.

En este certamen, Brasil consiguió cuatro «marcas» muy interesantes: la primera, el bicampeonato, en esta oportunidad frente a Checoslovaquia. La segunda fue obra del delantero Edvaldo Isidro Netto, quien se hacía llamar «Vavá»: es el único en haber marcado goles en dos finales consecutivas. Vavá, quien ya había anotado dos veces contra Suecia, consiguió el tercer tanto de su equipo ante Checoslovaquia. El entrenador campeón, Aymoré Moreira, era hermano de Alfredo «Zezé» Moreira, conductor de Brasil en Suiza '54: ambos integran el único par de hermanos que ha dirigido la selección del mismo país en diferentes Copas del Mundo. La cuarta: solamente utilizó doce jugadores. El único cambio se produjo luego del choque con Checoslovaquia correspondiente al grupo 2: como Pelé debió abandonar el torneo por una lesión sufrida en ese encuentro, para el siguiente match, ante España, Moreira incluyó a Amarildo. A partir de allí, Brasil presentó siempre el mismo equipo hasta la final.

Para el desarrollo de la competencia, la FIFA determinó que en esta edición se repitiera el sistema del campeonato anterior, con zonas de cuatro equipos y un cuadro a partir de cuartos de final.

Otra novedad consistió en que se comenzó a utilizar la diferencia de gol para definir las clasificaciones a la segunda ronda, en vez de que se recurriera a un partido de desempate. Esta variación favoreció a Inglaterra sobre Argentina, en el Grupo 4: ambas selecciones habían finalizado con tres unidades, pero el conjunto británico avanzó a cuartos de final gracias a su ventaja en el tanteador (+2 goles contra -1 del equipo suramericano).

Finalmente, Checoslovaquia alcanzó una insólita marca: perder las dos finales mundialistas que protagonizó, a pesar de haber abierto el marcador en ambos casos (Italia 1934 y Chile 1962).

Más idiomas que años

Uno de los problemas que más preocupaba a los organizadores del campeonato mundial de Chile era el idioma. La fecha del inicio del certamen se aproximaba y solamente se habían conseguido intérpretes para las lenguas más tradicionales, como el inglés, el alemán y el francés. Cuando la situación comenzó a tornarse alarmante, se presentó ante la Subcomisión de Informaciones un muchacho de la región de Temuco, ataviado con las humildes vestiduras tradicionales del lugar. El joven, que se identificó como Segundo Sánchez, buscaba trabajo por una poca cantidad de dinero. «Domino dieciocho lenguas, no más, señor», advirtió Sánchez a los escépticos integrantes de la comisión, quienes decidieron tomarle una prueba. Consultado sobre su manejo del inglés, el joven comenzó a hablar en la lengua de Shakespeare con la misma capacidad que un nativo de Gran Bretaña. Pasaron al francés y Sánchez volvió a dejar asombrados a sus examinadores: se desenvolvía con tanta fluidez como si se hubiera criado en París. El sorprendente muchacho prosiguió con la misma brillantez con el alemán, italiano, latín, griego y hebreo, hasta superar la capacidad de los comisionistas, que tuvieron que reclamar ayuda a varias embajadas para chequear todos los idiomas que manejaba el insólito candidato. «En realidad hablo hasta veinticinco lenguas, sin contar algunos dialectos como el malayo y el indonesio», indicó Sánchez, quien explicó que todo lo había aprendido por su cuenta a través de diccionarios, libros y revistas comprados en una vieja tienda. El muchacho fue contratado de inmediato y colocado al frente de un plantel integrado por cincuenta guías bilingües (inglés-español y francés-español), veinticuatro traductores de alemán, quince operadores trilingües y más de cien voluntarios. Asimismo, se le ofreció al políglota un sueldo que superaba ampliamente el monto pretendido en primer momento. Finalizada la competencia, Sánchez continuó su carrera en el Ministerio de Relaciones Exteriores chileno, donde fue convocado al trascender su increíble capacidad idiomática.

Jugos salados

Antes de viajar a Santiago, los dirigentes argentinos despacharon en el aeropuerto, junto con la ropa y otros elementos, 1.340 latas de jugos de pomelo y naranja, que creían más económicos que los que conseguirían en Chile. Sin embargo, al pasar por la Aduana de Ezeiza, lo que se preveía un trámite de salida sin inconvenientes, se transformó en un muy mal negocio: los directivos fueron obligados a pagar ocho mil pesos por derechos de exportación, lo que incrementó notablemente el costo del lote cítrico. Lo barato salió caro.

CCCP

La primera participación mundialista de Colombia no fue, precisamente, exitosa: cayó con Uruguay 2-1 y con Yugoslavia 5-0. Empero, consiguió un fabuloso empate ante la Unión Soviética, ganadora del grupo y vencedora de Uruguay y Yugoslavia. ¿Por qué fabuloso? Porque los soviéticos ganaban 3 a 0 a los once minutos del primer tiempo, y 4 a 1 a los once de la segunda etapa. Con muchísimo amor propio, los colombianos alcanzaron el 4-4 definitivo a —lógico— cuatro minutos del pitazo final. Luego del intenso partido, varios diarios latinoamericanos bromearon con la sigla CCCP bordada en el pecho de la roja camiseta soviética, al afirmar que significaba «Con Colombia Casi Perdimos».

En este encuentro se dio otro hecho inédito, que enorgullece a los hinchas «cafeteros»: el segundo tanto del equipo colombiano —que era dirigido por el argentino Adolfo Pedernera— fue conseguido por Marcos Coll a los 68 minutos, directamente desde un «córner». Coll sacó un derechazo desde la esquina izquierda, la pelota picó dentro del área chica y se coló entre el sorprendido defensor Georgi Chokheli y el primer palo, sin que Lev Yashin pudiera hacer nada. Hasta la edición de Brasil 2014, este es el único «gol olímpico» anotado en una Copa del Mundo.

¡Por fin, México!

En este torneo, México consiguió, por fin, su primera victoria mundialista. El éxito se concretó el 7 de junio en el estadio Sausalito de la ciudad de Viña del Mar, nada menos que 3 a 1 ante Checoslovaquia, equipo que resultaría subcampeón y que esa tarde alineó a todos sus titulares. La escuadra azteca había participado sin éxitos en las Copas de Uruguay 1930, Brasil 1950, Suiza 1954 y Suecia 1958, certámenes en los que hilvanó la peor serie histórica de derrotas (9 al hilo) y solo consiguió una igualdad: ante Gales, 1-1, en el torneo escandinavo.

Glotón

A pocas horas de partir hacia Chile, el defensor argentino de Independiente Rubén Marino Navarro debió ser sometido a un hepatograma para determinar si se encontraba en buenas condiciones de salud para participar de la Copa del Mundo. Navarro —a quien se conocía como «Hacha Brava» por la rudeza de su marca— había sufrido una terrible descompostura días antes, por haberse comido, él solito, un lechón entero.

La Batalla de Santiago

Dos periodistas italianos —Corrado Pizzinelli, del periódico *La Nazione* de Florencia, y Antonio Ghiselli, de *Il Resto del Carlino* de Bologna— pusieron al Campeonato del Mundo al borde de un conflicto diplomático, debido a dos artículos en los que se manifestaban despectivamente respecto de la nación chilena y sus habitantes. Según una de las notas, Santiago era «el símbolo triste de uno de los países subdesarrollados del mundo y afligido por todos los males posibles: desnutrición, prostitución, analfabetismo, alcoholismo, miseria». Las notas, que fueron reproducidas por los diarios chilenos, causaron un profundo malestar en los residentes locales. La cancillería chilena exigió una rectificación, que nunca llegó, y los dos periodistas debieron abandonar Santiago pocas horas después de haber trascendido sus escritos. Este incidente recalentó el choque que protagonizaron el 2 de junio Chile e Italia por la segunda fecha del grupo 2, que compar-

tían con Alemania y Suiza. Algunas versiones aseguraron que el jugador Enrique Omar Sívori, nacido en Argentina y nacionalizado italiano, se negó a participar por temor a enfrentar la difícil situación.
Los futbolistas italianos ingresaron a la cancha con ramos de clave-
les blancos, que lanzaron a los casi 66.000 espectadores, en un vano
intento por apaciguar las aguas: la gente devolvió las flores en símbolo de rechazo, junto con una ruidosa silbatina. El partido se caracterizó por el juego brusco y tuvo pasajes de extrema violencia entre
los protagonistas, que constantemente intercambiaron patadas y golpes de puño. Los locales consiguieron la victoria por 2 a 0 —goles
anotados por Jaime Ramírez a los 73 y Jorge Toro a los 87— cuando
sus rivales jugaban con nueve hombres, por las expulsiones de Giorgio Ferrini y Mario David, a los 8 y 41 minutos del primer tiempo,
respectivamente. El árbitro inglés Ken Aston echó a Ferrini por aplicar un golpe a Honorino Landa. El italiano se negó a dejar el terreno
de juego, por lo que fue arrestado por un grupo de «carabineros»,
que lo sacó por la fuerza. Pocos minutos después, el propio Landa
cometió un fortísimo «foul», pero continuó jugando gracias a la
complacencia del referí, que parecía no medir las acciones con la
misma vara. Aston tampoco penalizó una trompada del delantero
local Leonel Sánchez —hijo de un ex campeón de boxeo— a Mario
David. Pero sí expulsó al italiano cuando, segundos más tarde, le
arrojó a Sánchez, en represalia, una «patada voladora». Esta victoria, que le permitió a Chile clasificar para los cuartos de final, exa-
cerbó el ánimo nacionalista del público local. Días más tarde, cuando
la selección sudamericana derrotó a la Unión Soviética, en los diarios se leyeron títulos como «Tinto 2 - Vodka 1» o «Subdesarrollados 2 - Europeos 1».

Otra vez la «garra charrúa»

El 6 de junio, en Arica, la URSS venció en un durísimo encuentro
a Uruguay por 2 a 1, resultado que permitió a los europeos pasar a
cuartos de final, y decretó la eliminación de los sudamericanos. La
nota de la jornada la protagonizó el volante oriental Eliseo Álvarez,
quien inscribió una de las páginas más heroicas de la historia de los
Mundiales: se negó a dejar la cancha a pesar de haber sufrido la fractura del peroné de la pierna izquierda. Algunas versiones periodísticas afirmaban que Álvarez había padecido una «doble fractura de
tibia y peroné», lo que realmente resultaba muy difícil de creer, ya que

con ese tipo de lesión es imposible caminar sin ayuda y todavía más complicado jugar al futbol. La hija del jugador, Analía Edith, aseguró al autor de este libro que sólo se trató de una quebradura de peroné y destacó que, a causa de una mala curación y el enorme esfuerzo durante ese partido, su padre casi pierde la pierna. El futbolista no tuvo una recuperación completa y debió esperar casi un año para volver a pisar una cancha. Pero aquella tarde de Arica, hasta que sonó el pitazo final del referí italiano Cesare Jonni, Álvarez, corajudo como pocos, siguió corriendo como pudo, y demostró —una vez más— que aquello de la «garra charrúa» no era puro cuento.

Perrito

Durante el choque de cuartos de final que Brasil e Inglaterra protagonizaron el 10 de junio en Viña del Mar, un perro ingresó al campo de juego. El árbitro francés Pierre Schwinte, al notar la presencia del «intruso», detuvo las acciones, y varios jugadores y algunos policías intentaron infructuosamente capturar al entrometido animalito, que con gran habilidad esquivaba a sus perseguidores. Hasta que el volante inglés Jimmy Greaves se puso en cuatro patas y, acercándose lentamente, logró capturar al perro y entregarlo a un policía, en medio de los aplausos del público. No obstante, el sabueso vendió cara su derrota. No pudo escapar de los férreos brazos de Greaves, pero expresó su descontento dejando una maloliente mancha de orina en el pecho del jugador.

«Yo olía muy mal, era horrible. Pero, al menos, el tufo hizo que los defensores brasileños no se me acercaran».

Técnico y fotógrafo

El entrenador mexicano, Ignacio Tréllez, había sido sancionado y no se le permitió permanecer en el banco de suplentes cuando su equipo enfrentó a España, el 3 de junio en Viña del Mar. Nervioso por no poder dar indicaciones desde la platea del estadio, por encontrarse muy lejos del campo de juego, Tréllez consiguió una cámara fotográfica y, «disfrazado» de reportero gráfico, se ubicó a centímetros de la línea de cal. Allí comenzó a dar directivas a algunos de sus hombres, pero a los pocos minutos fue descubierto y debió regresar a su asiento, desconsolado. Pero más afligido quedó después de que el español Joaquín Peiró marcara el único gol del partido en el minuto 90.

Festejo insólito

El 10 de junio, en el estadio de la ciudad de Arica, bautizado Carlos Dittborn en homenaje al gran dirigente fallecido, Chile igualaba en un tanto con la Unión Soviética, uno de los favoritos para quedarse con la Copa, por los cuartos de final. A los 29 minutos del primer tiempo, el volante defensivo local Eladio Rojas —quien originariamente no había sido titular en la escuadra que dirigía Fernando Riera, sino que había ingresado por la lesión de Alfonso Sepúlveda— sacó un potente pelotazo que recorrió treinta metros y se clavó en la meta soviética, a pesar del vuelo del guardameta. Al ver que su disparo se había convertido en gol, Rojas corrió los mismos treinta metros que había viajado la pelota y abrazó al arquero soviético. Al finalizar el encuentro, cuando se le preguntó la causa de tan extraña reacción, Rojas explicó que se había emocionado por haber doblegado a su ídolo, el «imbatible» Lev Yashin.

No importó un pito

Muy activa fue la participación del árbitro soviético Nikolaj Latychev. Dirigió Italia-Suiza por el grupo 2, Argentina-Inglaterra por el 4, los cuartos de final entre Checoslovaquia y Hungría, y la gran final entre Brasil y Checoslovaquia. Pero más agitada fue su llegada a Santiago. Apenas pisó la capital chilena, Latychev debió salir corriendo a comprar un silbato, porque el suyo estaba dentro de la valija —con ropa y otros efectos personales— que se le había extraviado en el aeropuerto.

Boletín

El ya mítico entrenador alemán Sepp Herberger —artífice del triunfo de 1954 en Suiza— implementó para 1962 una libreta de calificaciones para cada jugador. En ella volcaba puntajes semanales que otorgaba a sus hombres en distintas disciplinas, como técnica, táctica, realización, higiene, pulcritud, salud, velocidad, fuerza, obediencia, atletismo, disciplina, intelectualidad, moralidad pública y privada, puntualidad, urbanidad y educación. No trascendieron las calificaciones, pero seguro que la actuación deportiva no debe haber agradado al técnico. Su equipo fue eliminado por Yugoslavia en cuartos de final, por un estrecho 1 a 0.

Sin cortes

Durante el desarrollo del campeonato, Chile atravesaba momentos de racionamiento eléctrico. Los cortes se repetían todas las tardes, pero fueron suspendidos para el 13 de junio, con motivo de la semifinal entre la selección local y Brasil. La Dirección General de Servicios Eléctricos accedió a diferir la interrupción del suministro luego de recibir miles de cartas y llamados de personas afectadas por el racionamiento que pretendían seguir el encuentro por radio o televisión, porque no habían conseguido entradas. Uno de los barrios que debía sufrir el corte era, precisamente, el del Estadio Nacional, donde se jugó la semifinal.

Aliento

A poco del final de la Copa, cuando la selección local ya se había clasificado para enfrentar en las semifinales a Brasil, la Asociación Chilena de Futbol publicó una extraña solicitada en todos los diarios de la capital. Titulada «A todos los chilenos», la nota pedía a los hinchas que dentro del estadio «no griten muy alto» porque «podrían molestar a nuestro equipo emocionalmente». «El campeonato entra en una fase en la cual es necesaria la concentración de todas las fuerzas físicas para hacer una buena presentación. Pedimos a todo Chile, desde las autoridades más elevadas al pariente más cercano, que mantengan al equipo chileno dentro de la estructura de preparación deportiva y paz emotiva en el que está ubicado. Todos deben sacrificar el placer de agasajar a nuestros jugadores y dejar de lado los gritos y abrazos hasta que Chile haya terminado su actuación en el certamen». El silencio de las tribunas poco ayudó a la escuadra «roja», que perdió ante Brasil por un inapelable 4 a 2.

Indulgencia

A siete minutos del final del choque entre Chile y Brasil, el volante local Eladio Rojas cayó fulminado, acusando un fuerte golpe del delantero rival Garrincha. Mané había marcado dos de los cuatro goles de su equipo, y se había convertido en la gran figura más allá de las patadas y codazos que había recibido de los defensores rojos, en especial de Honorio Landa, quien había sido expulsado pocos minutos antes. Los jugadores chilenos se quejaron al árbitro peruano Arturo Yamasaki, pero éste aseguró que no había advertido ninguna irregularidad. Empero, por consejo de uno de sus líneas, que juró haber visto el golpe, y posiblemente para «equilibrar» la balanza en el caldeado estadio Nacional de Santiago, Yamasaki ordenó a Garrincha abandonar el campo de juego. Apenas el goleador cruzó la línea de cal, Rojas, quien hasta ese momento se retorcía de dolor en el suelo, se recuperó y siguió actuando en perfecto estado hasta el final. Terminado el juego, Mané —quien, de yapa, cuando se dirigía a los vestuarios recibió un piedrazo en la cabeza de parte de un hincha— reconoció ante los periodistas haber agredido a Rojas: «Lamento profundamente lo ocurrido, fue una reacción involuntaria de mi parte, probablemente como consecuencia de algunos golpes que había recibido en acciones bruscas. Fui provocado y me escupieron en la cara, pero ello no justifica mi reacción y quiero pedir disculpas al público chileno».

Para la gran final ante Checoslovaquia, Brasil se encontraba en graves problemas: debía enfrentar al único equipo con el que había igualado, en la primera rueda, sin Pelé, lesionado en ese mismo choque, y no podía darse el lujo de afrontar el juego decisivo sin Garrincha. Por ello, se inició una campaña «diplomática» con la ayuda del entonces primer ministro, Tancredo Neves, quien envió un particular telegrama al presidente de la FIFA, el inglés Stanley Rous. Además de elogiar la organización del campeonato y pronunciar otras calurosas felicitaciones, Neves sostuvo que «el gobierno brasileño espera que las autoridades de la FIFA autoricen la presencia en la final de todas las estrellas brasileñas y en especial de Garrincha, un extraordinario atleta cuya disciplina y limpieza son conocidas en todo el mundo. Pido esto en nombre de la alegría del pueblo brasileño». Tres días antes de la final, la FIFA emitió un comunicado en el que informó que a Mané sólo se lo amonestaba por haber golpeado a Rojas, en virtud de que «tuvo siempre un buen comportamiento en la cancha».

Incentivación gastronómica

El entrenador chileno, Fernando Riera, utilizó la gastronomía como una original manera para concentrar y estimular a sus jugadores. Horas antes del debut con Suiza, el 30 de mayo, el técnico hizo comer a cada uno de sus hombres un trozo de queso gruyere: La selección andina se impuso por 3 a 1. El 2 de junio, los chilenos almorzaron pastas y, por la tarde, doblegaron a Italia 2-0. Las salchichas con chucrut no alcanzaron para evitar una derrota 0-2 ante Alemania pero el vodka, en la antesala al duelo de cuartos de final con la Unión Soviética, sí surtió efecto para ganar por 2 a 1. Para la semifinal, el café bien cargado no ayudó: Chile cayó 2-4 con Brasil. No trascendió qué le dio Riera de comer a sus muchachos para la victoria por 1 a 0 sobre Yugoslavia en el duelo por el tercer puesto.

Despistado

El 17 de junio, a minutos de iniciarse el encuentro decisivo con Checoslovaquia, el técnico brasileño Aymoré Moreira dio una breve charla técnica a sus hombres en el vestuario del Estadio Nacional. Moreira confiaba ciegamente en sus jugadores y no se preocupó por destacar los puntos fuertes o débiles del equipo rival, al que ya conocían. «Muchachos, hoy es la final. Ustedes saben todo, sólo jueguen», comenzó la arenga el entrenador, quien fue interrumpido por Garrincha: «¿Hoy es la final?» «Sí, Mané —le respondió Moreira, sorprendido por la pregunta—, hoy es la final». «¡Con razón hay tanta gente!», concluyó el delantero, quien se levantó y se dirigió al campo de juego con una enorme sonrisa. A pesar de que ese día estaba engripado y tenía 39 grados de fiebre, el genial Garrincha condujo magistralmente a su equipo para que Brasil derrotara por 3 a 1 a Checoslovaquia y alzara por segunda vez, en forma consecutiva, la Copa Jules Rimet.

Nunca en un Mundial

A pesar de la voluminosa cosecha de títulos que consiguió en Argentina, Colombia y España, a Alfredo Di Stéfano sólo le faltó competir en una Copa del Mundo. En 1950, la «Saeta Rubia» participaba en el marginal campeonato colombiano, que no era reconocido oficialmente por la FIFA. En 1954, pese a que se destacaba en las filas del Real Madrid, no fue llamado para lo que se consideraba una fácil etapa eliminatoria. Sin embargo, España cayó ante Turquía y no se clasificó para las finales del torneo que se llevaron a cabo en Suiza. Sí fue convocado para la escuadra hispana que debía pelear por un lugar en Suecia 1958, pero aun con la presencia de Di Stéfano y otras figuras, España no consiguió el pase a la ronda final. Cuatro años más tarde, la selección ibérica pudo por fin ganarse un lugar en el Mundial de Chile, mas la pobre «Saeta» llegó destruida por una seria lesión sufrida en un partido de liga. Di Stéfano no intervino en la derrota ante Checoslovaquia (1-0) ni del triunfo sobre México (idéntico marcador), ya que el entrenador Helenio Herrera —también argentino, creador del sistema ultradefensivo conocido como «Catenaccio» y ganador de dos copas intercontinentales con Inter de Milán— lo reservaba para el choque final del grupo 3 con Brasil, defensor del título, al que se le debía ganar sí o sí para pasar a la segunda rueda. La mañana del encuentro, 6 de junio, dos días después de cumplir los 36 años, Di Stéfano no pasó la prueba de rendimiento físico y quedó una vez más fuera del plantel titular. Tuvo que resignarse a ver desde las plateas cómo el conjunto brasileño, sin Pelé, acababa con su última esperanza para decir «presente» en un Mundial.

Inglaterra 1966

Los «inventores del futbol» se dieron por fin el gusto de ser oficialmente los mejores del Mundo, aunque para ello debieron poner como garantía su propia casa. Después de haber pasado muchos años aislados convencidos de que no había en el orbe rivales dignos, y luego de haber fracasado consecutivamente de Brasil '50 a Chile '62, Inglaterra logró levantar la Copa Jules Rimet. Para muchos —no para los propios campeones, desde luego— la victoria no fue demasiado clara y no pocos hechos arrojaron un manto de dudas sobre la legitimidad de la conquista. En la final ante Alemania, sin ir más lejos, el referí suizo Gottfried Dienst vio como genuino «gol» un remate del delantero local Geoff Hurst que rebotó en el travesaño, picó unos centímetros delante de la línea de cal y escapó del arco germano. Este singular incidente tuvo lugar a los 101 minutos, durante la prórroga —los noventa primeros minutos terminaron 2 a 2— y si bien Hurst volvió a marcar antes del pitazo final, ese tanto irregular abrió la puerta para el éxito inglés. Otro detalle: Inglaterra es el único campeón del mundo que, a partir de 1934, jugó todos los partidos en el mismo estadio, Wembley, al noroeste de Londres, sin necesidad de trasladarse a otra ciudad. Es cierto que también lo fue Uruguay en 1930, pero en este caso la situación fue pareja para los trece participantes de ese Mundial, ya que todos los encuentros se jugaron en Montevideo. Si ocho de los 18 partidos se jugaron fuera del Centenario, fue porque el coliseo montevideano no estaba listo aún al iniciarse la competencia. En 1966, la semifinal entre Inglaterra y Portugal había sido programada originariamente en Liverpool, pero se cambió ese escenario por Wembley. El secretario de la FIFA, Helmut Casser, informó que el comité organizador «decidió que el partido más atrayente se realizaría en el lugar donde el mayor número de espectadores pudiera asistir». Otro dato que provocó airadas pro-

testas, en especial en Sudamérica, tuvo lugar en cuartos de final, con
la curiosa designación de un juez alemán para Inglaterra-Argentina,
Rudolf Kreitlein, y otro inglés, James Finney, para Alemania-Uru-
guay. Los dos equipos europeos pasaron de ronda y los dos derrotados se quejaron de haber sido víctimas de arbitrajes injustos. Kreitlein expulsó al argentino Antonio Rattín a los 35 minutos, cuando
el marcador estaba en blanco, y Finney a dos orientales: Horacio Tro-
che y Héctor Silva. Al día siguiente de esos dos juegos, un diario alemán publicó una foto del defensor Karl-Heinz Schnellinger come-
tiendo una clara «mano» dentro del área para evitar un gol celeste,
que hubiera merecido un penal para Uruguay cuando el match se
encontraba 1 a 0 para los europeos. Algunos medios de comunicación denunciaron un complot en contra de las dos escuadras rioplatenses, pero nada pudo ser probado.

Ta mbién los brasileños se quejaron del arbitraje del inglés George
Mc Cabe, quien permitió que el gran Pelé fuera molido a patadas por
los portugueses en el estadio Goodison Park de Liverpool. Mc Cabe
no amonestó a ninguno de los feroces lusitanos que inutilizaron las
piernas de Pelé, quien debió retirarse al vestuario antes de tiempo.
Con esta repudiable estrategia, Portugal eliminó a la escuadra que
había conquistado los dos últimos Mundiales, algo asaz conveniente
para las aspiraciones de los locales.

Además de estas polémicas, el campeonato dejó otras perlas: en el
triunfo de Uruguay sobre Francia por 2 a 1 —en el estadio White City
de Londres, el 15 de julio— entre los suplentes sudamericanos estaba
sentado Pablo Forlán y en la alineación europea figuró Jean Djorkaeff.
Curiosamente, sus hijos Diego y Youri, respectivamente, integraron
los planteles de Uruguay y Francia, que se volvieron a cruzar el 6 de
junio en la ciudad coreana de Busan, por la Copa de 2002. En esta
oportunidad, los dos muchachos estuvieron sentados en el banco hasta
el final. El que alcanzó un récord notable fue el arquero mexicano
Antonio Carbajal, quien disputó en Inglaterra su quinto Mundial. En
esta oportunidad, Carbajal sólo atajó ante Uruguay y logró mantener
su valla inexpugnable.

Cara o ceca

Para este Mundial, la FIFA estableció que si los encuentros de cuartos de final y las semifinales terminaban empatados tras los noventa
minutos y los treinta del alargue, una moneda, a cara o ceca, debía

decidir qué equipo resultaba ganador. Para la final, en cambio, se determinó que si la paridad continuaba al cabo de 120 minutos, el partido debía jugarse nuevamente dos días más tarde. En esa segunda oportunidad, si todo continuaba equilibrado tras 120 minutos, el referí debía convocar a los dos capitanes y lanzar la moneda para ver quién tenía la suerte de levantar la Copa. La suerte favoreció a todos los participantes, ya que no hubo necesidad de utilizar este injusto sistema de desempate a lo largo de todo el campeonato.

Comidas y bebidas

Para que sus jugadores se sintieran como en casa, los delegados portugueses pidieron al hotel Wilmslow de Chesire que proporcionara un espacio en el sótano y la cocina para guardar 600 botellas de vino portugués, varios barriles de aceite de oliva y grandes cantidades de pescado. Además, solicitaron la contratación de un cocinero de primera clase para hacer honor a tan exquisitas provisiones.

La carne vacuna no estuvo incluida en la dieta de los húngaros. Giorgy Honti, secretario de la asociación magiar, dijo que «consideramos a la carne como un alimento de segunda categoría».

Los integrantes del seleccionado chileno se quedaron perplejos cuando recibieron varios litros de whisky al arribar a su hotel de Gateshead, en las afueras de Newcastle. A la delegación la esperaba una botella «per cápita» como regalo de bienvenida del comité de vecinos local. Para los jugadores alemanes llegaba cada mañana, por vía aérea, pan horneado en su país. A lo largo del torneo, los envíos totalizaron unos cien kilos de pan. Los germanos también incluyeron en su equipaje decenas de kilos de tocino.

Los directores del hotel Alexandra National de Londres importaron especialmente varias botellas de tequila para agasajar a los jugadores mexicanos que allí se hospedaron. Pero se llevaron una desagradable sorpresa. Al llegar, el técnico Ignacio Tréllez las rechazó: «Nada de bebidas alcohólicas para mis muchachos», ordenó. Al que se le complicaron las cosas fue al cocinero de la delegación azteca: debió recorrer toda la capital inglesa para conseguir leche de cabra para los jugadores.

La dieta de los uruguayos se basó en espinacas, en esos años famosas por ser el alimento que tonificaba al personaje de historietas Popeye: los deportistas comían todo el día unos pastelitos de espinaca y huevo.

Los franceses llevaron mil botellas de vino, bastantes más de las que importaron los argentinos y españoles. El entrenador ibérico José Villalonga hacía sentar a sus hombres de a cuatro por mesa y enviaba una botella para compartir equitativamente. A los sudamericanos sólo se les permitía un vaso por comida. El técnico Juan Carlos Lorenzo destacó que incluso el 9 de julio, día de la Independencia del país, «esa ración no será modificada». Empero, la noche que el equipo venció a Suiza y clasificó para cuartos de final, estuvo un poco más generoso: como premio, autorizó a los futbolistas a tomar dos vasos de vino tinto.

El día del partido inaugural entre Inglaterra y Uruguay, se vendieron en el estadio de Wembley veinte mil sándwiches, cuatro mil latas de cervezas, veinte mil tazas de té y quinientas botellas de whisky. No se informó sobre el total de antiácidos y analgésicos consumidos en las graderías.

Sin saliva

Unos días antes del inicio del certamen, un sacerdote de la localidad inglesa de New Market pidió públicamente que los futbolistas «no se besen cuando festejen los goles». El vicario Thomas Edmonson escribió en el boletín semanal de su congregación que «esa ridícula locura debe ser eliminada de los campos de juego». ¿Habrá llegado a ver este religioso los famosos «picos» de Diego Maradona y Claudio Caniggia?

Contacto en Inglaterra

Desde su llegada a Inglaterra, la selección alemana contó con el asesoramiento de Bert Trautmann, un ex futbolista germano que tenía una historia muy particular. Había arribado a Gran Bretaña como soldado de paracaidismo nazi, capturado al finalizar la Segunda Guerra Mundial. Al terminar el conflicto bélico, Trautmann estuvo en un campo de prisioneros inglés, donde comenzó a jugar al futbol, deporte que había practicado poco y nada en su país natal. En uno de los partidos que disputó durante su cautiverio, se lesionó y prosiguió bajo los tres palos. Tan buena fue su actuación que, cuando fue liberado, le llegaron ofertas de varios clubes como Tottenham Hotspur, de Londres, cuyos dirigentes se habían enterado de su habilidad con las manos. Sin embargo, eligió vestir la camiseta de Manchester City porque le habían dicho que los ingleses del norte eran más afectuosos y porque, al cuidar el arco de un equipo menor, iba a tener más trabajo. No obstante sus laureados antecedentes, no fue fácil ganarse el puesto. Unas cincuenta mil personas amenazaron con boicotear al club «celeste» si incorporaba al ex soldado nazi. Manchester City se arriesgó y, a pesar del rechazo, contrató a Trautmann, quien poco a poco, con sus atajadas, logró canjear insultos por aplausos. En la final de la FA Cup de 1956, ante Birmingham City, el guardametas alemán tuvo una actuación descollante que le permitió a su club imponerse por 3 a 1. Trautmann jugó esa tarde aunque un par de días antes su hijo de cinco años había fallecido en un accidente automovilístico. En esa final, además, tuvo intervenciones brillantes más allá de haber jugado varios minutos con una vértebra del cuello fracturada en un choque con un rival. Por esta lesión, el germano debió dejar su puesto durante seis meses y los médicos que lo atendieron se sorprendieron de que el arquero no hubiera muerto por semejante golpe. Tras ganarse el afecto de los hinchas que antes lo abucheaban, Trautmann fue el primer extranjero en ser nombrado mejor futbolista del año en Inglaterra. Cuando, en 2004, la Reina Isabel le otorgó la Orden de Caballero del Imperio Británico, el ex paracaidista nazi afirmó que se sentía más inglés que alemán.

Documentos

El partido inaugural entre Inglaterra y Uruguay, jugado el 11 de julio en Wembley, comenzó con varios minutos de retraso, debido a que siete de los jugadores británicos habían olvidado sus documentos de identidad en el hotel. Para resolver el inconveniente y evitar que el equipo local se viera obligado a cambiar su alineación, se envió a un policía en una motocicleta para que retirara los carnés del alojamiento. El agente pudo sortear el complicado tránsito londinense y llegó a tiempo al estadio para que el entrenador Alf Ramsey presentara a su equipo titular, que ese día igualó sin tantos contra el duro seleccionado celeste.

Pikles

El perro Pikles, famoso por haber encontrado el trofeo «Jules Rimet» que había sido robado, asistió al estadio de Wembley para presenciar el partido inaugural. Acompañado por su dueño, el pichicho se sentó en uno de los palcos más costosos y se portó muy bien. Se mantuvo inalterable no obstante la ruidosa multitud de 150 mil personas que desbordó el coliseo, y se marchó sin dejar ningún «regalito» sobre la alfombra de la refinada tribuna.

Caminante no hay goles

El suizo Emil Hollinger caminó los 1.290 kilómetros que separan Zurich y Sheffield —sólo se valió de la ayuda de un ferry en el cruce del Canal de la Mancha— para ver a su equipo ante Alemania. Hollinger, quien trabajaba como limpiador de ventanas, gastó dos pares de zapatos en su travesía y, a pocos kilómetros de su meta, contó con la generosidad de un comerciante inglés que le regaló un par nuevo para finalizar la proeza. Los que no estuvieron nada dadivosos fueron los jugadores helvéticos, que no sólo no le brindaron un solo gol a su esmerado hincha, sino que se comieron cinco contra los germanos.

Que los cumplas feliz

El 12 de julio, el arquero de Alemania, Hans Tilkowski, festejó su cumpleaños 31 con su valla virgen ante Suiza: los germanos se impusieron por 5 a 0. Al día siguiente, y por el mismo grupo 2, el guardavalla argentino Antonio Roma también cumplió años, 34, y su equipo derrotó a España. Pero su dicha no pudo ser completa, porque el delantero ibérico José «Pirri» Martínez Sánchez lo dejó sin invicto a los 67 minutos.

Los coreanos son todos iguales

La participación de Corea del Norte en 1966 provocó asombro por el buen rendimiento de su equipo, pero dejó también muchas sospechas por el increíble estado atlético de sus futbolistas. El seleccionado asiático se preparó durante dos semanas en una escuela de deportes de la ciudad de Mecklenburg, Alemania Oriental, donde estuvo dedicado enteramente al entrenamiento físico, sin jugar partido alguno de práctica. En el hotel donde los jugadores se alojaron en Inglaterra, en la localidad de Arlington, los empleados se sorprendieron porque los coreanos consumían un kilo de pimienta diario. Los cigarrillos y las bebidas alcohólicas estaban estrictamente prohibidos y la delegación —la más numerosa de la Copa, integrada por 75 personas— incluía un encargado de organizar y dirigir una «claque» de hinchas locales para vitorear a los jugadores asiáticos durante los partidos. Corea del Norte —que recién en Sudáfrica 2010 volvió a jugar la fase final de una Copa— logró el segundo puesto en el grupo 4 y la clasificación para cuartos de final gracias a un empate a uno con Chile y un histórico triunfo sobre Italia, 1-0, con un gol conseguido por Doo Ik Pak, un menudo dentista del ejército. La histórica victoria, que tuvo lugar el 19 de julio en el estadio Ayresome Park de Middlesbrough, es considerada por muchos periodistas como la mayor sorpresa de todos los mundiales. Los italianos, con figuras como Sandro Mazzola, Gianni Rivera y Giacinto Facchetti, no le encontraron la vuelta a sus rivales asiáticos, que jugaron más de la mitad del encuentro con un hombre de más, por la lesión de Giacomo Bulgarelli a los 35 del primer tiempo. Todos los intentos «azzurri» murieron en las manos de Li Chan Myong, el arquero más joven de la historia de los mundiales, de solamente 19 años. La clasificación coreana para octavos de final sorprendió hasta a los mismísimos orientales, que habían sacado prematuramente los pasajes para regresar a casa la noche del juego con Italia. El imprevisto éxito obligó a la delegación asiática a trasladarse a Liverpool para enfrentar a Portugal, y como allí no había ningún hotel disponible para todos los deportistas y el cuerpo técnico, los coreanos terminaron alojados en una iglesia protestante: la mayoría de los jugadores durmió la noche previa al partido sobre los bancos del templo. El 23 de julio, en Goodison Park, los orientales volvieron a asombrar al mundo al marcar tres goles en solamente 25 minutos. Pero los lusitanos se recuperaron y, encabezados por el delantero Eusebio, autor de cuatro goles, se impusieron finalmente 5 a 3.

Poco hábiles con el balón, los coreanos se caracterizaban por su notable rendimiento físico que les permitía correr sin parar los noventa minutos. Tal vez por envidia, quizá por ignorancia, el sorpresivo desempeño de los orientales fue puesto en tela de juicio por gran parte de las delegaciones y periodistas de Europa y América que llegaron al Reino Unido. El éxito deportivo caminó de la mano de un rumor, nunca comprobado, que señalaba que los coreanos, aprovechándose de que su aspecto es similar ante los ojos occidentales, cambiaban casi todo el equipo durante el entretiempo.

Tomatazos

Al llegar al aeropuerto de la ciudad de Génova la madrugada del 23 de julio, después de la bochornosa eliminación a manos de la desconocida Corea del Norte, unos 700 hinchas furibundos acribillaron con tomates a los jugadores y al cuerpo técnico del seleccionado italiano. Los «tifosi», que habían colmado las instalaciones de la estación aérea genovesa, llevaron consigo varios cajones de tomates bien maduros, para utilizarlos como proyectiles contra los futbolistas. Los furiosos hinchas profirieron insultos y amenazas contra los miembros de la delegación y patearon los automóviles que trasladaron a los jugadores, a pesar de la custodia policial. No obstante la violenta bienvenida, los futbolistas abandonaron la estación aérea, de alguna manera, agradecidos. «Por suerte, se decidió ir a Génova a último momento, para no aterrizar en Milán ni en Roma. Allí, seguro que nos mataban», aseguró, desde el «anonimato», uno de los futbolistas.

Tarjetas

Según la FIFA, el durísimo encuentro que protagonizaron Inglaterra y Argentina por los cuartos de final, el 23 de julio en Wembley, fue el que dio origen a las tarjetas amarilla y roja que utilizan los árbitros para amonestar o expulsar a un jugador. Ese choque, en el que fue echado el argentino Antonio Rattín, se caracterizó por la pierna fuerte y constantes interrupciones por discusiones entre los jugadores de ambos equipos y el árbitro alemán Rudolf Kreitlein —quien tiempo después reconoció que la causa de la exclusión fue «no me gustó la forma en que me miró»—. Rattín dejó la cancha con gestos hacia el público, lo que exaltó a los hinchas locales. La escuadra anfitriona se impuso por 1 a 0 con un tanto de cabeza de Geoffrey Hurst a los 78 minutos, y hasta el final los zapatazos buscaron más el cuerpo del rival que la pelota. El entrenador Alf Ramsey despidió a sus rivales sudamericanos al grito de «animals», y hasta debió forcejear con su defensor George Cohen para que éste no cambiara su camiseta con Oscar Más. Al día siguiente, el Tribunal de Penas suspendió por cuatro juegos al expulsado y por tres a Roberto Ferreiro y a Ermindo Onega, este último por «haber escupido en la cara de un funcionario de la FIFA». El cuerpo hasta llegó a sugerir al comité organizador de la copa de 1970 que «se niegue a considerar la inscripción argentina, a menos que se den ciertas seguridades sobre la conducta de los jugadores y directivos».

El peculiar partido, recalentado por los malentendidos provocados por la desigualdad idiomática, despertó el ingenio del ex árbitro y veedor de la FIFA Ken Aston. Cuando regresaba a su casa desde Wembley en su automóvil, el dirigente se detuvo en un cruce de la calle Kensington High. Allí, a Aston se le prendió la lamparita: tomó la idea de incorporar tarjetas rojas y amarillas del semáforo, cuyo código cromático es conocido universalmente.

Amonestación atemporal

Cuando se retiró después de 500 partidos con Manchester United y 106 con la selección de su país, Robert «Bobby» Charlton sólo había visto la cartulina amarilla una sola vez a lo largo de su extensa carrera, a causa de un malentendido con un árbitro sobre el momento del disparo de un tiro libre en un partido de la liga. Sin embargo, casi treinta años después de su último juego oficial, Charlton fue amonestado por la FIFA por haber participado de una de las tantas discusiones sucedidas en el match contra Argentina de 1966. Durante una conferencia sobre «juego limpio» realizada mientras se desarrollaba el Mundial de Francia '98, un dirigente le comunicó a Charlton que había sido apercibido por el árbitro alemán Kreitlein, pero éste no había llegado a comunicárselo en medio de la confusión y el descontrol de esa tarde. El talentoso volante inglés nunca se había enterado de esa amonestación, por lo cual solicitó que se revisaran los registros. Como se constató que efectivamente había sido reprendido por Kreitlein, un miembro de la FIFA que participaba en la conferencia subió al escenario y, ante las carcajadas del auditorio, le mostró la tarjeta amarilla para comunicarle «oficialmente» su amonestación.

Día de perros

El día anterior al partido Inglaterra-Argentina por los cuartos de final, la delegación albiceleste quiso ir al estadio de Wembley para reconocer el terreno de juego. Inglaterra había disputado allí todos sus compromisos de la primera ronda, pero Argentina había enfrentado a España y Alemania en el Villa Park de Birmingham, y a Suiza en el Hillsborough de Sheffield. De cualquier modo, los sudamericanos no pudieron recorrer el césped de la «catedral», porque esa tarde se estaban desarrollando allí carreras de galgos.

Negro el 13

Un casino británico ofreció un premio de mil libras esterlinas para el jugador que resultara goleador de la Copa. La recompensa, aprobada por la FIFA, fue posteriormente entregada por el Knight Bridge Sporting Club al portugués Eusebio, la «Pantera negra de Mozambique». El número «13» lusitano totalizó nueve goles: uno a Bulgaria, dos a Brasil, cuatro a Corea del Norte, uno a Inglaterra y otro a la Unión Soviética.

Lo quisieron suicidar

Un grupo de hinchas brasileños quiso obligar «a suicidarse» a un «astrólogo» de Salvador de Bahía, que los había inducido a apostar por el equipo «verdeamarelo» y había puesto su propia vida como garantía. Meses antes de que comenzara el campeonato, el «vidente» había levantado apuestas y prometido que si Brasil no ganaba por tercera vez la Copa, se mataba. Minutos después de que Portugal venciera al equipo sudamericano 3-1 y lo eliminara en primera ronda, el «adivino» desapareció de su casa para no cumplir con su palabra... ni devolver el dinero recaudado. Sus clientes, furiosos por la derrota y por sentirse estafados, intentaron localizar al astrólogo para forzarlo a quitarse la vida, pero el embustero ya había abandonado su vivienda y se encontraba a muchos kilómetros de allí.

La eliminación en primera ronda provocó en Brasil numerosos incidentes. Un hombre se suicidó y varios resultaron heridos al intentar quitarse la vida. Además, un comerciante portugués estuvo a punto de ser linchado por haber celebrado el triunfo de su país, lo mismo que un muchacho brasileño que había apostado a favor de los europeos y festejaba la victoria de manera exagerada.

¿Una victoria con sabor a caviar?

Como se indicó en la introducción de este capítulo, la victoria inglesa sobre Alemania, 4-2 en la final, fue muy controvertida. El tercer tanto británico, producto de un remate de Geoff Hurst que rebotó en el travesaño y picó unos centímetros delante de la línea de cal y que fue convalidado por el referí suizo Gottfried Dienst tiene detrás una historia insólita. El juez de línea que convenció a Dienst de la legitimidad del «tanto» de Hurst se llamaba Tofik Bakhramov y provenía de la ex Unión Soviética. Poco antes de morir en 1999, otro árbitro ruso, Nikolai Latyshev —quien condujo la final del Mundial de Chile 1962 entre Brasil y Checoslovaquia y actuó como veedor en Inglaterra— reveló que dos frascos de excelente caviar ruso pudieron cambiar la historia de la final de 1966, disputada en Wembley. Según Latyshev, su compatriota no estaba en los planes de la FIFA para integrar la terna arbitral en la final, pero Bakhramov habría sido finalmente designado luego de haber mantenido un supuesto encuentro con un dirigente de Malasia llamado Koe Ewe Teik. En esa reunión, el soviético habría ofrecido al malayo dos potes de caviar a cambio de ser elegido para acompañar al suizo Dienst. Aparentemente, Teik aceptó el sabroso soborno y convenció a sus compañeros de comisión para que Bakhramov estuviera en la terna. «Hasta donde yo recuerdo, dos tarros de caviar ruso hicieron el truco», confesó Latyshev en una entrevista concedida poco antes de su fallecimiento. De ser cierta esta versión, la avidez de protagonismo y el grave error del referí soviético, junto a la gula del directivo malayo, costaron muy caro a Alemania. Mucho más que dos recipientes rebosantes del mejor caviar del mundo.

México 1970

Cuarenta años y solamente nueve Mundiales fueron suficientes para que la Copa Jules Rimet fuera historia. La magia de Brasil, ahora sí conducida por el talento inmenso del «Rey» Pelé, se adueñó de la escultura de la diosa Niké para siempre —o algunos años, porque, como ya se relató, el trofeo tuvo un lamentable destino en un horno de fundición de Río de Janeiro—. Como en Suecia y en Chile, la estrella del Santos no estuvo sola: el entrenador Mario «Lobo» Zagallo lo rodeó con otros cuatro «número diez»: Gerson de Oliveira Nunes (conocido sólo como «Gerson»), Roberto Rivelino, Eduardo Gonçalves de Andrade (el famoso «Tostão», quien también actuaba como centrodelantero) y Jair Ventura Filho, «Jairzinho», uno de los grandes goleadores de esta Copa, y el único que anotó en todos los encuentros. Jairzinho le marcó dos a Checoslovaquia, uno a Inglaterra, uno a Rumania, uno a Perú, uno a Uruguay y otro a Italia. Sobre Tostão, el ex jugador y actual entrenador argentino César Luis Menotti, quien actuó unas temporadas en Santos y lo enfrentó en Brasil, llegó a decir que «si Pelé no hubiera existido, Tostão sería Pelé».

México '70 fue un campeonato con muchísimas inauguraciones: por primera vez, luego de los incidentes «idiomáticos» que tuvieron lugar en Inglaterra, especialmente en el choque entre la escuadra local y la argentina, se emplearon las tarjetas amarillas y rojas. En realidad, solamente se utilizaron las primeras —el soviético Evgeni Lovchev tuvo el «honor» de estrenar el sistema en el partido inaugural entre su país y el equipo anfitrión—, porque no hubo ningún jugador expulsado en treinta y dos partidos. Otra innovación tuvo que ver con las sustituciones: a cada equipo se le permitió realizar dos cambios por partido. También en el encuentro inaugural se puso en práctica esta normativa: el soviético Anatoli Puzach reemplazó a Viktor Serebrjanikov en el entretiempo. El mexicano Ignacio Basaguren fue el primer suplente en marcar un gol. Ocurrió el 7 de junio en el estadio Azteca del Distrito Federal, ante El Salvador. Basaguren había sustituido a Jaime López a los 76 minutos, y a los 83 consiguió el cuarto y último tanto local.

Otra particularidad de este certamen —que se repetiría en 1986— fue que, a pesar de que los partidos fueron programados entre el mediodía y las primeras horas de la tarde, en pleno verano y con un calor intenso, el nivel de juego fue extraordinario. Todos los partidos de cuartos, las semifinales y la final alcanzaron pasajes electrizantes. La semifinal entre Italia y Alemania, ganada 4-3 por la escuadra «azzurra» en tiempo extra, fue calificada como «el partido del siglo».

En otro orden, los suecos fueron protagonistas de otra novedad: llevaron a México su propio chef, Peter Olander, quien trabajaba en el palacio del rey Gustavo Adolfo. Los escandinavos fueron imitados a partir del Mundial siguiente, y tanta trascendencia tomó este rol que la FIFA determinó que a los cocineros de los equipos campeones, subcampeones y terceros también les correspondía recibir una medalla. Según señaló una vez el portavoz de la entidad, Keith Cooper, el chef del plantel «es tan importante como el capitán».

Por último, en esta edición comenzó una dinastía ya legendaria: la pelota oficial Adidas. En México, el balón fue llamado Telstar, abuelo de los ya célebres Tango, Azteca, Etrusco y Jabulani, entre otros.

Injusticia

La eliminatoria africana fue muy particular. Zambia y Sudán se enfrentaron en la primera rueda: a la ida, Zambia ganó por 4 a 2; a la vuelta, Sudán se impuso por el mismo marcador. La FIFA determinó el paso a la segunda ronda de Sudán, por haber jugado como local la revancha. Por suerte, esta injusticia quedó reparada más tarde, cuando Sudán fue eliminado por Marruecos, que se impuso en el triangular final que lo catapultó hacia México.

Multitud

El partido que Brasil y Paraguay disputaron el 31 de agosto de 1969 en el estadio Maracaná de Río de Janeiro, correspondiente al grupo 2 de la eliminatoria sudamericana, tuvo la mayor asistencia de público que pagó entrada en toda la historia mundialista. Según los registros de la FIFA, 183.341 personas compraron su boleto para presenciar ese día la victoria local, por 1 a 0. Oficialmente, cuando se disputó en el Maracaná la final del Mundial de 1950, entre Brasil y Uruguay, se vendieron 174 mil tickets. Esa tarde la audiencia arañó las 200 mil personas, incluidas las que ingresaron al estadio en forma gratuita. Estos notables registros de asistencia no podrán repetirse, porque la capacidad del Maracaná fue reducida a 120.000 lugares por razones de seguridad. Tampoco hay en el mundo otro estadio con las dimensiones suficientes para recibir a más de 150 mil espectadores.

La guerra del futbol

En julio de 1969, el futbol fue, una vez más, utilizado por dirigentes políticos y militares con fines espurios. Honduras y El Salvador llevaban años de tirante relación, hasta que una serie de partidos, eliminatoria para el Mundial de México, fue la excusa que derivó en un conflicto armado. La «Guerra del Futbol» comenzó a gestarse el 8 de junio, cuando Honduras, en su capital, Tegucigalpa, se impuso 1-0. Una semana más tarde, El Salvador ganó por 3 a 0 en su casa, lo que equilibró la serie. En este encuentro se produjeron serias incidencias en las tribunas, entre los seguidores de ambas escuadras. Los hechos fueron magnificados por los medios hondureños a pedido del dictador Oswaldo López Orellano, quien aprovechó la situación para pegar sobre el verdadero motivo de encono entre ambas naciones: la constante migración de salvadoreños, que buscaban trabajo del otro lado de la frontera. López Orellano inició una fuerte campaña nacionalista a través de los medios, y cuando el odio xenófobo encendió la mecha, ordenó la expropiación de los bienes de los salvadoreños residentes en su país y la redistribución de sus tierras y propiedades entre los campesinos locales. La situación comenzó a hacerse cada vez más tirante, especialmente cuando El Salvador derrotó por 3 a 2 a su rival en el partido desempate disputado el 27 de junio en la ciudad de México. El 14 de julio, el ejército de El Salvador cruzó la frontera para defender a sus compatriotas y llegó a las puertas de Tegucigalpa. La rápida intervención de la Organización de Estados Americanos (OEA) permitió que el conflicto bélico sólo durara cinco días, pero las batallas que se sucedieron en ese lapso dejaron el triste saldo de cuatro mil muertos. Como siempre, la pelota siguió rodando, y entre septiembre y octubre de ese año, El Salvador eliminó a Haití y clasificó para disputar por primera vez un Mundial.

Bobby Moore y la esmeralda perdida

El 26 de mayo, el capitán de la selección de Inglaterra, Robert Frederick Chelsea «Bobby» Moore, fue detenido por la policía en el aeropuerto de El Dorado de Bogotá, la capital colombiana, acusado de haber robado un brazalete de oro y esmeraldas valuado en unos 1.500 dólares. Moore fue arrestado al llegar al aeropuerto de «El Dorado», del que tenía previsto viajar hacia México junto con toda la delegación británica. La orden de detención había sido expedida por un juzgado penal, ante el cual el propietario de la joyería «Fuego verde» —situada dentro del hotel Tequendama, donde se había alojado la delegación— denunció al defensor Moore por la desaparición de la pieza. El comerciante afirmó que el 18 de mayo Moore aprovechó para apoderarse del brazalete mientras la vendedora era abrumada por varios jugadores interesados en adquirir alguna joya. El zaguero fue llevado a un juzgado, donde estuvo acompañado por el embajador británico en Bogotá, Tom Rogers, y un abogado penalista local empleado por la sede diplomática. Mientras tanto, el resto de la delegación inglesa viajó hacia el país organizador de la Copa. La esposa de Moore, Tina, aseguró desde Inglaterra que el episodio era «ridículo», no sólo porque el jugador no era «capaz de una cosa así», sino porque su salario era varias veces superior al valor del brazalete. Los periódicos británicos también apoyaron la inocencia de Moore. El *Daily Express*, por ejemplo, aseguró en su portada que «los colombianos son adeptos al autorrobo». El jugador estuvo detenido durante tres días en la casa de un dirigente de la federación colombiana y cada mañana se levantó a las 6.30 para entrenar en las instalaciones del club Millonarios durante dos horas, asistido por dos jugadores de las divisiones inferiores de esa institución. En ese lapso, el capitán inglés hacía piques de velocidad, practicaba pases y ejercicios gimnásticos. Tres días después, Moore fue liberado y, aunque siguió procesado por el robo, se lo autorizó para viajar a México y participar del Mundial. «La acusación que se hizo en mi contra no tenía fundamentos. Tengo mi conciencia tranquila, y eso me basta. Ahora lo único que deseo es olvidar el incidente y regresar a mi trabajo como jugador de futbol, y ayudar a Inglaterra a retener la copa Jules Rimet. Estoy en muy buen estado físico, y espero que mis compañeros en México estén aún en mejor forma y que este incidente no los haya afectado», indicó el acusado en un breve contacto con la prensa cuando llegó al aeropuerto de Bogotá para trasladarse a territorio azteca. Si bien llegó mal entrenado, con tres kilos menos de peso y con apenas 72 horas para ponerse a punto, Moore fue titular en el debut ante Rumania, en Guadalajara, en el cual Inglaterra se impuso por 1 a 0.

La cosa fue muy diferente para Clara Padilla, la vendedora que acusó al futbolista inglés. Vivió mucho tiempo aterrorizada por una ola de amenazas que le llegó por carta y por teléfono. La presión fue mucho para ella: renunció a su empleo y solicitó custodia policial. «Usted no debería vivir en este mundo. Lo mejor que puede sucederle es que le corten la cabeza», le señaló uno de los mensajes anónimos que le llegaron desde Londres.

Más problemas

Cuando el avión que trasladó a México a la casi completa escuadra inglesa tocó tierra, los numerosos periodistas que esperaban recoger declaraciones respecto del «caso Moore» se sorprendieron por el sinuoso andar del delantero Jeffrey Astle. «Sólo estaba mareado por los vaivenes de la aeronave», aseguró el vocero de la delegación. Sin embargo, una fuente «no oficial» reveló que el atacante tenía «un miedo atroz a volar» y que, cada vez que se embarcaba, bebía «algunas medidas de whisky». Por cómo llegó a territorio azteca, Astle debió haber agotado el stock de «escocés» a lo largo de las cuatro horas que se extendió el viaje.

Como no hay dos sin tres, los ingleses sufrieron otro traspié en su arribo. Las autoridades sanitarias locales secuestraron los 38 kilogramos de manteca que llevaban junto a los botines, la ropa y otros alimentos. «La confiscación obedeció a que la mantequilla puede ser un vehículo para transmisión de la fiebre aftosa, que en Gran Bretaña no ha sido erradicada como en nuestro país», explicó un funcionario del gobierno local. De todos modos, la performance del defensor del título, que fue eliminado en cuartos de final, tampoco fue como para «tirar manteca al techo»...

Sombrero mexicano

Para este torneo estaba previsto que si la final terminaba empatada, se jugara un segundo partido dos días más tarde. También se determinó que, en caso de empates en cuartos y semifinales, luego de los 90 minutos y los 30 de alargue, los duelos se decidieran por sorteo mediante dos papeles con los nombres de los dos equipos metidos en la copa de un sombrero mexicano. La curiosa resolución, según el reglamento del campeonato, debía llevarse a cabo en el centro de la cancha, en presencia de los dos capitanes y un dirigente de cada equipo.

Lo primero es la familia

En esta edición se dieron varias curiosidades familiares. El mexicano José Vantolrá era hijo del español Martín Vantolrá, quien intervino en Italia '34. Son la única pareja de padre e hijo que actuó para países diferentes. El rumano Nicolae Lupescu, el belga Jan Verheyen y el uruguayo Julio Montero Castillo tendrán hijos que jugarán, respectivamente, en las copas de 1990 y 1994, 1998 y 2002, y 2002. Tal vez el caso más sorprendente corresponda al del mexicano Mario Pérez, cuyo abuelo Luis Pérez había vestido la camiseta azteca en Uruguay 1930.

El muro de Berlín

Los árbitros Kurt Tschenscher (de la República Federal Alemana) y Rudolf Gloeckner (República Democrática Alemana) no se hablaban. Las divisiones provocadas por la política eran tan profundas que, a pesar de haber actuado juntos el 6 de junio en Puebla, cuando se enfrentaron Italia y Uruguay, no se dirigieron la palabra ni se saludaron. En esa ocasión, Gloeckner fue el referí principal y Tschenscher juez de línea. Rudolf fue luego designado para conducir la final entre Brasil e Italia.

A la guerra

Cuando estaba por comenzar el torneo, el preparador físico de Israel, Amos Bar Hava, debió abandonar la delegación y retornar a su país, a raíz de un conflicto bélico con el Líbano. Bar Hava era coronel en actividad, y fue reclamado por el ejército israelí, que había invadido el Líbano apoyado por aviones y artillería. No obstante la ausencia del entrenador, el equipo de Medio Oriente tuvo un desempeño aceptable: perdió dos a cero con Uruguay, pero empató a uno con Suecia y sin goles con Italia, que luego sería subcampeón.

Me pareció ver un lindo gatito

Al llegar a la ciudad de Puebla, la delegación belga recibió como regalo un pequeño tigre de cinco meses, que había sido bautizado «Rajá». El felino hacía las delicias de los futbolistas, que pasaban gran parte de sus horas de descanso jugando con él en los jardines del hotel Mesón del Ángel. Pero se ve que, mientras los deportistas se entrenaban, el inquieto cachorro se aburría y salía «a dar una vuelta». Una mañana, el tigrecito se deslizó por uno de los pasillos del hotel y aterrorizó a varios huéspedes. Ese día se le perdonó la travesura, pero al siguiente Rajá volvió a escaparse y esta vez se portó muy mal: mordió a una mujer y lastimó a un fotógrafo con dos zarpazos y un tarascón. A pesar de los ruegos y las lágrimas de los belgas, el tigre fue encerrado en el zoológico de la ciudad. Abrumado por la pérdida de su mascota, el equipo europeo fue eliminado en la primera ronda.

Los ingleses, mucho más austeros, tenían un perro llamado Winston. El comité organizador permitió a los jugadores llevar al animal junto al banco de suplentes, pero bien cuidado y perfectamente asegurado.

Pie grande

Una tarde que tuvieron libre, los futbolistas brasileños aprovecharon para pasear por el centro de Guadalajara, la ciudad donde estaban concentrados y jugaron todos los partidos, excepto la final. Para matar su aburrimiento, los muchachos visitaron varios comercios, entre ellos una fábrica de zapatos. Los deportistas fueron invitados a conocer las instalaciones y, al culminar la visita, el propietario del establecimiento le obsequió un par a cada uno de sus ilustres invitados. El único que se fue sin su regalo fue el defensor suplente Joel Camargo: en toda la fábrica no encontraron zapatos en los que cupieran sus enormes pies.

Ofendidos

Los periodistas mexicanos tomaron como un insulto que el plantel italiano no bebiera agua con las comidas. Al presenciar un almuerzo en el hotel donde se hospedaba la delegación peninsular, los cronistas se horrorizaron porque todos los jugadores tomaban sólo vino que ellos mismos habían llevado desde su patria. Varios de los reporteros divulgaron que los italianos despreciaban su agua por temor a que les causara daño o hubiera sido adulterada. El médico de la selección «azzurra», de apellido Fini, puso fin a la polémica con un toque de sarcasmo: «Ninguno de nosotros toma agua en las comidas. Desde pequeños nos acostumbramos al vino. Eso no quiere decir que no sintamos respeto por el agua: es de gran utilidad para bañarse».

Los búlgaros y los ingleses fueron otros que cargaron con sus propias bebidas, especialmente agua mineral. Los primeros dispusieron que un colaborador controlara de cerca a los cocineros del Hotel La Estancia, donde se alojaban. El agua importada era aprovechada hasta para hervir pastas.

Trece

Según la agencia France-Presse, la FIFA evaluó permitir a los equipos presentar una camiseta sin número para el jugador al que se le asignara el «13», si éste no deseaba utilizarlo por considerarlo de «mala suerte». También se estudió la posibilidad de reemplazar la «mufosa» cifra por el «23». No obstante estas alternativas, no se concretó ningún cambio. Es más: varios futbolistas eligieron el «13» porque, por el contrario, lo consideraban un talismán para atraer la buena fortuna. Uno de ellos fue el delantero alemán Gerd Müller, quien optó por ese número porque pretendía igualar el récord del francés Just Fontaine, goleador del Mundial de Suecia '58 precisamente con trece tantos. Müller no logró alcanzar a Fontaine, pero al menos el «13» lo ayudó a consagrarse como el máximo anotador, con diez conquistas.

Una mano argentina para el campeón

El arquero brasileño Félix Miéli Venerando (conocido simplemente como «Félix») llegó a México con la esperanza de hallar allí guantes para sus enormes manos, que no había encontrado en su país para reemplazar los que ya tenía, que estaban bastante destrozados. Como tampoco había en los comercios de artículos deportivos locales —los que se encontraron no presentaban la calidad ni la flexibilidad adecuada—, un delegado comenzó una intensa búsqueda con la ayuda del servicio de relaciones exteriores brasileño. A las pocas horas, desde el consulado de Buenos Aires llegó un telegrama salvador: el ex arquero de River y la selección argentina Amadeo Carrizo tenía en su fábrica de guantes varios pares con la medida y las características requeridas por Félix. Un enviado de la sede diplomática porteña compró cuatro pares y los envió a México por vía aérea. Así, Argentina —que por primera vez había quedado fuera de una Copa en la eliminatoria— dio una «mano» a los campeones del mundo.

Amnistía

El defensor Omar Caetano y el delantero Julio Cortés eran dos de los destacados jugadores de Peñarol, que en la Copa Libertadores había conseguido épicos triunfos, algunos dando vuelta un marcador adverso. La «garra charrúa» seguía dando zarpazos. Sin embargo, al ser sometidos a una prueba antidóping, los análisis de los dos jugadores revelaron «la existencia de una sustancia desconocida y rara». Un investigador determinó que se trataba de «ibogaína», un alcaloide que se extrae de un arbusto africano, que los cazadores aborígenes utilizan en la selva para no dormir durante tres o cuatro días. La comercialización de esta panacea, empleada además como hipnótico y afrodisíaco, está prohibida por las graves consecuencias que pueden derivarse de su consumo. Según los diarios de la época, la Comisión Nacional de Educación Física «recomendó seis meses de suspensión para Caetano y Cortés», pero pocas semanas más tarde el presidente uruguayo Jorge Pacheco Areco les otorgó a ambos la amnistía para concurrir al Mundial. Los dos jugadores, que habían jurado afeitarse las cabezas si finalmente se les permitía viajar, llegaron a México con sus cráneos brillantemente pelados.

Plantel profesional

El equipo local estaba integrado por nueve deportistas que, además de jugar al futbol, tenían otras profesiones, muchas de ellas universitarias. Entre los veintidós convocados por el técnico Raúl Cárdenas había un dentista, un economista, un abogado, un arquitecto, un experto en administración de empresas, un ingeniero químico, un seminarista, un filósofo y un artista ceramista. Esto no impidió a México llegar hasta cuartos de final, donde cayó con el subcampeón, Italia.

No alcanzó

Mientras los jugadores alemanes descansaban en el parque del Hotel Comanjilla, de la ciudad de León, donde estaban concentrados, un niño de cinco años cayó a la pileta del establecimiento y comenzó a ahogarse. Al advertir el incidente, tres futbolistas se arrojaron al agua y sacaron al chico, y los médicos del plantel le efectuaron respiración artificial y masajes cardíacos. No obstante los esfuerzos, el niño no sobrevivió al accidente.

Seguridad por decreto

Según un cable de la agencia UPI, fechado el 26 de mayo, los turistas «podrán caminar sin peligro después de las diez de la noche» por todo el territorio mexicano, durante la Copa del Mundo. ¿Por qué? La información aseguraba que «la jefatura de policía prohibió robar después de las 22». ¿Hubo «seguridad» solamente dos horas al día? ¿O se trataba de una estratagema para que los ladrones aztecas se acostaran temprano?

No era culpa del árbitro

A los mexicanos les cayó muy mal la designación del israelí Abraham Klein para arbitrar el choque ante Italia, por cuartos de final. Los aztecas tenían el peor de los recuerdos de Klein: lo habían responsabilizado por la derrota sufrida ante Japón dos años antes —el 24 de octubre de 1968, por 2 goles a 0, ambos señalados por Kunishige Kamamoto— en el partido por la medalla de bronce de los Juegos Olímpicos de 1968, que también se desarrollaron en México. Los dueños de casa se quejaron a la FIFA por el nombramiento de Klein y dos días más tarde, «misteriosamente», el referí presentó un certificado médico por una «indisposición» que no le permitía asumir su compromiso. El 14 de junio, México e Italia salieron al campo de juego del estadio Luis Dosal de Toluca con el suizo Ruedi Scheurer vestido de negro. El cambio de árbitro no trastrocó el destino de la escuadra azteca, que fue inobjetablemente goleada 4-1.

Ojo con Tostão

Muchos analistas e hinchas coinciden en que el verdadero socio de Pelé en este Mundial fue Tostão, un mediocampista zurdo de exquisita pegada. Este jugador, a quien los «torcedores» brasileños llamaban «el Pelé blanco» (como al ruso Eduard Anatolevich Streltsov), llegó a México casi de milagro. En septiembre del año anterior, durante

un partido entre Cruzeiro, su club, y Corinthians, un potente pelotazo del zaguero rival Ditão le había provocado el desprendimiento
de la retina de su ojo izquierdo. Para recuperar la visión, Tostão debió
viajar a Houston, Estados Unidos, y someterse a cinco arriesgadas
operaciones. Ayudado por la ciencia y sostenido en su enorme amor
propio, Tostão se rehabilitó en forma meteórica para destacarse en el
engranaje del tricampeón. Años más tarde, reveló que no pudo ver el
cuarto tanto de Brasil en la final contra Italia, señalado por Carlos
Alberto, pero no por un problema ocular, sino lagrimal: «Después del
tercer gol de Jairzinho sabía que habíamos ganado y me puse a llorar
de alegría. Jugué quince minutos con lágrimas en los ojos». Pasada la
final, Tostão regresó a Houston, pero para regalarle su medalla de oro
al cirujano que lo había rehabilitado, en un profundo gesto de agradecimiento. Pocos años más tarde, Tostão volvió a tener problemas
en su ojo lesionado, y debió abandonar el futbol. Lejos de la pelota,
el «Pelé blanco» se inscribió en la universidad y en tiempo récord se
recibió de médico. ¿Su especialidad? La oftalmología.

Mal cálculo

El 14 de junio, en la ciudad de León, Inglaterra derrotaba a Alemania por 2 a 0, con tantos de Alan Mullery a los 31 minutos y de Mar-
tin Peters a los 49. Convencido de que se repetía la victoria de la final
del '66, el entrenador británico, Alf Ramsey, mandó a calentar al suplente
Colin Bell para reemplazar a Bobby Charlton, para tenerlo fresquito
para la semifinal con Italia, tres días más tarde. Cuando Bell se encontraba junto a la línea de cal listo para entrar, Alemania descontó mediante
Franz Beckenbauer. A pesar de que se había reducido el margen a su
favor, Ramsey ordenó que se realizara el cambio, confiado en que sus
hombres mantendrían la ventaja. Pero los germanos lograron la igualdad a los 76 con un tanto de Uwe Seeler y en el alargue consiguieron el
triunfo gracias al goleador del campeonato, Gerd Müller. Ramsey pagó
cara su excesiva prevención, y Alemania se dio el gusto de tomarse una
rápida revancha por la polémica final de Wembley.

Nombramiento inoportuno

Por sus brillantes atajadas, que contribuyeron al campeonato del
mundo de 1966, el arquero Gordon Banks fue nombrado «sir» por la
reina Isabel de Inglaterra. Pero la distinción honoraria, sumamente sig-

nificativa para los súbditos de la Corona Británica, le fue comunicada a Banks en un mal momento: antes de los cuartos de final ante Alemania, un duro encuentro que reeditaba el desenlace del Mundial de Inglaterra. El arquero recibió la buena noticia por teléfono dos días antes del juego y se puso tan nervioso que sufrió una brutal descompostura intestinal. La versión oficial sostuvo que el portero había padecido una afección por un alimento en mal estado. Debilitado por el trastorno, Banks, quien había intervenido en los tres partidos previos de la primera rueda, debió dejar su lugar a Peter Bonetti y seguir el duelo sentado... en un inodoro. Sin el «sir» en el arco, Inglaterra cayó con Alemania 3-2. Aunque orgulloso, el guardameta se preguntó por qué la nominación del Palacio de Buckingham no esperó a que regresara a casa.

Medallero

Tras su eliminación, los defensores del título quedaron profundamente deprimidos. Al regresar a su hotel, los británicos recibieron una medalla que recordaba su paso por tierras aztecas. Alan Ball —campeón cuatro años antes con sólo 21 años— tomó la suya y la arrojó por una de las ventanas del hotel. «La única que tiene valor es la de campeón», afirmó el mediocampista, famoso por su mal carácter y su obsesión por el triunfo, para justificar su actitud. Y vaya si tiene valor: en 2005, a los 59 años, Ball entregó su presea dorada de campeón de 1966 a la casa de remates Christie's, que logró venderla a 164.800 libras esterlinas (unos 300 mil dólares) a un hincha fanático inglés. Consultado por la prensa sobre la causa del desprendimiento de la preciada medalla, Ball explicó que ésa era la mejor forma de «dividir» el premio entre sus tres hijos. «Ganar la Copa del Mundo estará siempre en mi memoria, pero es tiempo de mirar al futuro, no al pasado», declaró. Ball falleció dos años más tarde en su casa de Southampton.

Viajecito

Los uruguayos se quejaron airadamente por lo que consideraban un injusto e imprevisto cambio de escenario para enfrentar a Brasil en la semifinal, el 17 de junio. Según la denuncia de los orientales, el choque sudamericano estaba previsto inicialmente en el estadio Azteca del Distrito Federal, donde tres días antes Uruguay había superado a la Unión Soviética en el tiempo suplementario, por 1 a 0. Pero luego los organizadores decidieron trasladar el partido a Guadalajara, donde

Brasil llevaba dos meses concentrado y había disputado sus cuatro compromisos previos. El cambio fue tomado como una vil maniobra para favorecer a la escuadra «verdeamarela»: la delegación brasileña estaba perfectamente adaptada al tórrido verano y también se había ganado el apoyo del público local; la oriental, en tanto, debió recorrer en micro los 700 kilómetros que la separaban del nuevo escenario. «Parecía que (en Guadalajara) los brasileños estaban en su país porque todos los apoyaban. Y nosotros debimos ir desde la altura al calor», recordó el defensor Juan Mujica. Algunos rumores aseguraron que el presidente de Uruguay, Jorge Pacheco Areco, indignado por la situación, había pedido a la delegación retirarse del Mundial, pero esta versión fue desmentida por los dirigentes que se encontraban en México. Lo cierto fue que el médico celeste, Roberto Masliah, tuvo muchos problemas para recuperar la condición física de los deportistas. «Nuestros jugadores bajaron cinco kilos durante el partido con la Unión Soviética. Cuando proyectábamos un intenso plan de recuperación física con un estudiado programa, la FIFA nos sorprendió con la resolución de hacernos viajar a Guadalajara». «Eso nos perjudicó, porque alteró nuestro trabajo», sostuvo Masliah. Para el «diez» Ildo Maneiro, el traslado atentó contra la resistencia muscular. «Veníamos con un partido con alargue, nos despertaron a las cinco de la mañana porque teníamos que tener todas nuestras cosas preparadas, luego de dos meses y medio de gira. No fue un viajecito cualquiera. Eran muchos contratiempos, que sumados, restaron en el rendimiento del equipo». Con estas ventajas a su favor, la «descansada» selección de Brasil se impuso por 3 a 1 y llegó a la final. Los uruguayos, extenuados, volvieron a caer tres días después con Alemania en el Azteca del Distrito Federal, por el tercer puesto, tras padecer otro viaje problemático de regreso a la capital mexicana.

Servicio de lunch

El empate a uno conseguido por Karl-Heinz Schnellinger en el último minuto obligó a que Alemania e Italia dirimieran en una prórroga de media hora al que sería el rival de Brasil en la final, el 17 de junio en el Azteca. El calor, la altura y los desgastantes 90 minutos ya jugados de ninguna manera hacían vislumbrar un desenlace formidable: Gerd Müller puso en ventaja a Alemania a los 94; Tarcisio Burgnich y Gigi Riva dieron vuelta el marcador para Italia, a los 98 y 104. Müller volvió a equilibrar las cosas a los 110, y un minuto más tarde

Gianni Rivera selló el cuatro a tres final. Muchos de los asombrados espectadores se preguntaron si tal maravillosa demostración futbolera estuvo relacionada con una suerte de «refrigerio» que gozaron los jugadores antes de que se iniciara el alargue. Un par de mozos sirvieron a los italianos unos bollitos en una bandeja, con mantelito al estilo de una confitería de categoría. A los alemanes se les ofrecieron caramelos de limón en forma de medialuna, que consumieron con fruición mientras a Franz Beckenbauer se le inmovilizaba su dislocado hombro derecho, lesionado al chocar contra un defensor rival.

Mientras se jugaba el «partido del Siglo», 23 presos de la cárcel de Tixtla, localidad cercana a Acapulco, aprovecharon que los guardias habían salido a un bar para ver el juego y se fugaron con sus armas.

Alemania 1974

Holanda sorprendió al mundo, y Alemania sorprendió a Holanda. Tal como había ocurrido en Suiza 1954, el mundo futbolístico se rindió a los pies de una selección que desplegaba el futbol más virtuoso y efectivo de la Copa. Los medios de comunicación que cubrieron las alternativas del décimo Mundial, desarrollado en la República Federal de Alemania —la porción occidental de la Alemania «partida» tras la Segunda Guerra Mundial— bautizaron el espectáculo holandés como «futbol total», por la movilidad de sus jugadores y su habilidad para intercambiar funciones y ocupar todos los espacios del terreno. El cerebro del equipo holandés fue Henrik Johanness Cruijff, un flaco alto y elegante que se cansó de hacer goles y ganar campeonatos con Ajax de Amsterdam y Barcelona de España. De su mano, los holandeses jugaron como nunca, golearon a varios rivales y llegaron invictos a la final, con un solo gol en su arco, que además había sido marcado en contra. Pero, tal como sucedió en la nación helvética, a la escuadra naranja no le alcanzó con el virtuosismo de su juego. En la final, la perseverancia y el amor propio de Alemania Federal pudieron más y la selección blanca una vez más fue campeona, otra vez sin ser la mejor. Los germanos armaron un muy buen conjunto basado en las atajadas de su notable arquero Sepp Maier, una pared defensiva en la que brillaba Franz Beckenbauer y la potencia del «cañonero» Gerd Müller, todo movilizado por un corazón de acero.

Luego de cuatro campeonatos con el mismo sistema de competencia, en Alemania se estrenó un método enredado, que consistía en una primera ronda con cuatro zonas de cuatro, con dos clasificados cada una para una segundo turno de dos grupos «semifinales», también de cuatro: en esta etapa, tras jugar «todos contra todos», el primero pasaba a la final, el segundo al partido por el tercer puesto y el resto quedaba eliminado.

La final, disputada el 7 de julio en el estadio Olímpico de Munich por la selección local y Holanda, tuvo varias particularidades. Una, ser el primer partido culminante que no se jugó en la capital del país organizador (en ese entonces Bonn), circunstancia que se repetiría más tarde en otras Copas. La segunda, que comenzó con varios minutos de demora porque a la cancha le faltaban dos banderines, uno en un córner y otro en la mitad del campo. La tercera, que Holanda se puso en ventaja antes de que ningún jugador rival tocara el balón. Los jugadores naranjas sacaron del medio y se pasaron la pelota quince veces entre ellos, hasta que Johan Cruijff, quien había dejado atrás a Berti Vogts, su marca personal, fue derribado dentro del área rival por Uli Hoeness. Johan Neeskens, de penal, fue el autor de la conquista.

En este torneo se produjo otra curiosidad «nacional»: la República Federal de Alemania (RFA) enfrentó el 22 de junio, en Hamburgo, a la República Democrática Alemana (RDA). Alemania contra Alemania. La RFA ya se había medido con Sarre —una «tercera Alemania»— en las eliminatorias de 1954, y en «su» Mundial le tocó recibir a sus hermanos orientales. La RDA se impuso por 1 a 0, con gol de Juergen Sparwasser, hecho que fue cuestionado por la prensa porque la RFA ya estaba clasificada y su «hermana» necesitaba un triunfo para pasar de ronda. La RFA fue campeona sin invicto, aunque se trató de una derrota de «entrecasa».

Un dato singular consistió en que el valor de las entradas incluyó un seguro para los espectadores. Esta medida se tomó como consecuencia del asesinato de once atletas israelíes, a manos de un grupo extremista islámico llamado «Septiembre Negro», durante los Juegos Olímpicos de Munich, realizados solo dos años antes.

La nueva Copa del Mundo

Luego de que Brasil obtuviera en 1970 su tercer Mundial y se apropiara para siempre de la copa Jules Rimet, la FIFA organizó un concurso de diseño para la confección de un nuevo trofeo. Sobre 53 proyectos presentados, fue elegido ganador el del escultor italiano Silvio Gazzaniga, autor del premio que actualmente se entrega a los ganadores de la Copa del Mundo. El galardón está compuesto en un 75 por ciento por oro de 18 quilates, con una base confeccionada con una piedra decorativa denominada malaquita verde. Su peso es de 5 kilogramos, mide 36 centímetros de alto, 13 de base y 15 en su parte más ancha. Por él, se pagaron 20 mil dólares en 1974. A diferencia de la

Jules Rimet, la nueva copa no podrá ser ganada nunca a título definitivo. El campeón de cada competencia sólo se hace acreedor de una réplica más pequeña, que sí guarda a perpetuidad.

La selección fantasma

El domingo 19 de agosto de 1973 llegó a la ciudad de Tilcara, provincia argentina de Jujuy, un grupo de dieciséis jóvenes jugadores seleccionados para efectuar una intensa aclimatación a la altura con vistas al enfrentamiento que un mes después la escuadra albiceleste debía mantener en La Paz frente al combinado boliviano, por la clasificación para el Mundial de Alemania. El conjunto, al que se llamó «la selección fantasma», era conducido por el técnico alterno del combinado nacional, Miguel Ignomiriello, y estaba integrado, entre otros, por Ubaldo Fillol, Mario Kempes, Juan José López, Marcelo Trobbiani, Ricardo Bochini y Reinaldo Merlo. La idea del entrenador Enrique Omar Sívori consistía en presentar ante los bolivianos un equipo constituido principalmente por novatos futbolistas aclimatados en forma conveniente para protagonizar un partido a unos 3.600 metros de altura sobre el nivel del mar —Tilcara se encuentra a unos 2.500—, a los que se sumarían dos o tres de los más experimentados titulares. El propósito de Sívori dio sus frutos el 23 de septiembre, cuando Argentina derrotó a su par boliviano por 1 a 0, con un gol marcado a los 18 minutos por Omar Fornari (un sanjuanino de Vélez Sarsfield al que apodaban «Vinito») mediante una «palomita» a veinte centímetros del piso. Gracias a este triunfo y a los excelentes resultados obtenidos como local ante Bolivia y Paraguay (tercer integrante del grupo), Argentina consiguió su pasaporte para la Copa del Mundo.

Jugaron solos

El 21 de noviembre de 1973, el Estadio Nacional de Santiago de Chile fue escenario de uno de los hechos más ridículos de la historia del futbol. Allí, la selección local jugó un extraño partido contra... ¡nadie! ¿Cómo se llegó a tan grotesca situación? Para estas eliminatorias se había determinado que el ganador del grupo 9 de Europa, de solamente tres equipos, disputara un repechaje con el primero del grupo 3 sudamericano, también integrado por tres países. Primero el sorteo y luego los resultados fijaron el choque entre Chile y la Unión Soviética. El 26 de septiembre se llevó a cabo el encuentro «de ida» en Moscú, que finalizó igualado en cero. La revancha estaba pactada para el 21 de noviembre en Santiago, pero la URSS anunció que se retiraba por razones políticas. En tiempos de la «Guerra Fría», los soviéticos repudiaron el derrocamiento del democrático presidente socialista Salvador Allende —amigo del gobierno moscovita— a manos del fascista general Augusto Pinochet, «socio» de Estados Unidos en la lucha contra el comunismo y de Inglaterra durante la «Guerra de Malvinas». Desde Moscú se anunció que su selección no jugaría de ninguna manera en el Estadio Nacional, por haber sido escenario de torturas y fusilamientos. El capitán chileno, Francisco Valdés, reconoció años más tarde que, a su regreso de Moscú, debió interceder ante el propio Pinochet para salvar la vida del defensor de Colo Colo Hugo Lepe, primer presidente del Sindicato de Futbolistas Profesionales, que había estado detenido en ese lugar por ser considerado «activista peligroso». Valdés salvó la vida de Lepe, pero no pudo evitar que otros futbolistas fueran atormentados o asesinados. La URSS pidió que el choque tuviera lugar en un escenario neutral y hasta mencionó a Buenos Aires como posible sede. Como su exigencia no fue escuchada por la FIFA, el Kremlin prohibió a su equipo viajar a Sudamérica. El día de la definición, ante la ausencia de los soviéticos, el árbitro austríaco Eric Linemayr, designado por la FIFA, dio por ganado el encuentro a los locales, que así obtuvieron su pasaje hacia Alemania. Sin embargo, los chilenos montaron una parodia tan extravagante como lamentable: sus once seleccionados salieron al campo de juego vestidos con sus uniformes oficiales y con el arbitraje del referí local Rafael Hormazábal —Linemayr no se quiso prestar para semejante farsa—, a la hora estipulada originariamente comenzó el insólito partido de un equipo contra ninguno. Movió Sergio Ahumada para Valdés y estos dos, junto a Carlos Reinoso y Julio Crisosto, fueron tocando cortito hacia el área «rival», hasta que el capitán mandó la pelota al fondo del arco vacío. Las quince mil personas que se encontraban en las tribunas gritaron en forma desaforada la conquista. Sin oposición, la escuadra roja «ganó» el partido. Una vez más, perdió el futbol.

Colores

La camiseta naranja de Holanda causó en esta Copa tanta admiración como el buen juego del equipo. Muchos se preguntan por qué la casaca de la escuadra de los Países Bajos es de un color que no figura en su bandera, que combina el azul, el blanco y el rojo. El

naranja identifica a la «Casa de Orange», la familia real holandesa.
Algo similar sucede con Italia, cuya bandera es verde, blanca y roja
(diseño aportado por Napoleón Bonaparte en noviembre de 1796 a
un cuerpo de voluntarios lombardos que se incorporaron al ejército
francés), pero su selección viste de azul. Cuando el equipo peninsular jugó su primer encuentro internacional, en 1910, reinaba en ese
país la «Casa de Savoia», cuyo color característico era, precisamente
el «azzurro». El caso de Alemania no es «real», sino histórico: el
blanco identificaba a la antigua Prusia. Los germanos también usan
como tonalidad alternativa el verde —como en la final de México '86
ante Argentina—, correspondiente a la Federación Alemana de Futbol. Como se explicó anteriormente en este libro, el verde fue tomado como muestra de agradecimiento a Irlanda, el primer país que invitó a jugar a la selección germana después de la Segunda Guerra
Mundial.

Hay más países que también se envuelven en colores que no repre-
sentan a su bandera: el azul de Japón responde a la filosofía nipona
de adorar el cielo y el mar, pero esconde además la necesidad de dis-
tinguirse del rojo de Corea del Sur y China. El granate de Venezuela,
o «vinotinto», se adoptó por casualidad en 1938, cuando una delegación de deportistas de ese país asistió a los Juegos Bolivarianos en
Bogotá. Los venezolanos habían llevado un uniforme amarillo, «extra-
ído» de su bandera, que coincidía con la camiseta de la nación anfitriona, Colombia. El Comité Olímpico Internacional asignó a los venezolanos el granate intenso para su uniforme oficial. Tanto gustó esta
tonalidad a los deportistas y a los aficionados, que fue adoptada para
siempre.

En este libro ya se comentó el «celeste» uruguayo, pero no el amarillo dorado y verde de Australia, que en Alemania '74 jugó su primera Copa. El pabellón oficial es azul con seis estrellas blancas, y una
pequeña bandera británica en el ángulo superior derecho, pero el uniforme deportivo fue diseñado en base a la flor nacional, el zarzo
dorado, que con sus hojas verde oscuro crece en bosques y selvas del
sur del país.

La marca de las dos tiras

Johan Cruijff había amenazado a la federación holandesa con
no participar del Mundial si se lo obligaba a vestir la camiseta
naranja oficial. El planteo no se sustentaba en un simple capricho,

sino en una controvertida disputa empresarial. En esos años, Puma y Adidas (nacidas una frente a otra en la misma calle de la ciudad alemana de Herzogenaurach, creadas por dos hermanos rivales, Rudolf y Adolf Dassler, respectivamente) eran las firmas de ropa deportiva más fuertes del mundo y se dividían el planeta futbolero. Puma había contratado por una millonada a Cruijff para que fuera su principal cara publicitaria y no quería darse el lujo de que su estrella apareciera ante los ojos del mundo con otro símbolo en el pecho, hombros y brazos, y mucho menos el de su enemigo número uno (una situación que pareció reeditar la bíblica historia de Caín y Abel). Para resolver el conflicto, Cruijff propuso una solución salomónica: Adidas siguió vistiendo a la escuadra nacional, pero él utilizó una camiseta casi idéntica a la de sus compañeros, sin isotipo en el pecho y con solamente dos de las tres tradicionales tiras en sus mangas. Según un vocero de la empresa Puma, fue el mismo Cruijff el que arrancó el distintivo y una de las franjas «como muestra de fidelidad» con esa compañía.

Monos

La selección de Zaire causó sensación en Alemania, pero no por su juego dentro de la cancha —fue derrotada 2-0 por Escocia, 9-0 por Yugoslavia y 3-0 por Brasil— sino por sus particulares gustos culinarios. Al llegar al aeropuerto de Frankfurt, los agentes de la aduana local se sorprendieron al descubrir que en las valijas de la delegación africana había veinte monos muertos. Cuando preguntaron a los dirigentes y futbolistas qué hacían los cuerpos de los animales entre los botines y las camisetas, explicaron que los habían llevado para comerlos. «El mono asado es un plato que nos deleita, y aquí no se consigue», explicaron los zaireños a los perplejos empleados aduaneros. Cuando salieron de su asombro, los agentes permitieron a los africanos pasar con su preciado manjar. En la aduana sólo quedaron náuseas generalizadas.

Cosa de brujos

Un par de días antes de que el seleccionado de Zaire enfrentara a Yugoslavia por la segunda fecha del grupo 2, un grupo de brujos de ese país africano llegó a tierras germanas para ejercer influencia espiritual y facilitar la labor del inexperto equipo nacional. En el debut

—absoluto en un torneo mundial— los «leopardos» habían caído por 2 a 0 ante Escocia, y como el tercer rival era nada menos que Brasil —los defensores del título logrado en 1970 en México— se precisaba algo más que futbol para hacer un buen papel y mucho más todavía para pasar a la segunda ronda. Pero, extrañamente, los hechiceros no fueron aceptados en la concentración zaireña por el técnico del conjunto africano, Blagoiev Vidinic. Los mismos brujos, reunidos frente a las puertas del hotel que alojaba a los congoleños, dijeron a la prensa internacional que el entrenador «nos rechaza porque teme que nuestros fetiches ayuden a los "leopardos" a ganar a sus hermanos». Bastante molestos, los hechiceros acusaron al técnico, de origen yugoslavo, de «preparar la derrota de los nuestros porque no puede traicionar a los suyos». El 18 de junio, en el estadio de la ciudad de Gelsenkirchen, los balcánicos no tuvieron contemplación para aplastar a los zaireños, que sin el auxilio de los ritos y las ceremonias mágicas fueron goleados por 9 a 0.

Ese encuentro dejó una perla más: iban apenas 22 minutos y Yugoslavia ya ganaba por 4 a 0. Fastidioso por la superioridad balcánica, el defensor africano Mulamba Ndaye se acercó al árbitro colombiano Omar Delgado para reclamarle que anulara el último tanto, anotado por Josip Katalinski, por considerar que en la jugada previa había existido una falta en ataque. Desesperado porque el referí no hacía caso de sus quejas, tal vez por el desencuentro idiomático, el jugador zaireño apeló a un gesto de interpretación universal para hacer saber su descontento: le pegó una patada en la cola al hombre de negro. Ndaye fue inmediatamente expulsado, y luego la FIFA le aplicó la máxima sanción: un año de suspensión para intervenir en partidos locales e internacionales. El juego siguió, al igual que los goles yugoslavos. Con un hombre menos, los africanos se comieron cinco tantos más.

Invicto negativo

En esta Copa, Escocia se convirtió en el primer país en quedar fuera de un Mundial sin perder un solo partido. La escuadra británica integró un grupo muy complicado con Brasil, Yugoslavia y la débil Zaire. Escocia igualó en cero con el equipo sudamericano, 1-1 con el balcánico y venció a Zaire 2-0. Como Brasil y Yugoslavia también habían igualado entre sí y los dos habían vencido a los africanos, hubo un triple empate con cuatro puntos, y la zona se resolvió por diferencia de goles. Yugoslavia le había anotado nueve goles a Zaire, Brasil tres y Escocia apenas dos, lo que motivó la invicta eliminación de la escuadra británica.

Se hizo humo

Tal era la adicción que el ex astro holandés Johan Cruijff tenía por el tabaco, que durante su época como jugador, incluso durante este Mundial, no podía esperar a llegar al vestuario para despuntar el vicio. A tal fin, tenía un asistente que lo esperaba al término de cada período del partido —o en una pausa durante el entrenamiento— con un cigarrillo encendido. El hecho de fumar en forma desmedida, alrededor de tres atados diarios, no incidió en su rendimiento deportivo: protagonizó una brillante carrera que se extendió por los prestigiosos clubes Ajax, Barcelona y Feyenoord, entre otros, y la selección holandesa. Dentro del terreno de juego corría sin parar los noventa minutos. Pero, ya ex futbolista, Cruijff fue sometido a una serie de intervenciones quirúrgicas a raíz del daño causado por la implacable y venenosa nicotina a sus arterias. A los 43 años, tras sufrir un infarto que casi acaba con su vida, los médicos que lo asistieron fueron terminantes: «O deja de fumar o muere, usted elige». Desde entonces, cambió los rubios con filtro por chupetines de fruta.

Perón

El 1º de julio, la delegación argentina solicitó a la FIFA postergar el encuentro ante República Democrática Alemania —válido por la última fecha del grupo semifinal A, fijado para dos días más tarde—, al informarse desde Buenos Aires la muerte del presidente Juan Perón. Los dirigentes albicelestes argumentaban que el Gobierno, que había recaído en la viuda del mandatario, María Estela Martínez, había decretado tres días de duelo, antes de la ceremonia fúnebre, a los que los futbolistas querían adherir. Aunque el encuentro sólo servía para cumplir con el fixture, ya que ambas escuadras estaban eliminadas, la FIFA determinó que se jugara en el día y hora previstos, coincidentes con el choque entre Holanda y Brasil, los otros integrantes del grupo. Empero, la entidad autorizó que se rindieran honores al presidente fallecido, mediante un minuto de silencio, banderas a media asta y brazaletes negros en los jugadores. Ese día debutó en el arco argentino Ubaldo Fillol, el tercer arquero del plantel, debido a que Daniel Carnevali (el titular) y Miguel Santoro (su suplente) eran fervientes peronistas y se negaron a actuar.

Nosotros solitos

Hasta la final del 7 de julio, Holanda había jugado seis partidos y en ninguno había recibido goles de sus rivales. En la primera ronda, el conjunto naranja venció a Uruguay 2-0, igualó sin goles con Suecia y derrotó a Bulgaria 4-1. En la segunda, ganó sus tres encuentros: 4-0 sobre Argentina y 2-0 ante Alemania Oriental y Brasil. El único tanto, de Bulgaria, también fue anotado por un holandés: Ruud Krol, en contra.

Sanción australiana

La selección de Australia fue amonestada por utilizar «una indumentaria antirreglamentaria» contra la República Democrática Alemana. El 14 de junio, en Hamburgo, la escuadra oceánica no vistió la camiseta verde oscuro que le había indicado la FIFA, sino su tradicional casaca amarilla. Esto, según los organizadores de la Copa, confundió a los televidentes de todo el mundo, que en su gran mayoría siguieron las alternativas del encuentro a través de televisores «blanco y negro». En los antiguos aparatos, la camiseta amarilla y el pantalón verde oscuro del uniforme australiano se vieron idénticos a la casaca blanca y el short negro germanos.

Cotizado

Poco antes del partido entre Uruguay y Holanda, apertura del grupo 3 de la primera ronda, el defensor oriental Juan Carlos Masnik puso precio a sus declaraciones ante los periodistas: cobraba 300 dólares por estar tres minutos ante las cámaras de la televisión holandesa. Masnik juntó una buena cantidad, mucho mayor que la «recompensa» que le otorgaron los dirigentes: Uruguay fue eliminado en primera ronda.

Primer dóping

El haitiano Ernst Jean-Joseph «saltó a la fama» al convertirse en el primer jugador en dar positivo tras un control antidóping mundialista, desde que los análisis se establecieron en la edición de 1966. En la muestra de orina de Jean-Joseph —tomada al término de la derrota ante Italia por 3 a 1, el 15 de junio en Munich— se encontraron restos de efedrina, por lo que el jugador fue expulsado inmediatamente de la Copa. Al día siguiente, Jean-Joseph volvió a ser noticia por pedir asilo político en Alemania, temeroso de sufrir represalias al retornar a su país. Pese a ello, antes de que su reclamo fuera analizado por el gobierno alemán, el jugador desapareció de la concentración. Según las versiones periodísticas, Jean-Joseph fue raptado por miembros de la guardia del dictador haitiano Jean-Claude Duvalier, y llevado en secreto de regreso a la isla caribeña. El futbolista habría sido reprendido y hasta golpeado por el propio Duvalier, quien luego ordenó su detención en un campo clandestino, donde se cree que fue salvajemente torturado.

El *atraco*

El 14 de junio no fue un día más en la vida de Doğan Babacan. Esa jornada, al dirigir Alemania Federal-Chile en el Olympiastadion de Berlín, se convirtió en el primer y único árbitro turco, hasta Sudáfrica 2010 inclusive, en conducir un encuentro mundialista. En ese partido, que el equipo local ganó por 1 a 0, Babacan expulsó al suramericano Carlos Caszely, a los 67 minutos, el primer jugador en ver una tarjeta roja en la historia de la Copa del Mundo. Los acrílicos rojo y amarillo habían sido estrenados en la edición anterior, México 1970, pero en ese campeonato no se registró ninguna exclusión. Las emociones no culminaron en el césped, sino a cientos de kilómetros de la nación germana: mientras la esposa y la hija del referí se encontraban en la casa de un vecino para seguir la actuación de Babacan por televisión, un grupo de delincuentes asaltó la vivienda y robó dinero y otros elementos de valor. La noticia del atraco generó una sensación de revancha entre los hinchas chilenos, que consideraban que el referí había actuado con parcialidad, a favor de la escuadra local. Muchos repitieron hasta el cansancio el famoso refrán que asegura «Ladrón que roba a ladrón tiene cien años de perdón».

Nervioso

En Alemania participaron por primera vez árbitros asiáticos. Uno de ellos fue el iraní Jafar Namdar, quien tuvo a su cargo el encuentro Australia-Chile, jugado el 22 de junio por el Grupo 1 de la primera fase. A pesar de que el partido no tenía ninguna importancia, debido a que al salir a la cancha ambas escuadras ya estaban matemáticamente eliminadas por las hermanas República Federal de Alemania y República Democrática Alemana, Namdar actuó muy nervioso. El árbitro, blando e inseguro, cometió tantos errores infantiles que perdió la confianza y se pasó los 90 minutos consultando por cada fallo a sus jueces de línea: los experimentados Arie van Gemert (Holanda) y Vital Loraux (Bélgica). El mayor papelón ocurrió a los 82 minutos, cuando el defensor australiano Ray Richards fue amonestado por Namdar, a instancias de Loraux, por demorarse demasiado para ejecutar un tiro libre. Richards continuó jugando a pesar de que en la primera etapa había visto otra tarjeta amarilla —que bien pudo haber sido roja— tras discutir con excesiva vehemencia un fallo del referí. Dos minutos más tarde, Namdar fue llamado una vez más por el línea belga, quien le remarcó su error y lo intimó para que expulsara al zaguero. A pesar de esta pésima actuación, el árbitro iraní fue convocado por la FIFA para participar de otro encuentro de este Mundial, como juez de línea en el *match* por el tercer puesto entre Brasil y Polonia.

Estampillas

La confianza en la capacidad creativa de la selección naranja le jugó una mala, y cara, pasada al gobierno holandés. Días antes de la final, se hizo imprimir una serie filatélica alusiva a la participación de los holandeses en el Mundial. Pero, al día siguiente de la coronación alemana, la administración de correos debió destruir cien mil estampillas en las que figuraba la inscripción «Holanda campeón del Mundo de Futbol».

Hasta que el triunfo los separe

El goleador Gerd Müller, autor del tanto que le dio el triunfo a Alemania sobre Holanda en la final, renunció a la selección de su país la misma noche en la que se celebró oficialmente la obtención del campeonato, porque a la cena de gala no se invitó a las esposas de los futbolistas. La comisión directiva de la federación germana no había participado a las mujeres de los deportistas, que habían llegado junto a sus maridos al lujoso hotel donde se realizaría el banquete. A pesar del reclamo de los héroes, mientras la cena se desarrollaba en el salón principal, las damas, abandonadas, debieron aguardar la finalización del ágape en otro sector del edificio. Después de esa noche, Müller nunca volvió a calzarse la camiseta nacional alemana. Su esposa, agradecida.

Argentina 1978

Como sucedió en Italia '34 y Francia '38, la undécima edición de la Copa del Mundo no pudo abstraerse de un oscuro contexto político. El torneo de Argentina 1978 se celebró en medio de la peor dictadura sufrida por una nación sudamericana, que no ahorró sangre ni torturas para combatir a los «guerrilleros comunistas». Un dato aterrador fue que uno de los centros clandestinos de detención más sanguinarios se encontraba en la Escuela de Mecánica de la Armada, a pocos metros del estadio «Monumental» de River Plate, sede de varios partidos, incluida la final. Ese escenario causó profundo malestar en varios países europeos, que llamaron a un boicot contra la dictadura genocida. En Holanda, el congreso del Partido Laborista pidió que la escuadra nacional no participara del torneo, pero desde el Gobierno se consideró que «un boicot no cambiará la violación de derechos humanos en Argentina. Deberíamos aprovechar el Campeonato del Mundo para dar a conocer lo que sucede en ese país». Otros dirigentes de organizaciones por los derechos humanos exigieron que el certamen se disputara en Brasil. Aunque la selección del país de los tulipanes se presentó a disputar sus partidos, lo hizo sin varias de sus figuras: Johan Cruijff, estrella del Barcelona, considerado el mejor jugador del mundo de la década del 70; Ruud Geels, delantero del Ajax y máximo artillero ese año del futbol holandés; Eddy Treytel, arquero del Feyenoord; y Jan Van Beveren y Willy Van der Kuylen, dos brillantes mediocampistas del PSV Eindhoven. En tanto, el arquero alemán Sepp Maier sí viajó para defender el título de 1974, pero antes de embarcar rumbo a Buenos Aires firmó una petición de Amnesty International en favor de los presos políticos argentinos. En Francia, el periódico *Le Matin* aseguró que «el mundo del futbol se honraría si (la selección gala) se negara a jugar en Argentina, entre los campos de concentración y las cámaras de tortura. La Junta Militar de Argentina no merece el Campeonato del Mundo». El diputado socialista Lionel Jospin (quien años más tarde sería primer ministro) pidió el traslado del Mundial «a otro país», o, en caso contrario, «aprovechar este acontecimiento para denunciar la violencia del régimen militar argentino». El rechazo francés hacia la dictadura encabezada por Jorge Videla generó además un intento de secuestro contra el técnico Michel Hidalgo. Cuatro personas que integraban una organización autodefinida como «humanitaria y no violenta» trataron de raptar a Hidalgo cuando éste circulaba en su automóvil por las afueras de Burdeos, pero el entrenador logró escapar ileso. En una carta enviada a los medios, los fracasados secuestradores contaron que su objetivo era intercambiar a Hidalgo por ciudadanos franceses «desaparecidos» en Argentina por las fuerzas militares. También destacaron que, en un primer momento, habían pensado en raptar a la figura del equipo, Michel Platini, pero luego se decidieron por Hidalgo «porque este hombre se describe como un humanista, es sindicalista y, en efecto, ha intervenido en manifestaciones de carácter humanitario». El gobierno de Videla tomó nota de estos hechos y a los pocos días liberó a uno de los veintidós «desaparecidos» franceses, en un intento por mejorar su paupérrima imagen en el Viejo Continente. El Mundial se jugó, como estaba previsto, sin importar todo lo que sucedía. Tres semanas antes de iniciarse la competencia, un coche-bomba estalló en el estacionamiento del Teatro Municipal San Martín, en pleno centro de la ciudad Buenos Aires, donde había sido montado el centro de prensa. El ataque causó alarma entre los periodistas de todo el mundo que debían viajar a Buenos Aires para cubrir los partidos. Finalmente, las agrupaciones guerrilleras adoptaron una especie de «tregua» durante el mes que duraría la competencia, con acciones de propaganda. La organización «Montoneros», una de las principales agrupaciones guerrilleras que combatieron a la dictadura militar, interfirió varias veces la transmisión de los partidos para emitir comunicados o discursos de su jefe, Mario Firmenich, oculto en Europa. Al día siguiente de la final ganada por la selección local ante Holanda, por 3 a 1, el presidente de facto Videla se presentó en el centro de prensa para dialogar con los enviados extranjeros. «Después de dos años y medio en que las fuerzas armadas se hicieron cargo del poder político y de recibir un país postrado, podemos mostrarlo de pie a los ojos del mundo con el esfuerzo de todos los argentinos y en marcha hacia la consecución de los objetivos finales: una democracia realmente representativa». Lo único que resultó más patético que sus palabras fue el pedido de «autógrafos» que varios periodistas le hicieron al nefasto dictador.

No obstante los charcos de sangre, la pelota rodó y dejó, nuevamente, cientos de historias. Como la de España, que se clasificó gracias a un gol argentino: el mendocino Rubén Cano marcó en Belgrado el único tanto de la escuadra ibérica ante Yugoslavia.

El holandés Dick Nanninga fue el primer suplente expulsado en un Mundial. El 18 de junio, en el estadio Chateau Carreras de Córdoba, Nanninga entró a los 79 minutos por Pieter Wildschut cuando su equipo igualaba en dos con Alemania, por el grupo A de la segunda ronda. En apenas nueve minutos, el delantero metió dos patadas acreedoras de sendas amarillas de parte del árbitro uruguayo Ramón Barreto. Francia marcó un récord, pero poco satisfactorio: utilizó los 22 jugadores que convocó, incluidos sus tres arqueros: Dominique Baratelli, Jean-Paul Bertrand-Demanes y Dominique Dropsy. El sistema de competencia fue idéntico al pavoroso esquema utilizado en Alemania. Sería la última vez. Argentina, Holanda y Brasil —campeón, segundo y tercero, respectivamente— terminaron segundos en sus grupos durante la primera fase. Los brasileños tuvieron un motivo más para volver a casa sin su tradicional alegría: terminaron invictos el campeonato pero sólo pudieron quedarse con la medalla de bronce: empató con España y Suecia y venció a Austria en la primera rueda; luego venció a Perú y Polonia e igualó con Argentina, que clasificó por mejor diferencia de gol. Este hecho, que se suscitó por primera vez en Argentina '78, se repetiría varias veces. En España '82, Inglaterra se fue de la Copa luego de ganar los tres partidos de la primera rueda, e igualar en la segunda fase dos veces a cero con Alemania y España en el grupo 2. A partir de 1986, las eliminaciones «invictas» se multiplicarían gracias a la incorporación de las definiciones a través de disparos desde el punto del penal. Así sucedería, en 1986, con Brasil (repitió el mal trago al caer por penales ante Francia en cuartos de final); en 1990, con la República de Irlanda (ante Rumania, en cuartos) e Italia (ante Argentina en semifinales); en 1998, nuevamente con Italia (ante Francia en cuartos); en 2002, de vuelta con Irlanda (ante España en octavos) y con la propia España (ante Corea en cuartos); y en 2006 con Suiza (ante Ucrania en octavos), Argentina e Inglaterra (ante Alemania y Portugal, respectivamente, en cuartos) y Francia, en la final con Italia.

De regreso al '78, Nicolaus Robert Rensenbrink, con un penal ante Escocia, marcó el 11 de junio el gol mil de los Mundiales. Su hazaña fue bien recompensada con todo tipo de regalos: relojes, ropas finas, jamones y una estadía de una semana en una estancia bonaerense. El entrenador germano, Helmut Schoen, cumplió 25 partidos mundialistas (todos con Alemania, en las ediciones 1970, '74 y '78), un récord que todavía no fue superado.

Día de la madre

Poco antes de viajar hacia Argentina, Jan Zwartkruis —ayudante de campo del técnico holandés, el austríaco Ernst Happel, quien se encontraba de licencia porque paralelamente dirigía el club FC Brugge de Bélgica— citó a los jugadores «naranjas» para un entrenamiento en Ámsterdam. Todos los seleccionados concurrieron a la cita, a excepción de Dick Nanninga, delantero de JC Roda. Al finalizar los ejercicios, Zwartkruis llamó a Nanninga para pedirle una explicación. «Le pido disculpas, pero no pude concurrir porque no podía dejar solo mi negocio». El delantero, además de jugar al fútbol, tenía una florería en pleno centro de la capital de los Países Bajos. «Se acerca el Día de la Madre y tengo que aprovechar, porque mucha gente compra flores en esta fecha. Ya habrá tiempo para entrenar», se justificó el atacante. Sin dudas, Nanninga sabía lo que decía y, con mucho sacrificio, recuperó con creces esa práctica perdida. El delantero fue el autor del gol de su equipo en la final ante Argentina, que si bien no alcanzó para evitar una derrota por 3 a 1, al menos obligó a que se jugara tiempo extra.

Camisetas prestadas

El 10 de junio, Francia y Hungría sorprendieron a propios y extraños al salir al campo de juego del estadio Ciudad de Mar del Plata con idénticos uniformes totalmente blancos, curiosamente los colores «suplentes» de ambos combinados. La equivocación se sustentó en un error en la comunicación oficial de la FIFA, que entendía que los colores azul de la selección gala y rojo de la escuadra magiar podían confundirse en los televisores «blanco y negro» de la época. El verdadero problema se suscitó cuando el árbitro brasileño Arnaldo Coelho llamó a los capitanes: ninguno de los dos equipos tenía un juego de remeras de repuesto. Cuando parecía que la confusa situación quedaba sin solución, un dirigente del club marplatense Kimberley ofreció prestar un equipo completo de camisetas. La oferta fue rápidamente aceptada, y cuarenta minutos más tarde Francia apareció en el terreno vestida a bastones verticales verdes y blancos. Como la numeración de las remeras era «de corrido» del «2» al «16», Dominique Rocheteau y Olivier Rouyer actuaron con el «7» y el «11» en la espalda, y el «18» y el «20» en el pantaloncito, respectivamente.

Johnston

Finalizada la victoria de Perú sobre Escocia, por 3 a 1 —el 3 de junio en Córdoba—, el equipo británico causó conmoción, pero no por su juego, sino porque uno de sus delanteros, William McClure Johnston, más conocido como «Willie Johnston», dio positivo en el control antidóping. En la orina de Johnston se encontraron restos de un estimulante llamado fencamfamina, aunque el jugador negó haber consumido esa sustancia. «Estaba en la mejor forma de mi vida y no necesitaba ningún estimulante artificial. Ese partido (contra Perú) fue el peor de mi carrera internacional, de modo que no se puede decir que (la fencamfamina) mejoró mi rendimiento». Una versión aseguraba que Johnston concurrió al control en lugar de su compañero Archie Gemmill, quien había sido sorteado en primer término pero no pudo orinar por encontrarse deshidratado. Pero esta situación resulta poco creíble porque Gemmill apenas jugó 20 minutos —ingresó a los 70 por Don Masson— en una cancha en la que reinaba el crudo invierno cordobés. De todos modos, Johnston fue expulsado del Mundial y nunca más fue convocado para la selección escocesa. Por este incidente, un diputado laborista escocés, Dennis Canavan, solicitó una investigación oficial sobre el uso de las drogas en el deporte. Según Canavan, el «caso Johnston» contribuyó «a desprestigiar el futbol del país más aún que la lamentable actuación del equipo en Argentina».

Johnston era famoso por su mal comportamiento dentro del campo de juego (fue expulsado 22 veces en unos 400 partidos oficiales) y por otras insólitas actitudes. Una vez, jugando para Vancouver Whitecaps, de la liga de Canadá —debió exiliarse allí por dos años luego del escándalo por el dóping mundialista—, aceptó el vaso de cerveza de un hincha al acercarse a la tribuna para tirar un córner. Tras varios refrescantes sorbos, Johnston lanzó un preciso pelotazo que cayó en la cabeza de un compañero y terminó en gol.

Mejor solo que mal acompañado

El empate 1-1 ante Irán, el 7 de junio en el estadio Chateau Carreras de Córdoba fue tomado como una humillación por la prensa y los hinchas escoceses. Esta igualdad, ante un oponente de nula jerarquía, significó además la prematura eliminación de la escuadra británica, que ya había caído 3-1 con Perú en el primer encuentro del Grupo 4, tres días antes. Al día siguiente del duelo con el equipo persa, el entrenador escocés, Ally Mac Leod, enfrentó resignado a los periodistas de su país en una informal conferencia de prensa que se desarrolló en el parque del hotel de la ciudad cordobesa de Alta Gracia donde estaba alojada la delegación británica. Entre preguntas y respuestas, pasó por el jardín un sabueso «callejero», que se sentó junto a Mac Leod. Al advertir su presencia, el deprimido técnico señaló: «Mírenme ahora, sin un solo amigo en este mundo, solo con este perrito...». Casi sin dejar que terminara la frase, el animalito se incorporó, mordió al desventurado Mac Leod y se alejó jactancioso. Entonces, sí, el entrenador quedó más solo que un perro.

Policías atrapados

Días antes de la inauguración del torneo, unos 45 policías fueron detenidos en la ciudad de Córdoba. ¿El motivo? Integrar una organización de reventa de entradas para los partidos programados en el estadio Chateau Carreras de esa ciudad.

Borrachines

Los jugadores polacos llegaron a Buenos Aires con equipaje extra: 380 botellas de vodka. El técnico Jacek Gmoch les permitía a sus muchachos beber alcohol y fumar, «siempre dentro de los límites tolerables». Como la delegación polaca era de 35 personas, a cada jugador le correspondieron algo más de diez botellas de vodka para su estadía de un mes en Argentina. Un «límite tolerable» bastante discutible para un deportista profesional. Otros que le dieron duro al licor fueron los escoceses. El personal del hotel de Alta Gracia, Córdoba, donde estuvo concentrada la delegación británica, debió realizar horas extras para recoger la gran cantidad de botellas vacías de whisky y otras bebidas espirituosas dejadas por los futbolistas al abandonar el lugar.

Trabajo adicional

Los muchos años jugados en el club Barcelona de España obligaron al mediocampista Johannes Neeskens a asumir, al llegar a

Argentina, una pesada tarea adicional: ser el traductor del grupo. Por saber hablar en español, todos los periodistas recurrían a él, incluso para entrevistar a otros jugadores naranjas. Hasta que el bueno de Neeskens se hartó y dejó de concurrir a las largas y agotadoras conferencias de prensa. Al fin y al cabo, se había ganado la licencia, pues no se le había pagado un solo dólar por sus servicios de intérprete.

Otro jugador que tuvo una actividad paralela a la futbolística fue el austríaco Hans Pirkner, quien se desenvolvió como el monaguillo de su delegación. Pirkner asistió al sacerdote Frederic Petchel, quien había viajado especialmente con el grupo, en cada misa oficiada para brindar ayuda espiritual a los deportistas.

En el aire

Cuando el árbitro galés Clive Thomas señaló un tiro de esquina para Brasil, faltaban segundos para que finalizara el choque con Suecia que, ese 3 de julio, abría el grupo 3 en Mar del Plata. Thomas dio la orden, José Dirceu lanzó un centro y el talentoso volante Arthur Antunes Coimbra, «Zico», de cabeza, rompió la igualdad en uno. Todos los brasileños corrieron a abrazar a Zico, pero enseguida advirtieron que el referí no marcaba el centro del campo, ni había convalidado el gol. Cuando le preguntaron a Thomas qué había sancionado, el galés contestó que había pitado el final del juego con la pelota en el aire. Los sudamericanos protestaron, patalearon, suplicaron... pero el referí se mantuvo firme: no fue gol. Los brasileños dejaron la cancha echando maldiciones y acusando al hombre de negro de haber favorecido a los suecos. Para justificar su queja, aseguraron que, durante el segundo tiempo, Thomas se había tomado la testa en señal de lamento luego de un remate de Bo Larsson que pasó rozando el poste de Emerson Leão.

Fuerza de voluntad

El 14 de junio, en Córdoba, Holanda derrotaba a Austria 4 a 0 por el grupo A de la segunda ronda. A los 66 minutos, el defensor holandés Ernie Brandts pidió el cambio por un fuerte dolor muscular en una de sus pantorrillas. Los médicos revisaron a Brandts y determinaron que la molestia no se debía a una lesión, sino probablemente al stress psicológico que causaba la importante competencia en el joven, de 22 años. Al otro día, aunque el técnico Ernst Happel había dado un día de licencia a todo el plantel, Brandts se calzó el equipo de entrenamiento y salió a correr diez kilómetros por las sierras cordobesas para superar la dolencia que supuestamente su mente había provocado a sus músculos. La «automedicación» dio sus frutos y tres días después el defensor actuó a pleno los 90 minutos del segundo compromiso de su equipo, ante Alemania, que finalizó igualado en dos. La fortaleza mental de Brandts volvió a sobresalir durante el trascendental duelo con Italia, el 21 de junio en el estadio Monumental de Buenos Aires: a los 18 minutos el joven defensor anotó un gol en contra, pero en la segunda etapa se recuperó y marcó la igualdad a los cinco minutos. Holanda finalmente se impuso 2 a 1 —Arie Haan selló el score a los 75— y clasificó para la final con Argentina.

¿Ser o no ser?

El árbitro alemán Ferdinand Biwersi, quien dirigió el triunfo de España sobre Suecia, 1-0, fue elegido en su país como «deportista de la temporada 1977/78» por distintas asociaciones y medios especializados. Sin embargo, Biwersi rechazó la distinción por considerar que el referí «no es un deportista». «La labor de un árbitro no es deporte, ya que se limita a dirigir una competición deportiva. Por esto, me veo en la decisión de renunciar a dicho título», se excusó Biwersi a través de una carta.

Mano dura

Una semanas antes de viajar a Buenos Aires, el técnico brasileño Claudio Coutinho reunió a sus jugadores en la concentración de Tersépolis —a unos cien kilómetros de Río de Janeiro— y les entregó un «reglamento» con diecinueve prohibiciones efectivas hasta la final de la Copa. Entre las restricciones se destacaban el uso de barba y pelo largo, los juegos de azar, beber alcohol y fumar «antes o en el intervalo de los partidos». Coutinho privó a sus hombres de formular reivindicaciones económicas en público, criticar a los compañeros del equipo, usar el teléfono de la concentración para llamadas de larga distancia, intervenir en publicidades comerciales y, especialmente, quejarse por cualquier decisión de los árbitros o jueces de línea.

Regalón

Pocos meses después de haber participado en el Mundial, el árbitro escocés John Gordon —quien dirigió, entre otros, el sorprendente triunfo de Túnez sobre México, por 3 a 1, el 2 de junio en Rosario— tuvo una actuación muy polémica durante un partido de la Copa UEFA entre Milan de Italia y Spartak Sofia de Bulgaria jugado el 1° de noviembre en el estadio San Siro. La Unión de Federaciones Europeas de Futbol (UEFA) inició una investigación a raíz de los fallos de Gordon, que facilitaron claramente la victoria por 3 a 0 del conjunto local y su clasificación a la siguiente ronda, ya que había igualado en uno en el encuentro «de ida». Después de una profunda pesquisa, se descubrió que el referí había aceptado «demasiados regalos» de los directivos del club milanés, como corbatas, camisas, medias, zapatos de vestir y de futbol, camisetas deportivas y de entrenamiento para adultos y niños, camperas impermeables de hombre y mujer, prendedores de corbata y escudos de la institución lombarda, todo valuado en varios miles de dólares. Por esta irregularidad, Gordon fue suspendido por la Federación Escocesa de Futbol por tres años. El árbitro aceptó la sanción sin chistar… pero se negó a devolver sus queridos regalitos.

Teléfono

Cuando Alemania y Austria se presentaron en el Chateau Carreras de Córdoba, el 21 de junio, para cerrar el grupo semifinal A, sólo la escuadra germana tenía posibilidades de llegar a la final o, en su defecto, al partido por el tercer puesto. El encuentro había sido programado para la misma hora que Holanda-Italia, y los alemanes necesitaban un triunfo propio y un empate ajeno para acceder a la defensa de su título en la final. La victoria, además, aseguraba al menos la disputa de la medalla de bronce. Sus rivales, en tanto, ya estaban eliminados. Alemania se puso en ventaja a los 19 minutos con un gol de Karl-Heinz Rummenigge y se fue al descanso saboreando un posible final feliz, ya que los italianos ganaban por 1 a 0, y confiaban en que los naranjas alcanzarían la igualdad. Pero los partidos hay que jugarlos hasta el minuto 90 y, como afirma un dicho, «no hay que vender la piel antes de matar al oso». En el complemento, la cosa se complicó: primero, Austria empató a los 59 con un gol en contra de Berti Vogts y luego se adelantó en el marcador a través de su gran figura, Hans Krankl, a los 66. Los germanos lograron la igualdad a los 72 por medio de Bernd Hoelzenbein, pero a los 88, cuando pugnaban con desesperación por el triunfo, un contraataque letal de Krankl selló la victoria austríaca. Los alemanes quedaron furiosos con sus vecinos, que los habían dejado «innecesariamente» con las manos vacías. En venganza, un diario de Alemania publicó junto a la reseña del partido el número de teléfono de la casa de Krankl. El aparato no dejó de sonar durante varios días, para transmitir todo tipo de insultos y amenazas contra el goleador y su familia. Las intimidaciones generaron el ambiente ideal para que, pocos meses más tarde, el delantero aceptara una oferta del Barcelona y se mudara con toda su parentela a España.

Partido polémico

No hubo partido más polémico en esta Copa del Mundo que el que protagonizaron Argentina y Perú en la segunda ronda. La escuadra local se impuso por un amplísimo 6-0 y, gracias a la enorme diferencia de gol, clasificó para la final contra Holanda y mandó a Brasil a jugar por el tercer puesto con Italia. El notable rendimiento del equipo de César Menotti y el paupérrimo desempeño de los hombres conducidos por Marcos Calderón dieron lugar a bien fundadas sospechas. En primer lugar, porque Brasil-Polonia y Argentina-Perú no se jugaron a la misma hora: el primero se inició a las 16.45 en Mendoza, y el segundo a las 19.15 en Rosario. De esta forma, tras el triunfo de Brasil por 3 a 1 y un global a favor de 6-1, los argentinos, que antes de jugar tenían una diferencia de gol de 2-0, sabían que debían ganar por cuatro tantos de diferencia para acceder a la final. La delegación brasileña había presentado un planteo para que ambos encuentros se realizaran a la misma hora, que fue rechazado por la FIFA. Segundo, distintos medios de comunicación sugirieron que el arquero peruano Ramón Quiroga, nacido en Argentina, no se había esforzado demasiado ante sus compatriotas. Quiroga era rosarino, y había actuado para Rosario Central, en cuyo estadio se realizó el cuestionado match. Sus buenas actuaciones en el arco de Sporting Cristal de Lima lo llevaron a nacionalizarse peruano y vestir los colores nacionales. Al regresar a su país de adopción, el arquero envió a los diarios limeños una larga carta en la que se proclamaba inocente de haber recibido un soborno y explicaba las razones de la goleada en contra. Quienes sí reconocieron que hubo un «arreglo» fueron varios de sus compañeros, aunque siempre mediante confesiones «anónimas» a diferentes medios de comunicación.

Yeso

Al salir a la cancha para participar en la final, el volante visitante René Van de Kerkhof llevaba un yeso en su muñeca derecha. El capitán argentino, Daniel Passarella, le advirtió al árbitro italiano Sergio Gonella de la irregular situación. «Hasta que no se saque el yeso, esto no empieza», aseguró el capitán albiceleste. Y así fue: el médico holandés le quitó la valva de yeso al volante y le colocó otra plástica, mucho menos peligrosa en caso de un golpe o roce con un rival. Por este incidente, la final comenzó con ocho minutos de demora.

Don't worry, be Happel

El «milico» que custodiaba la puerta de acceso al salón de conferencias del «Monumental» se puso firme ante la llegada del extraño. «No puede pasar», le espetó con «cordial» sequedad castrense. «I am Happel», indicó el forastero, en un ríspido inglés. El cancerbero, duro, acercó su rostro a sólo dos centímetros de la nariz del extranjero que parecía querer pasarse de vivo: «¿Qué?», le inquirió. «I am Happel, please», rogó el extranjero, ya ruborizado. «¡Qué "please" ni "please"! —retrucó, más duro, el guardia—. Esto es una conferencia de prensa y sólo pasan Menotti, el director técnico de Holanda y los periodistas. ¡Fuera!», le ordenó. Happel, resignado, dio media vuelta y se retiró. El militar quedó orgulloso, regodeado con su soberbia labor. Los periodistas de todo el mundo, sin poder entrevistar al austríaco Ernst Happel, el director técnico de Holanda.

España 1982

En 1938, el Mundial de Francia se jugó al borde de la Segunda Guerra Mundial. En 1942 y 1946, ese conflicto bélico, que había tomado por completo a Europa y salpicado también al resto de los continentes, obligó a suspender la Copa hasta 1950. En la década del 40, la guerra le ganó al futbol. Pero en 1982, cuando España organizó la doceava edición mundialista, el futbol —o, quizás, el negocio del futbol— pudo más que la guerra. Nunca antes dos naciones habían participado, al mismo tiempo, de una contienda armada y de un Mundial. El 2 de abril de 1982, los jerarcas de la dictadura militar argentina decidieron invadir las Islas Malvinas, un archipiélago situado a unos 500 kilómetros al este de la Patagonia que desde mediados del siglo XIX constituía un territorio británico de ultramar. Argentina reclamaba —y todavía lo hace— las islas como propias, por considerar que se encuentran dentro de su plataforma marítima continental. El Reino Unido de Gran Bretaña no se quedó de brazos cruzados y envió todo su poderío guerrero al Atlántico Sur para recuperar las Malvinas. El enfrentamiento, que provocó más de novecientas muertes y dos mil heridos, se extendió hasta el 14 de junio, un día después del partido inaugural, que enfrentó a Argentina y Bélgica en Barcelona. Esa jornada, las fuerzas armadas argentinas se rindieron ante el poderío de su enemigo. En todo el mundo, numerosas voces se alzaron para pedir la desafección de uno y otro país de la Copa —en realidad, tres selecciones de Gran Bretaña habían llegado a España: Inglaterra, Escocia e Irlanda del Norte, por esa ventaja que en 1946 le otorgó la FIFA a las cuatro federaciones británicas de participar en forma separada—. Dos semanas antes del comienzo del campeonato, los militares a cargo del Gobierno del país sudamericano aseguraron que no existía «causa alguna para anular la participación de la selección argentina». El ex futbolista y entrenador Alfredo Di Stéfano dijo desde Madrid que «no es lógico que mientras unos se juegan la vida en las Malvinas, otros participen en el Mundial '82 para divertir a la gente». En Londres, un grupo de parlamentarios consideró que «el gobierno británico debería solicitar la expulsión de la selección argentina de futbol, campeona del mundo, de la fase final del Mundial '82». Un dato curioso tuvo que ver con las especulaciones formuladas por la prensa sobre eventuales suplencias: si Inglaterra, Escocia e Irlanda del Norte renunciaban a jugar el Mundial a causa del conflicto, estaba previsto que sus reemplazantes salieran de sus grupos eliminatorios europeos. Pero si lo hubiera hecho Argentina, defensor del título del '78, su suplencia hubiera recaído sobre Holanda, último subcampeón y cuarto en su zona clasificatoria detrás de Bélgica, Francia y la República de Irlanda. De todos modos, Argentina, Inglaterra, Escocia e Irlanda del Norte participaron de la Copa como si nada hubiese pasado en el Atlántico Sur. Bueno, en realidad, «casi», porque el gobierno británico censuró la transmisión del partido inaugural entre Argentina y Bélgica. Si hubieran sabido que los «diablos rojos» iban a dar el batacazo... En Buenos Aires, los canales 2 y 11, que habían anunciado la difusión del juego entre Inglaterra y Francia, sin previo aviso pasaron Alemania-Argelia.

Afortunadamente, Argentina no se cruzó en el certamen con ninguna de las selecciones del Reino Unido y el tema, en España, terminó en paz. En septiembre, dos meses después de finalizado el Mundial, el titular de la Asociación de Futbol inglesa, Bert Millchip, impulsó un encuentro amistoso con Argentina, al considerar que «no debe haber interferencias políticas en el deporte. Mantenemos vínculos deportivos con Argentina, pues Ricardo Villa, quien regresó a Tottenham Hotspur, fue bien recibido y es posible que también vuelva Osvaldo Ardiles (lo hizo, aunque lamentando la muerte de su primo, José Ardiles, de 32 años, un piloto de la Fuerza Aérea argentina que murió en una de las batallas en el archipiélago). Espero que para junio del año próximo las aguas hayan vuelto a su cauce». Sin embargo, por obvios desencuentros políticos, el partido nunca se disputó. El gran choque se produciría recién cuatro años más tarde, en México, pero ésa será otra historia. Una gran historia.

Fuera del contexto diplomático, se jugó al futbol e Italia fue un justo campeón, que desplegó un juego efectivo que se expandió de menor a mayor. En la primera ronda, el equipo peninsular no ganó ningún partido —empató sin goles con Polonia y a uno con Perú y Camerún—, pero en la segunda venció con autoridad a Argentina, 2-1, y a Brasil, en un partidazo apasionante, 3 a 2. Volvió a verse las caras con Polonia en semifinales, pero esta vez la venció 2-0. En la final, disputada ante Alemania en el estadio Santiago Bernabeu de Madrid, la escuadra «azzurra» tuvo un primer tiempo tibio, pero en la segunda mitad sacó una ventaja inmensa gracias a los tres goles anotados por Paolo Rossi, Marco Tardelli y Alessandro Altobelli. Paul Breitner —el único en marcar en dos finales no consecutivas, 1974 y 1982— consiguió el descuento a los 83 minutos, cuando ya no había forma de cambiar la historia.

El esquema del campeonato presentó dos novedades: se aumentó a 24 el número de equipos participantes y se modificó el sistema del cuadro, una vez más: se armaron seis grupos de cuatro selecciones, de los que clasificaron los dos primeros equipos para armar otras cuatro zonas de tres. El ganador de cada una clasificó para la semifinal. En esa instancia, en tanto, se incorporó por primera vez en el certamen la definición mediante tiros desde el punto del penal para desempatar. Alemania y Francia tuvieron el honor de inaugurar este método de desnivelación, luego de un empate a tres electrizante en 120 minutos. Los germanos se impusieron gracias a las atajadas de su arquero, Harald Schumacher, y pasaron a la final.

Un hecho destacado constituyó la aplastante victoria de Hungría sobre El Salvador, por 10 a 1, la mayor goleada de la historia de los Mundiales —si bien no superó en número de tantos al choque Austria 7 - Suiza 5 de Suiza '54—. Laszlo Kiss, quien ingresó a los 55 minutos por Andras Torocsik, se convirtió en el primer jugador suplente en anotar tres tantos en un partido. Increíblemente, a pesar de este logro, la escuadra magiar no pasó la primera ronda.

El abuelo y el nieto: el arquero italiano Dino Zoff se consagró como el futbolista campeón más viejo de la historia, con 40 años y 4 meses el día de la final, el 11 de julio. El norirlandés Norman Whiteside, en el otro extremo, se convirtió en el jugador más joven en actuar en una Copa, al enfrentar a Yugoslavia a la edad de 17 años y 41 días el 17 de junio.

El defensor italiano Antonio Cabrini erró un penal en la final, situación que jamás había sucedido ni se repitió, exceptuando obviamente las definiciones desde los once metros de 1994 y 2006. Al momento de desviar su remate, el encuentro estaba con el marcador en blanco. Duro de matar: el belga Wilfried Van Moer, de 37 años, quien ya había participado de un Mundial en México '70, llegó a España luego de recuperarse de cuatro fracturas a lo largo de su carrera.

Gol inaugural

Cuando comenzó el encuentro entre Argentina, defensor del título de 1978, y Bélgica, los partidos inaugurales de la Copa llevaban cinco ediciones sin goles. Después de la victoria de Chile ante Suiza por 3 a 1, en 1962, el marcador en blanco se repitió consecutivamente entre Inglaterra y Uruguay en 1966, México y Unión Soviética en 1970, Brasil y Yugoslavia (por primera vez el campeón anterior tuvo el honor de dar el puntapié inicial del torneo) en 1974, y Alemania y Polonia en 1978. El 13 de junio, en el Camp Nou de Barcelona, el delantero belga Erwin Vandenbergh cortó la racha al superar con un derechazo al arquero argentino Ubaldo Fillol, a los 62 minutos. Con ese tanto, el único del match, Argentina fue el primer campeón derrotado en su debut de la siguiente edición desde 1950, cuando Italia, monarca en 1938, perdió ante Suecia por 3 a 2.

Garito

A fin de entretenerse durante las horas de concentración, los alemanes armaron una suerte de casino clandestino en una de las habitaciones. Todos los días, en sus horas libres, Uwe Reinders, Karl-Heinz Rummenigge, Paul Breitner y Hansi Müller disputaban arduas partidas de poker, de las que ocasionalmente participaban también otros futbolistas. Según pudieron averiguar algunos periodistas, el más perjudicado por el azar fue Müller, quien se fue de España con unos diez mil dólares menos. Otro que perdió bastante fue Breitner, quien, de acuerdo con las versiones «extraoficiales», dejó unos cinco mil dólares sobre la mesa de juego. El gran ganador de la sala de juegos germana fue Uwe Reinders, a quien por única vez le sonrió la fortuna. El delantero del Werder Bremen era un jugador compulsivo que había perdido el año anterior más de cien mil dólares en la ruleta de un casino. Para cubrir la deuda, su club le descontaba cada mes gran parte de su salario, y lo depositaba en las cuentas bancarias de sus acreedores.

Robo a gran escala

La prensa chilena informó que, cuando su selección llegó a Madrid, varios de los integrantes de la delegación habían sufrido el robo de dinero, ropa y otros objetos de valor. El diario *La Tercera* tituló en primera página: «Robo de película a la selección chilena». En el artículo se indicó que el vuelo de la empresa Iberia que trasladó a los jugadores estaba completo, por lo que los deportistas debieron mandar a la bodega sus bolsos de mano, junto con el resto del equipaje. Al arribar al aeropuerto de Barajas, los muchachos chilenos descubrieron con sorpresa que faltaban cámaras fotográficas, afeitadoras y otros elementos. El delantero Juan Carlos Letelier denunció la pérdida de 3.500 dólares. Los dirigentes se cuidaron muy bien de no efectuar denuncias sin pruebas, pero llamó la atención que resaltaran constantemente que el vuelo entre Santiago y Madrid había tenido una escala: Buenos Aires.

Plan de vuelo

Los argelinos llegaron a España en un avión alquilado que había despegado de Argel sin plan de vuelo. Al sobrevolar el territorio español sin autorización, el viejo Hércules a hélice en el que viajaba la delegación africana causó alarma a la fuerza aérea ibérica. Cuando la nave aterrizó en Oviedo, fue objeto de una intensa inspección por parte de las autoridades locales. Superado el incidente, cuando la delegación arribó al hotel Campulotu, lo primero que hicieron los jugadores, como buenos musulmanes, fue retirar de sus habitaciones todos los crucifijos y objetos con símbolos referentes a la religión católica.

El que no salta es un camello

Los jugadores kuwaitíes ingresaron de muy mal humor al estadio José Zorrilla de Valladolid, donde el 17 de junio enfrentaron a Checoslovaquia. Los muchachos habían pretendido salir a la cancha con su mascota, pero los organizadores se habían negado rotundamente. «Se queda fuera», fue la tajante respuesta. El incidente no pasó a mayores porque, finalmente, Kuwait y Checoslovaquia igualaron en un gol, un resultado harto positivo para los asiáticos. Seguro que, si perdían, los kuwaitíes hubieran responsabilizado por la desgracia a quienes obligaron al amuleto, un enorme camello, a permanecer cerca del estacionamiento durante las casi dos horas de juego. Acostumbrado al calor del desierto, el jorobado animalito aguantó estoicamente al rayo del sol hasta que los jugadores salieron y le alcanzaron un fresco balde de agua.

Campeón sin pasta

Italia tuvo pasta de campeón... y casi le faltó pasta para alimentarse. Ocurrió que la aduana de Barcelona no permitió el ingreso de la gran cantidad de paquetes de fideos que los peninsulares habían llevado consigo desde Nápoles. Al llegar la delegación a la provincia gallega de Pontevedra, donde se instaló el búnker de los futuros campeones, su cocinero, de apellido Lorini, debió concurrir a un supermercado para abastecerse de tallarines, alimento principal de los italianos. El chef no precisó llevar demasiado dinero: los jamones, quesos y aceites de oliva importados por la delegación «azzurra» no sufrieron la misma restricción que los tallarines.

Sheik

Restaban sólo diez minutos para el final del encuentro en el que Francia derrotaba con comodidad a Kuwait, 3 a 1, válido por el grupo 4, cuando el mediocampista galo Alain Giresse recibió un delicioso pase del gran Michel Platini, pasó como una ráfaga entre defensores estáticos como árboles y, con un toque fino, colocó la pelota en uno de los rincones del arco defendido por Ahmad Al-Tarabolsi. Mientras los franceses celebraban el feliz desenlace de la magistral jugada, los once kuwaitíes se abalanzaron sobre el ucraniano Miroslav Stupar, el árbitro del partido, para reclamar que los zagueros dejaron escapar al pequeño y veloz Giresse confundidos por un irrespetuoso silbato, de idéntico timbre que el del referí, que sonó en la tribuna. En medio de los forcejeos, el titular de la delegación asiática, Al-Sheik Fahad Al-Sabah (presidente de la federación de futbol y del Comité Olímpico de su país, además de hermano del jefe de Estado del pequeño pero riquísimo país petrolero) ingresó al campo de juego, acompañado por sus fornidos guardaespaldas, se mezcló entre los enfurecidos futbolistas y amenazó a Stupar con su daga. ¿Resultado? El juez anuló el gol y señaló un «pique» para reanudar el partido, que terminó 4-1, gracias al tanto conseguido por Maxime Bossis en el último minuto. ¿Los franceses? Volaban de la bronca: el técnico Michel Hidalgo se retiró encolerizado a los vestuarios después de la anulación del tanto, no se presentó en la conferencia de prensa y amenazó con retirar a su equipo de la competencia. ¿El árbitro? Después de ser zamarreado como un muñeco de estopa por todo el plantel asiático sólo amonestó al volante árabe Fathi Marzouq. La poca personalidad de Stupar fue advertida por los organizadores del torneo y no volvió a ser convocado para dirigir otro encuentro. ¿El sheik? Quiso continuar su cuento de las *Mil y una noches* en el vestuario francés, pero los delegados de la FIFA se lo prohibieron. «La mafia es pequeña al lado de la FIFA. No me importan las sanciones. Yo me iré y otro cubrirá mi puesto. Yo no obligué al árbitro a anular el gol, él lo hizo porque estaba convencido», fueron sus palabras antes de abandonar para siempre el estadio José Zorrilla de Valladolid.

Escándalo

El 25 de junio, Alemania y Austria protagonizaron uno de los partidos más repudiables de la historia de los Mundiales. La vergonzosa situación se originó en la sorpresiva victoria de Argelia por 2-1 sobre Alemania, el 16 de junio en Gijón en la apertura del grupo 2 de la primera ronda. Con el correr de los encuentros, alemanes y austríacos debían cerrar la fase el 25, un día después del triunfo de Argelia sobre Chile, cuarto integrante del grupo. Al salir a la cancha, Austria y Argelia lideraban la zona con cuatro puntos —los europeos con tres goles a favor y cero en contra, y los africanos con cinco a favor y cinco en contra, con sus tres partidos jugados—. Para clasificar para la siguiente ronda, a Alemania, que había derrotado a Chile, le alcanzaba con una victoria por 1 a 0 sobre Austria. Con ese resultado los austríacos también pasaban a la siguiente ronda y Argelia quedaba fuera. Lo que ocurrió dentro del campo de juego esa tarde fue una falta de respeto al público, a los argelinos, a la FIFA y al futbol mundial. Los austríacos —tal vez como «disculpa» por haber eliminado a los germanos en Argentina '78— permitieron que el alemán Horst Hrubesch anotara el único tanto del partido a los diez minutos. A partir de allí, los dos equipos coprotagonizaron una farsa a la que los arcos y las áreas no fueron invitados. Luego de dejar correr el reloj, las dos selecciones europeas consiguieron su objetivo y los pobres africanos debieron volver a casa. El arreglo fue tan grosero que un diario de Gijón publicó su crónica deportiva en la sección de policiales. El periódico alemán *Bild* tituló «Pasamos, pero qué vergüenza». Para *Der Spiegel*, «Alemania y Austria se burlaron del público». Todos los matutinos del mundo publicaron fotos de hinchas argelinos en la tribuna, mostrando billetes españoles para señalar que el partido había sido «arreglado». El técnico alemán, Jupp Derwall, negó que haya existido un acuerdo y aseguró que sus jugadores estuvieron ochenta minutos sin pisar el campo rival «para evitar un empate que hubiera sido fatal». Más bochornosa fue la explicación del entrenador austríaco, Georg Schmidt: «En el entretiempo decidimos mantener el uno a cero porque nos bastaba para clasificarnos». Para Argelia, al menos, hubo un consuelo. Ésa fue la última vez que los últimos dos partidos de una misma zona se programaron en horarios diferentes.

Dos menos

La delegación de El Salvador llegó a España el 9 de junio con solamente veinte jugadores, a pesar de que el reglamento de la competencia permitía alistar a veintidós. En la primera conferencia de prensa que brindó en el hotel donde se alojó el equipo, en la ciudad de Torrevieja, al sur de Alicante, el técnico Mauricio Rodríguez Lindo fue muy sincero: «Vinimos con sólo 20 jugadores simplemente por dificultades económicas, no hay otro motivo». El Salvador no solamente perdió sus tres encuentros del grupo 3, sino que fue el protagonista «negativo» de la mayor goleada de la historia de los Mundiales, 10-1, ante Hungría.

Entre copas

El 18 de junio, en medio del choque entre Italia y Perú en el estadio Balaidos de Vigo, el fornido defensor andino José Velásquez se llevó por delante, de modo accidental, al árbitro alemán Walter Eschweiler. Tan duro fue el golpe que el juez no podía levantarse, mientras Velásquez lo miraba sin ser capaz de extender su mano para ayudarlo. Al terminar el encuentro, que terminó igualado a uno, se le preguntó al defensor peruano por qué había tenido tal actitud: «Estaba cobrando mucho en contra de Perú. Como no tenía obligación de levantarlo, no lo hice», fue su respuesta. Ácida, pero honesta al fin.

Pero el «caso Eschweiler» no terminó allí: cuando un grupo de periodistas regresó al hotel México de Vigo, una empleada del establecimiento les preguntó cómo había actuado el referí, que también se alojaba allí. Los cronistas le respondieron «mal», a lo que la mujer agregó: «Hombre, como para dirigir bien: cuatro horas antes del partido, durante el almuerzo, bebió no menos de tres litros de vino él solo».

Cholulo

Una semana después de la derrota argentina en el partido inaugural, causó sorpresa que el arquero belga Jean-Marie Pfaff se presentara en el hotel Montiboli de Villajoyosa, Alicante, donde concentraba la delegación albiceleste. Pfaff había llegado en un automóvil particular desde Elche —ciudad donde se alojaba la selección de Bélgica, situada a unos ochenta kilómetros de allí—, y al presentarse ante uno de los directivos argentinos explicó que quería «cumplir uno de los sueños de mi vida: fotografiarme junto a Diego Maradona». «Es un extraordinario jugador, el mejor del mundo. Al menos, quisiera estrechar su mano», indicó el arquero. Luego de esperar media hora en la recepción, Pfaff fue autorizado a pasar a uno de los salones. Quince minutos más tarde, el guardameta salió exultante por haber cumplido su anhelo, pero más porque se llevaba, como souvenir, una camiseta autografiada por el «diez» argentino. Cuatro años después, intercambiaría su casaca con el mismo Maradona, al finalizar la semi que Argentina ganó 2-0 en el estadio Azteca de México.

Topetazo

El duelo entre Alemania y Francia por las semifinales, el 8 de julio en Sevilla, fue probablemente el mejor partido de la Copa, junto al que en cuartos protagonizaron Brasil e Italia. El encuentro fue vertiginoso, de «ida y vuelta», con goles para todos los gustos. Los germanos abrieron el marcador a los 17 minutos por intermedio de Pierre Littbarski, pero a los 26 igualó la estrella gala Michel Platini, de penal. Los noventa minutos finalizaron sin modificaciones en el score, por lo que se debió jugar tiempo extra. En la primera mitad, Francia se puso 3 a 1 —tantos de Marius Tresor a los 92 y Alain Giresse a los 98—, lo que hacía prever que el equipo «bleu» llegaría a su primera final. Sin embargo, una vez más, llegó el milagro alemán: Karl-Heinz Rummenigge a los 102 y Klaus Fischer, con una espectacular chilena, sellaron la igualdad y dieron nacimiento a la primera definición mundialista mediante disparos desde el punto del penal. En la frenética serie, el arquero Harald Schumacher atajó dos penales (el último a Maxime Bossis) y se transformó en héroe. Pero en Francia fue declarado «enemigo público número uno» y no precisamente por su eficacia bajo los tres palos. A los 60 minutos, cuando el juego estaba todavía 1 a 1, el defensor Patrick Battiston, en un rápido contraataque, quedó «mano a mano» con el portero rival. Dentro del área, el francés tiró la pelota por un costado, pero no llegó a eludir al arquero: Schumacher lo derribó con un violento y artero topetazo. Tan violento, que Battiston quedó inconsciente sobre el césped y de inmediato fue llevado de urgencia a un hospital cercano. Era penal y expulsión de Schumacher, como mínimo. Para el árbitro holandés Charles Corver, sólo «saque de arco». «Todo el mundo lo vio: los jugadores, los espectadores... menos el referí», se quejó ante la prensa Giresse luego del encuentro. El arquero nunca se acercó a ver qué ocurría con su colega —que en el choque había perdido varios dientes—, y hasta se animó a burlarse de los hinchas franceses que, detrás de su arco, manifestaban su fastidio. Finalizado el match, cuando los periodistas le informaron el grave cuadro sufrido por el defensor galo, Schumacher, sin inmutarse, disparó con acidez: «Que no se haga problemas: yo le pago la dentadura nueva».

A la hora no señalada

Las entradas para la semifinal entre Italia y Polonia, disputada en el Camp Nou de Barcelona el 8 de julio, tenían un error de impresión: en el ticket se indicaba que el partido empezaba a las 21, pero en realidad había sido programado para las 17.15. Cuando los organizadores advirtieron el problema, pocas horas antes del pitazo inicial, debieron enviar comunicados a todas las radios para alertar a los espectadores. Por tratarse de un encuentro entre dos selecciones extranjeras, se dispuso además la colocación de carteles en italiano y polaco en los principales hoteles para alertar a los hinchas.

Campeón, goleador y figura

El goleador italiano Paolo Rossi no iba a intervenir en el Mundial '82. El delantero, figura del Perugia de la «Serie A», había sido hallado culpable en 1980 de haber «arreglado» algunos encuentros a pedido de la mafia que controlaba el negocio de las apuestas deportivas ilegales. Rossi fue suspendido por dos años, y su sanción expiró apenas dos meses antes del Mundial. Aunque el goleador había perdido ritmo de competencia, el técnico Enzo Bearzot decidió apostar por «Pablito» para armar su ataque. En la primera ronda, Rossi exhibió un nivel muy bajo, lo que provocó fuertes críticas para su desempeño y también para su padrino. Italia se clasificó para la segunda etapa casi de milagro, sin triunfos y con solamente un gol más que Camerún. En esa instancia, el delantero toscano pareció más despierto ante Argentina y terminó de explotar frente al poderoso Brasil, al que le marcó tres goles. Rossi volvió a ser imparable en la semifinal de Barcelona —le hizo dos a Polonia— y en la final, en Madrid, abrió el camino de la consagración «azzurra» a los 57 minutos. Rossi encontró la red en sólo tres de los siete partidos que jugó su equipo, pero en el momento que más se lo necesitaba. El vendaval de goles, fundamental para que Italia ganara el título, no sólo consagró a Paolo como el máximo artillero del torneo, sino también como ganador del «Balón de Oro» al mejor jugador. Campeón, goleador y figura, tres títulos que nunca se habían fundido en una sola persona, recayeron sobre Rossi, honor que no volvió a repetirse en la Copa del Mundo.

Victoria amarga

Luego de la vuelta olímpica, los festejos y el champagne, los futbolistas italianos debieron soportar un mal sabor a raíz de una investigación judicial encarada por un fiscal milanés. El funcionario, Alfonso Marra, procesó a los veintidós campeones y ordenó que se les retirasen los pasaportes, tras acusarlos de haber introducido divisas extranjeras en Italia de forma ilegal. Marra inició la causa luego de interrogar al ex secretario general de la Federación Italiana de Futbol, Darío Borgogno, quien admitió que los jugadores habían recibido un premio en dólares de parte de la firma de ropa deportiva francesa Le Coq Sportif, que vestía a la escuadra «azzurra». Esa recompensa no había sido declarada al llegar al país de regreso de España. Los futbolistas habían viajado a Roma junto al presidente de la República, Sandro Pertini, en su propio avión oficial. Las fotos de la época mostraron al gobernante jugando a las cartas con el mediocampista Franco Causio, el arquero y capitán Dino Zoff, y el entrenador Enzo Bearzot, en una cómoda mesa de la aeronave. Uno de los diarios italianos tituló la noticia de la causa judicial «Bajo la nariz de Pertini», y precisó que los campeones llevaron en sus valijas unos 350 mil dólares correspondientes a un pago «en negro» de Le Coq Sportif. Como en ese entonces la Unión Europea no funcionaba aún como un área de libre tránsito, los deportistas debieron declarar el premio en efectivo al pasar por la aduana del aeropuerto Leonardo da Vinci de Fiumicino, en las afueras de Roma. La decisión judicial alarmó a varios de los jugadores, que sin pasaportes se veían impedidos de participar de torneos europeos. Pero, antes de que Marra llegara a condenar a alguno de los procesados, el Parlamento italiano modificó las leyes hasta entonces vigentes en materia de importación de divisas extranjeras, e incrementó sus montos. Como el dinero que le correspondió a cada jugador, una vez repartido el premio, quedó por debajo del límite máximo permitido, la causa pasó al olvido.

México 1986

Nunca antes la actuación de un jugador había sido tan descollante en la Copa del Mundo como la de Diego Maradona en México '86. En un deporte que se caracteriza por el juego colectivo, la selección argentina conducida por Carlos Bilardo quedó en la historia
como un equipo integrado «por Maradona y diez más». Pelé tuvo
como mosqueteros a Garrincha, Vavá, Jairzinho o Tostão. De hecho,
Brasil fue campeón en Chile '62 casi sin el «Rey», que apenas jugó
los dos primeros partidos en esa Copa. Diego no sólo fue el capitán
y conductor de su conjunto, sino su goleador: cuando al combinado
albiceleste se le negaba la llegada al arco, Maradona tomaba el balón
y, solito, eludía a medio equipo rival para alcanzar el preciado gol.
Lo hizo ante Inglaterra, repitió con Bélgica, y casi triplica ante Alemania, si no hubiera sido detenido con falta tras ser rodeado por
cuatro rivales. Diego fue la cabeza, los pies y hasta la mano del
equipo. «La mano de Dios», su famosa jugada ante los ingleses con
la que obtuvo, en forma fraudulenta, el primer gol argentino de ese
encuentro, opacó, según la visión de sus detractores, la maravillosa
gambeta que, minutos después, dejó desparramada a más de media
selección británica.

La edición trece de la Copa no fue solamente la gambeta y la mano
de Maradona: para muchos, el de México fue el último Mundial donde
se pudieron disfrutar muchos grandes partidos: Brasil 1 - Francia 1
(los europeos se impusieron por penales), Bélgica 4 - Unión Soviética 3,
España 5 - Dinamarca 1, Argentina 2 - Inglaterra 1, Bélgica 1 - España 1
(pasaron los belgas por penales), y la final, Argentina 3 - Alemania 2,
son sólo un puñado de ellos. Lo curioso fue que todos estos muy buenos espectáculos se desarrollaron en medio de un agobiante calor.
Como en 1970, la mayor parte de los encuentros se programó para

el mediodía, en una zona muy ardiente, y más en verano, para favorecer a la televisión europea.

En este torneo se cambió por octava vez el fixture: se dispusieron seis zonas de cuatro equipos. Para la segunda ronda —un cuadro a partir de octavos de final con eliminación directa— clasificaron los dos primeros de cada grupo, y los cuatro mejores terceros. Gracias a ello, equipos como Bulgaria o Uruguay pasaron de ronda sin ganar y con solamente dos empates en su cosecha.

La Copa tuvo, como no podía ser de otra manera, otros hechos extravagantes: el uruguayo José Batista quedó en la historia por haber visto la tarjeta roja a solamente 53 segundos de iniciado el partido que su equipo jugó con Escocia por el grupo E. El referí francés Joel Quiniou posiblemente se apresuró al despachar a Batista, un defensor que en Argentina desplegó una trayectoria tan extensa como correcta. En tanto, el paraguayo Cayetano Ré se convirtió en el primer técnico expulsado en una Copa del Mundo. Ré fue enviado al vestuario antes de tiempo en el juego ante Bélgica, el 11 de junio por el grupo B, después de quebrar con sus quejas e insultos la tolerancia del árbitro búlgaro Bogdan Dotchev.

México por Colombia

Cuando finalizó el Mundial '82, la FIFA daba por seguro que la siguiente edición tendría lugar en Colombia. Pero el 26 de octubre de 1982, el presidente del país sudamericano, Belisario Betancur, anunció que Colombia no estaba en condiciones económicas para organizar el torneo. El mandatario destacó que su país había sido designado sede ocho años antes, cuando en la Copa intervenían 16 equipos, pero con el aumento a 24 participantes en el campeonato de España se necesitaban diez grandes estadios y Colombia no disponía de ellos. Tras la dimisión, el presidente de la Confederación Norte, Centroamericana y del Caribe de Futbol (CONCACAF), Joaquín Soria Terrazas, postuló en diciembre de ese año a México, que ya había sido sede doce años antes, para pelear junto a Estados Unidos y Canadá. Tal vez por la amistad del presidente de la FIFA, João Havelange, con el empresario azteca Guillermo Cañedo —vicepresidente de la FIFA y directivo del gigante televisivo Televisa—, en el congreso de Estocolmo del 19 de mayo de 1983 México se convirtió en el primer país organizador de dos Mundiales. Si bien en la arena política pareció que los aztecas ganaron con facilidad la pulseada, las consecuencias fueron fuertes críticas desde los cinco continentes. Hubo quejas por la «repetición» de México en desmedro de otros países que nunca habían sido sede, como Estados Unidos y Canadá. Hasta los jugadores y los entrenadores hicieron oír su voz de disconformidad por el agobiante clima que enmarcó cada match. Mas el calor no fue la única intromisión de la naturaleza: en septiembre de 1985, a menos de un año del puntapié inicial, un violento terremoto sacudió todo el país, en especial el Distrito Federal, su capital. El feroz estremecimiento telúrico mató a unas diez mil personas —cómputos extraoficiales hablaron de hasta cuarenta mil— y destruyó cientos de viviendas y edificios en el centro, sur y oeste del país. Pero así como el calor no agobió la magia de los protagonistas, el terremoto tampoco pudo detener el andar de la pelota. Milagrosamente, los doce estadios afectados a la competencia resultaron intactos.

Corazonada

Gales se imponía por 1 a 0 en el estadio Ninian Park de Cardiff, el 10 de septiembre de 1985, y la selección de Escocia se quedaba definitivamente fuera del Mundial. El gol del «diez» de Manchester United, Mark Hughes, clasificaba a los locales como segundos del grupo 7 —detrás de España— y les permitía acceder al repechaje con Australia, primero de la zona Oceanía-Israel. Frente al sombrío panorama, el entrenador escocés, Jock Stein, se jugó con un último cambio: a los 61 minutos envió a la cancha a David «Davie» Cooper en lugar de Gordon Strachan. Nueve minutos antes del final, cuando todo parecía cocinado, penal para Escocia. Cooper, quien todavía no había entrado demasiado en juego, pidió el balón, lo puso sobre la marca de los once metros y, tras una breve carrera, sacó un suave disparo que engañó al arquero galés Neville Southall, que se arrojó hacia el otro lado. Escocia mantuvo la igualdad y ganó el derecho de disputar con Australia un lugar en México, en un final no apto para cardíacos. Literalmente: con el pitazo que bajó el telón, Stein, emocionado, se tomó el pecho y cayó junto al banco de suplentes. El entrenador fue llevado a una camilla del vestuario visitante, sobre la que murió minutos después. Stein había acuñado una famosa frase: «Todo técnico muere un poco en cada partido». Él murió del todo.

Para enfrentar a Australia, la asociación nacional decidió convocar al joven entrenador de Aberdeen, Alex Ferguson, quien había logrado el milagro de sacar a su equipo bicampeón de la Liga 1983/84 y 1984/85 ante las narices de Rangers y Celtic, los dos grandes del país. De la mano de Ferguson —quien luego sería multicampeón con Manchester United—, Escocia se clasificó para México tras ganar 2 a 0 el 20 de noviembre de 1985 en el estadio Hampden Park de Glasgow, e igualar en cero el 4 de diciembre en el olímpico de Melbourne. Ya en la Copa, Escocia no hizo demasiado en el llamado «grupo de la muerte»: quedó en último lugar detrás de Dinamarca, Alemania y Uruguay. Pero la historia no finalizó allí: Cooper, el héroe de Cardiff el día del deceso de Stein, también falleció en una cancha. Fue el 23 de marzo de 1995, al sufrir un derrame cerebral en el Broadwood Stadium de la ciudad de Cumbernauld, donde observaba una práctica de juveniles. Tenía 39 años.

¿Tanto lío para eso?

Cuando se cumplió el minuto 59 del encuentro que Irlanda y Dinamarca protagonizaban el 13 de noviembre de 1985 en el estadio Lansdowne Road de Dublin, el entrenador visitante Sepp Piontek ordenó el cambio del mediocampista Soren Lerby por Jens Bertelsen. El volante no había sufrido ninguna lesión, ni estaba jugando mal: Piontek, feliz con el triunfo 3-1 que aseguraba el primer lugar del grupo 6 y una vacante en el Mundial, algo que nunca había conseguido Dinamarca en toda su historia, quería cumplir con su palabra empeñada al director deportivo de Bayern München, Uli Hoeness. El club bávaro había solicitado al entrenador su permiso para que el jugador participara, ese mismo día, de un encuentro por la Copa de Alemania en Bochum. Debido a la amplia diferencia horaria entre los dos partidos —el internacional se inició a las 13, y el de Bayern con Bochum, a las 20—, Lerby pudo contribuir a la victoria de su selección (en realidad, el marcador terminó más amplio: 4-1), darse una ducha rápida y partir en auto junto a Hoeness hacia el aeropuerto de Dublin, escoltados por una motocicleta de la policía irlandesa. El jugador y el dirigente viajaron en un vuelo privado a Düsseldorf, y al aterrizar —una hora antes del pitazo inicial del segundo match— subieron a otro auto para cubrir rápidamente los casi cincuenta kilómetros que los separaban de Bochum. Mas el destino quiso que un embotellamiento de tránsito detuviera la marcha a solamente dos kilómetros del Ruhrstadion. Con apenas un puñado de minutos a favor, Lerby no tuvo más opción que bajar del vehículo y correr hacia el estadio, al que arribó con un margen de apenas segundos para ponerse la camiseta roja, mientras sus compañeros lo esperaban en la boca del túnel. Sin embargo, tanto esfuerzo fue en vano para el pobre dinamarqués: el entrenador Udo

Latek le comunicó que lo sentaría en el banco. Finalmente, Lerby jugó apenas unos minutos del segundo tiempo, que no alcanzaron para quebrar un duro empate en uno. Cinco días después, en la revancha en Munich, y con Lerby desde el inicio, Bayern se impuso 2-0. Ese triunfo sirvió como piedra basal para que el club muniqués ganara esa temporada la Copa de Alemania.

Espera telefónica

El entrenador canadiense, Tony Waiters, tuvo muchísimos problemas para armar su equipo. Primero, porque a causa de las heladas condiciones climáticas de su país, el futbol «once» casi no se practica, de modo que no hay muchos futbolistas para seleccionar. Ocho de los convocados se desempeñaban en realidad como jugadores de futbol-5, especialidad que se realiza bajo techo. Otros provenían de ligas extranjeras: Estados Unidos, Suiza y Bélgica. Así y todo, Waiters no llegó a juntar los 22 que podía llevar a México, sino apenas 18. La lista se completó, pero con cuatro muchachos que quedaron en su país, pegaditos al teléfono porque, en caso de alguna emergencia, podían ser convocados de urgencia. No obstante, no fue necesario levantar el tubo, pues la estadía canadiense en México fue muy corta. La escuadra norteamericana perdió sus tres partidos del grupo C —ante Francia, Hungría y la Unión Soviética— y se despidió sin marcar un solo gol.

Una «colaboración», por favor

Pocos días antes del comienzo de la Copa, Bulgaria y Uruguay disputaron un encuentro amistoso para ultimar detalles para la competencia. Dirigentes de ambos equipos habían acordado que el partido se realizara «a puertas cerradas» y se pidió colaboración a la policía para evitar la entrada de público. Mas el pedido resultó infructuoso, porque la gente llenó, de todos modos, las tribunas. Es más, debería decirse que haber alertado a la policía fue «contraproducente», porque fueron los propios uniformados los que dejaron pasar a la gente... previo pago de unos pesos que ese día engrosaron los bolsillos de sus uniformes.

Reacción húmeda

El jugador iraquí Hanna Basil fue duramente sancionado por la FIFA por escupir al árbitro del encuentro ante Bélgica. El incidente se produjo a los 52 minutos, con los belgas arriba en el marcador por 2 a 0, cuando Basil le aplicó una fuerte patada a un rival. El referí colombiano Jesús Díaz Palacio amonestó al volante asiático, pero éste, en respuesta, salivó sobre la cara del hombre de negro. Por esta acción descomedida, Basil fue suspendido por un año.

Goleada justificada

Según el cuerpo técnico uruguayo, la abrumadora goleada sufrida ante Dinamarca por 6 a 1, el 8 de junio en Neza, tuvo una explicación: casi todos los jugadores habían sufrido pocos días antes una epidemia de enterocolitis provocada por algo que habían comido o bebido. Los médicos del plantel debieron trabajar denodadamente para combatir la enfermedad, que no dejó a los futbolistas en sus mejores condiciones. Uno de los que más sufrió la descompostura fue el defensor José Batista, cuya intervención estuvo en duda hasta pocas horas antes del partido.

Vuelta nudista

A mal tiempo, buena cara... o buena cola, deben haber pensado los jugadores escoceses luego de empatar sin goles con Uruguay y quedar fuera de la Copa. Sin hacerse demasiados problemas por la eliminación —a pesar de haber jugado todo el partido con un hombre de más, por la expulsión de Batista—, los muchachos abandonaron el estadio y se fueron al hotel de la ciudad de Nezahualcóyotl a ahogar sus penas en whisky y cerveza. Bien cargados de alcohol, los escoceses decidieron que, no obstante el traspié deportivo, merecían de todos modos dar una «vuelta olímpica». Y así lo hicieron, despojados por completo de ropa. Los borrachines extendieron su «festejo» por todas las instalaciones del hotel, mostrando sus atributos masculinos a cuanta mujer se cruzara por su camino.

Gemelos

A los 67 minutos del partido que protagonizaban Inglaterra y Marruecos en el estadio Tecnológico de Monterrey, se produjo un hecho insólito: el técnico británico Bobby Robson efectuó un cambio y en la cancha hubo dos «Gary Stevens». Uno —que ingresó por Mark Hateley— se llamaba «Gary Andrew Stevens», jugaba en el medio-campo y militaba en las filas de Tottenham Hotspur. El otro, defensor titular que actuó en todos los encuentros de Inglaterra en la Copa, provenía de Everton. Este futbolista había sido bautizado «Michael Gary Stevens», pero no utilizaba su primer nombre desde pequeño, debido a que así se llamaba también su padre. Esta situación, complicada para los relatores, se repitió en el Azteca de México D.F. a los 58 minutos de Inglaterra-Paraguay. Para generar más confusión en los periodistas, en ese momento también actuaba en el equipo británico un «primo», Trevor Steven.

Problemas en portugués

Los planteles de Brasil y Portugal estuvieron enfrentados con los directivos de sus respectivas asociaciones. Por un lado, los sudamericanos fueron obligados a no formular declaraciones a la prensa, luego de que Sócrates, en una entrevista a un periódico, acusara a la FIFA de «organizar mundiales de forma empresarial», «favorecer a las selecciones más fuertes, no sólo en el juego sino desde el punto de vista comercial», y preguntarse cómo se organizaba un evento semejante en un país sumergido en una profunda crisis económica. La confederación brasileña inició un proceso contra Sócrates Brasileiro Sampaio de Souza Vieira de Oliveira —era más fácil decirle sólo «Sócrates»— y de paso otro contra el lateral derecho Leandro, quien renunció al Mundial segundos antes de que la delegación viajara hacia la localidad de Guadalajara. Leandro —quien en los planes del entrenador Telé Santana figuraba como titular inamovible— aseguró que dimitía en solidaridad con el delantero Renato, quien había estado preseleccionado pero en definitiva quedó fuera de la lista de veintidós jugadores. El gesto del defensor provocó una serie de artículos en los diarios brasileños, en los que se aseguraba que Leandro y Renato eran algo más que buenos amigos.

En tanto, los futbolistas portugueses anunciaron que participarían de la Copa «bajo protesta», porque los directivos no habían aceptado sus demandas de aumento salarial. Los jugadores, que se negaron a disputar partidos de preparación antes del campeonato, consideraban una burla los veinte dólares de sueldo diarios y los 666 por partido jugado ofrecidos por la federación lusitana.

Dóping sin sanción

La victoria por 2 a 1 que obtuvo el seleccionado de España sobre su similar de Irlanda del Norte, el 7 de junio en Jalisco, por el grupo

D, fue empañada a las pocas horas al conocerse la noticia de que el análisis del control antidóping del jugador ibérico Ramón María Calderé del Rey, conocido simplemente como «Calderé», había dado positivo. Empero, luego de que la FIFA estudiara el caso, se dispuso multar a la Real Federación Española de Futbol (RFEF) y no al deportista. En una carta enviada por el entonces secretario de la FIFA, Joseph Blatter, a la RFEF, se explicaba que el jugador quedaba desligado de toda culpa por desconocer los medicamentos que le fueron suministrados para ser tratado de una salmonelosis por el médico del plantel, Jorge Guillén. El doctor había incluido las drogas en el formulario «C-1» completado antes del encuentro. A pesar de que el facultativo argumentó que los comprimidos consumidos por Calderé habían sido recetados por el médico Rodríguez Noriega, responsable del control en la sede de Guadalajara, la federación española tuvo que pagar una multa de 25 mil francos suizos por negligencia, ya que Guillén debería haber sabido que los medicamentos contenían sustancias prohibidas por la FIFA. En cambio, el delantero fue librado de toda culpa y ni siquiera fue suspendido por una fecha. Luego del choque contra Irlanda, el atacante de Barcelona jugó el partido siguiente frente a Argelia (12 de junio) y marcó dos goles, a los 15 y a los 68 minutos. También participó de los decisivos encuentros ante Dinamarca (el 18 del mismo mes) cuando vencieron por 5 a 1, y frente a Bélgica el 22, día en el que fueron eliminados por vías de los penales tras igualar 1-1.

Dieron una mano

Después del rutilante triunfo 2-1 de Argentina sobre Inglaterra, el 22 de junio por los cuartos de final, varias agencias de juego británicas decidieron devolver el dinero a quienes habían apostado por el empate entre ambos combinados, por juzgar que el primer tanto de Diego Maradona, marcado gracias a la «mano de Dios», no había sido válido. Más de veinte años después de ese partido, un resentido apostador inglés llamado Ian Wellworth intentó atacar a Maradona cuando debutó como técnico de la selección argentina en Escocia, el 19 de noviembre de 2008. El hombre, fuera de sí, fue detenido por la policía cuando intentaba ingresar al estadio Hampden Park armado con un machete para «cortarle la cabeza al ladrón». Wellworth, de 43 años, dijo a los agentes que lo detuvieron que, en 1986, había apostado mucho dinero a favor de la victoria inglesa. Después de los dos goles de Diego, el tipo quedó endeudado y su mujer lo abandonó.

No hay mal que por bien no venga

La derrota ante Argentina no fue precisamente para descorchar champagne para los ingleses. Sin embargo, tras la eliminación hubo un motivo de tibio festejo entre los dirigentes de la federación británica: se ahorraron las veinte mil libras (unos treinta mil dólares) que costaba un vuelo chárter para llevar desde Londres a México a las esposas y novias de los jugadores. Futbolistas y directivos habían acordado que ese viaje sería un premio por acceder a la semifinal.

Otros que no sintieron demasiado dolor por haber quedado eliminados de la Copa fueron los jugadores de Marruecos. Si bien cayeron ante Alemania por un gol de tiro libre de Lothar Matthäus —a solamente tres minutos del final del encuentro jugado en Monterrey el 17 de junio—, los muchachos del norte de África no perdieron su buen humor, y al retornar a los vestuarios se cruzaron al de los germanos para pedirles autógrafos y sacarse fotos. Los alemanes, cordiales, aceptaron posar junto a los sonrientes marroquíes, aunque con una seria expresión en sus fríos rostros. Por haberse clasificado primeros en el grupo F sobre potencias como Inglaterra, Portugal o Polonia —algo que nunca antes había alcanzado una selección africana—, los marroquíes recibieron numerosos premios y recompensas. El más extraño provino de una compañía tabacalera, que entregó a cada jugador suficientes cigarrillos como para instalar un kiosco muy bien provisto.

El que a hierro mata...

La noche del 18 de junio fue muy difícil de superar para el alicaído plantel de Dinamarca. Tras haber sido vapuleado 5-1 en el estadio La Corregidora de Querétaro y quedar eliminado de la competencia en octavos de final, el plantel debió soportar la fiesta ibérica que se desarrollaba... en el mismo hotel. Como ambos planteles compartían el alojamiento, a los nórdicos les costó muchísimo dormirse, ya que los cánticos, la música y los gritos de júbilo españoles se extendieron hasta la madrugada. Dos días después, España se trasladó a Puebla, donde debía enfrentar a Bélgica por los cuartos de final. Al llegar al hotel que se había seleccionado, la delegación se encontró con una sorpresa: los alemanes, que debían jugar en Monterrey ante la selección local, no habían abandonado las habitaciones, porque planeaban regresar inmediatamente después del match. Sin lugar allí, los españoles se vieron obligados a mudarse a la «Mansión de los Ángeles», donde también estaban alojados sus rivales belgas. La noche del 22 de junio, los ibéricos recibieron una buena dosis de su propia medicina, al tener que irse a la cama con la mufa de la derrota en el alma y el jolgorio desatado por los belgas, que los habían eliminado mediante disparos desde el punto del penal, en sus oídos.

La torta la puso Brasil

Cuando enfrentó a Brasil el 12 de junio, por la primera ronda, el arquero de Irlanda del Norte, Patrick Jennings, cumplía 41 años. La escuadra «verdeamarela» estuvo poco cariñosa: le regaló tres goles. Días después, el 21, en cuartos de final, los brasileños sí fueron afectuosos con el francés Michel Platini, quien soplaba 31 velitas, al desperdiciar tres penales —uno en el partido, lanzado por Zico, y dos en la definición tras 120 minutos de igualdad en uno— y permitir el paso de los galos a la semi. Otro dato curioso lo aportó esa jornada el propio Platini: marcó a los 40 minutos el empate francés, pero tiró a las nubes su disparo en la serie de penales.

No digas «oui», di «ja»

Francia parecía un tren fuera de control hacia el título. En octavos de final, había despachado a Italia, defensor del título. En cuartos, a Brasil, uno de los favoritos y ex campeón en tierra azteca. A la semi, la escuadra gala llegó con sed de venganza. Otra vez se vería las caras con Alemania, su verdugo en la misma instancia cuatro años antes. Además, Patrick Battiston volvería a estar «cara a cara» con el arquero Harald Schumacher, con quien tenía una cuenta pendiente desde que lo había mandado al hospital con un feroz topetazo. Los germanos no arribaban a esa instancia de la mejor manera: habían obtenido un triunfo muy exiguo ante un débil Marruecos, 1 a 0, y habían eliminado a los dueños de casa por penales, después de 120 minutos sin goles ni futbol. El capitán y figura de Francia, Michel Platini, quien dos años había conducido a su equipo a la victoria en la final de la Eurocopa jugada en París, estaba convencido de que todas las condiciones estaban dadas para tallar el nombre de su país en lo más alto de la Copa del Mundo.

Pero esa convicción se evaporó de la cabeza del «10» antes de que la pelota empezara a rodar. «Me di cuenta de que estábamos en problemas cuando, después del sorteo —con el árbitro italiano Luigi Agnolin y su colega Karl-Heinz Rummenigge— los jueces de línea —el serbio Zoran Petrovic y el húngaro Lajos Nemeth— me desearon suerte en alemán», reveló Platini tiempo después. Con goles de Andreas Brehme y Rudolf Voeller, Alemania venció a Francia y llegó, por segunda vez consecutiva, a la gran final.

La tristeza del campeón

El vestuario argentino del estadio Azteca era un horno desbordante de alegría. Todos los integrantes del plantel celebraban alborozados la conquista del máximo título del fútbol mundial. Bueno, no todos: el entrenador albiceleste, Carlos Bilardo, solo destilaba amargura. En medio de las risas y los gritos de algarabía de los jugadores, Bilardo se tomaba la cabeza y trataba de encontrarle una explicación a los dos goles alemanes que casi se apropian de la gloria suramericana. Para el puntilloso técnico, las dos conquistas germanas, con sendos cabezazos dentro del área del arquero Nery Pumpido, fueron dos agudos estiletazos que le cortaron las ganas de celebrar la Copa del Mundo.

El balcón de Perón

La selección campeona arribó a Buenos Aires la mañana siguiente del triunfo en México. A bordo de un micro especial, la delegación se trasladó directamente del aeropuerto de Ezeiza a la Casa de Gobierno, donde fue recibida por el entonces presidente Raúl Alfonsín. Tras los saludos de rigor con los funcionarios, todos los jugadores y el cuerpo técnico salieron al célebre balcón de la Casa Rosada —que, entre otros, fue utilizado por el ex presidente Juan Perón para dirigirse al pueblo—, y festejaron el título con los miles de hinchas que colmaron la tradicional Plaza de Mayo. Alfonsín, sin embargo, prefirió no asomarse y quedarse dentro del edificio. «Nos regaló el balcón —recordó tiempo después Diego Maradona—. Era algo importantísimo y él lo entendió. Nos dio la posibilidad de estar al lado de la gente, se portó muy bien». Cuatro años más tarde, cuando el seleccionado retornó subcampeón de Italia, el sucesor de Alfonsín, Carlos Menem, también ofreció a los jugadores el «balcón de Perón». Pero, en este caso, Menem no pudo reprimir su espíritu «cholulo» y salió junto a los deportistas para «figurar» en las fotos y asumir para sí los vítores lanzados a los héroes.

Italia 1990

En un país que se destaca por su herencia artística, con obras maravillosas como el Coliseo, *La última cena* de Leonardo da Vinci, o el *David* de Miguel Ángel Buonarroti, la Copa del Mundo Italia '90 careció por completo de belleza futbolera y tuvo un marco imponente que no se reflejó dentro de los campos de juego. Las estadísticas testifican la pobreza del futbol desplegado por las canchas peninsulares: 115 goles en 52 partidos, el promedio más bajo de la historia. Los planteos ultra-defensivos propiciaron que muchos de los encuentros de la segunda ronda finalizaran sin goles y se definieran mediante tiros desde el punto del penal. Con este sistema se dirimieron, por ejemplo, las dos semifinales, igualadas en un tanto. La final entre Alemania y Argentina —por primera vez se enfrentaron los mismos equipos en dos desenlaces consecutivos— también tuvo dos «debuts» negativos: uno de los dos equipos, Argentina, no marcó en el encuentro culminante —todos los perdedores anteriores al menos habían conseguido un honroso gol—, y un jugador fue expulsado en esta instancia (dos, en realidad: Pedro Monzón y Gustavo Dezzotti, ambos sudamericanos). Para Alemania, este triunfo tuvo un sabor especial: era la primera vez que levantaba la Copa invicta, ya que había perdido un encuentro en 1954 (8-3 con Hungría en la primera fase) y otro en 1974 (1-0 con la República Democrática Alemana), ambos en la primera rueda. Otro campeón «derrotado» fue Argentina en 1978: cayó 1-0 con Italia en la ronda inicial.

Además de estos inéditos sucesos, a lo largo del certamen se produjeron otros casos novedosos. Por primera vez, la FIFA autorizó a un equipo a modificar su lista de buena fe: la entidad permitió a Argentina cambiar al arquero Nery Pumpido, quien había sufrido una fractura de tibia y peroné en el segundo partido, ante la Unión Soviética, por Ángel Comizzo, quien se sumó al plantel a partir del tercer encuentro, ante Rumania.

Camerún se convirtió en la única selección en ganar un grupo de la ronda inicial de una Copa con una diferencia de goles negativa: derrotó a Argentina 1 a 0 (uno de los resultados más sorpresivos de la historia de los Mundiales), a Rumania por 2 a 1 y cayó en el tercer juego por 4 a 0 con Unión Soviética, con lo que su diferencia de gol fue de «menos dos» (3 a favor y 5 en contra). Lo positivo para el equipo camerunés fue transformarse en la primera escuadra africana en llegar a cuartos de final —allí fue eliminada por Inglaterra 3-2 en el mejor encuentro del certamen—. Otra perla negra: el goleador y gran figura del equipo, Albert Roger Mook Miller (conocido por su apodo «Milla») no había sido convocado originalmente por el técnico soviético Valeri Nepomniachi, mas integró la delegación que viajó a Italia por un decreto del presidente de ese país. Milla marcó los dos tantos de la victoria 2-1 ante Rumania y repitió el doblete ante Colombia en octavos de final. Esas conquistas le permitieron, en ese momento, convertirse en el goleador más longevo de la historia de la Copa, con 38 años y 29 días. No fue tan malo para el técnico Nepomniachi acatar la orden gubernamental. En tanto, el arquero de Italia, Walter Zenga, alcanzó el récord de valla invicta al acumular 517 minutos. La marca la cortó el argentino Claudio Caniggia a los 67 minutos de la semifinal disputada en el estadio San Paolo de Nápoles.

Con el triunfo alemán, Franz Beckenbauer igualó al brasileño Mario Zagallo en su hasta entonces solitario récord de haberse consagrado campeón del mundo primero como jugador y luego como técnico. Tras dos caídas en España y México, para Alemania la tercera fue la vencida.

Clasificación complicada

Dos países americanos debieron ser duramente sancionados en la etapa de clasificación a causa de bochornosas irregularidades. El 3 de septiembre de 1989, el histórico estadio Maracaná fue escenario de un verdadero escándalo. Brasil y Chile se jugaban la clasificación para Italia: el que ganaba viajaba al Mundial. En el minuto 67, con el encuentro 1-0 en favor de los locales, el arquero visitante, Roberto «Cóndor» Rojas, cayó fulminado y a su lado había una bengala lanzada por una «torcedora», Rosemary Mello Nascimento, de 24 años. Los médicos chilenos atendieron a Rojas, quien fue retirado en camilla y con el rostro y la camiseta ensangrentados, y luego todo el plantel visitante abandonó el campo para repudiar el «ataque». El partido fue suspendido por el árbitro argentino Juan Carlos Loustau, y los dirigentes y jugadores chilenos aseguraron que reclamarían a la FIFA los puntos, una sanción para Brasil y una plaza para Italia. Pero pronto una investigación realizada por la Federación Internacional, que incluyó una fotografía en la que se veía que la bengala había caído a un metro del arquero y no sobre su cabeza, determinó que los visitantes habían montado una farsa para obtener fuera de la cancha la victoria que no se conseguía en el Maracaná. Las lesiones de Rojas eran reales, pero habían sido causadas por la propia mano del guardavalla, que se había efectuado un corte sobre una ceja con un pequeño bisturí que tenía escondido en su guante. El arquero explicó en una entrevista, tiempo después, que «la idea surgió dos días antes del partido. Yo le pregunté a (Fernando) Astengo si se animaba a hacer algo y me respondió que sí. Cuando vi la bengala, me acordé del bisturí que tenía escondido en un guante y me corté. Fue un solo corte, pero muy profundo, por eso salió tanta sangre. Ya en el vestuario llamé a Astengo para que me sacara el bisturí. Él me sacó los guantes, luego los tomó el utilero Nelson Maldonado, quien los tuvo en su casa 15 días antes de devolvérmelos». A la federación chilena le salió todo al revés: se le dio el juego por perdido, quedó fuera del Mundial '90, se le aplicó una multa de cien mil francos suizos y se la inhabilitó para participar de la eliminatoria para el mundial siguiente, de Estados Unidos 1994. Además, Rojas —que en ese entonces vestía la camiseta de São Paulo de Brasil— fue suspendido «de por vida» para actuar como profesional, y al entrenador Orlando Aravena y al médico Daniel Rodríguez se los sancionó por cinco años. A principios de 2009, el diario británico *The Times* dio a conocer una lista de los «actores más grandes» de la historia del futbol, y Roberto Rojas ocupó el primer lugar. Doce años después, la FIFA levantó la sanción contra Rojas, pero ya era demasiado tarde: el «Cóndor» tenía 43 años, muchos para volver a jugar. ¿Qué pasó con la bella Rosemary? Luego de pasar unas horas detenida por la policía, aceptó posar desnuda para la revista *Playboy*.

Un poco más al norte, la selección mexicana también perdió sus chances de participar por protagonizar otro hecho repudiable, aunque bien diferente. En el torneo clasificatorio para el Mundial Sub-20 de Arabia Saudita 1989, que se realizó en Guatemala en abril de 1988, la selección azteca presentó en su equipo titular a cuatro muchachos que superaban la edad máxima de 19 años. Descubierta la repudiable maniobra, la FIFA suspendió a México por dos años para todo tipo de competencia internacional, incluidos hasta los partidos de futbol-5. La sanción se levantó pocos meses antes del comienzo del Mundial, pero para entonces la escuadra mexicana se había perdido las eliminatorias.

Maradona diplomático

El 8 de junio de 1990, pocas horas antes de que la selección argentina enfrentara a Camerún en la inauguración del Mundial, el presidente Carlos Menem se reunió con el plantel que conducía Carlos Bilardo en el estadio Giuseppe Meazza de Milán. Allí, Menem le entregó a Diego Maradona un pasaporte oficial y lo nombró «asesor ad honorem» del gobierno «para asuntos deportivos y difusión de la imagen argentina en el exterior», según se indicó en el decreto presidencial 912 del 11 de mayo de 1990. «Este tipo de nombramientos debería tener imitadores», declaró el entonces jefe de Estado. Por su parte, Maradona agradeció la designación y expresó su alegría «por mi papá y mi mamá, que seguramente hoy estarán orgullosos por mí». La carrera «diplomática» del futbolista terminó algunos meses después. El 17 de marzo de 1991, luego del encuentro en el que Napoli derrotó por 1 a 0 a Bari, Maradona fue escogido por sorteo para el control antidóping. Doce días más tarde, luego de efectuar dos análisis, la Federación Italiana informó que se habían encontrado restos de cocaína en la orina del volante argentino. Maradona regresó casi de inmediato a Argentina, mientras la FIFA lo condenaba a quince meses de inactividad, hasta el 30 de junio de 1992. La adicción de Maradona a las drogas provocó un verdadero escándalo a nivel mundial. Para «despegarse» del ídolo caído en desgracia, Menem firmó un nuevo decreto —número 811 del 25 de abril de 1991—, que dejó sin efecto la anterior designación diplomática. Exactamente 24 horas después de la rúbrica de esta segunda norma legal, Maradona fue detenido por efectivos de la Superintendencia de Drogas Peligrosas de la Policía Federal Argentina en un departamento del barrio porteño de Caballito. El operativo desarrollado permitió la captura de dos amigos del futbolista, que compartían con él la propiedad allanada, y el secuestro de estupefacientes para consumo personal. Luego de este incidente, Maradona se distanció del gobierno, al que denunció en más de una oportunidad de «utilizar» su imagen con fines políticos. Tenía razón. Pero poco tiempo más tarde el genial futbolista aceptó acercarse a Menem, y hasta apoyó su reelección durante la campaña electoral que el 14 de mayo de 1995 le permitió acceder a su segundo mandato al frente del Poder Ejecutivo. Ese mismo año Maradona fue convocado como figura central del operativo «Sol sin Droga» que llevó a cabo la Secretaría de Programación para la Prevención de la Drogadicción y Lucha contra el Narcotráfico.

Doblete negativo

Al igual que contra Bélgica en España '82, Argentina comenzó la defensa del título con una derrota, pero en este caso la caída fue mucho más sorpresiva: En Milán perdió, también por 1 a 0, ante la prodigiosa selección de Camerún, un equipo que, en la previa, se suponía muy inferior al albiceleste. La escuadra suramericana no pudo evitar el humillante fracaso a pesar de terminar el partido con dos hombres más que su rival: los africanos Andre Kana y Benjamin Massing fueron expulsados a los 61 y a los 89 minutos, respectivamente. Para el capitán argentino, Diego Maradona, el dolor fue doble. Además de repetir el trago amargo con Camerún (el «10» había integrado el equipo que cayó ante Bélgica en la apertura de España '82), dejó perdido en el césped milanés un aro de diamante que le había regalado su esposa Claudia en su último cumpleaños, valuado en unos cinco mil dólares.

Zoológico

Se dice que el excepcional rendimiento de la selección de Camerún estuvo directamente ligado a un zoológico. La historia comenzó cuando los responsables de la delegación eligieron un hotel de la ciudad sureña de Brindisi para concentrar al equipo durante la Copa. Al arribar al lugar, los jugadores plantearon a los directivos mudarse a otro alojamiento, que se encontraba junto a un zoológico de tipo «safari», con animales sueltos. Los futbolistas justificaron su demanda al señalar que, cerca de los leones, tigres y otros ejemplares de la sabana africana, se sentirían un poco más cerca de casa y de sus familias. Los dirigentes accedieron y los muchachos, en cada momento libre, se pegaban una vuelta por el parque para levantar el ánimo. «El ambiente no es africano pero ayuda para no extrañar a la familia ni a nuestro paisaje», dijo el defensor Emmanuel Kunde. El notable desempeño de los cameruneses justificó plenamente el cambio y demostró que el alma se alimenta con algo más que ejercicios y videos.

Demagogia

Para enfrentar a Brasil en el estadio Delle Alpi de Turín, Costa Rica decidió dejar de lado su tradicional camiseta roja y emplear una a bastones negros y blancos. El cambio no fue casual: la nueva vestimenta era idéntica a la de Juventus, el equipo de liga dueño de casa. De esta manera, el plantel «tico» se ganó el apoyo del público turinés frente al rival más difícil del grupo C. Mas la camiseta albinegra no trajo buena suerte para ese encuentro, que los sudamericanos ganaron por 1 a 0 no obstante su enorme superioridad: efectuaron veintidós disparos al arco contra ninguno de sus oponentes, y trece tiros de esquina contra cero. No obstante ese día no fue de gran ayuda, la simpatía de los hinchas locales ayudó a los costarricenses a vencer a Suecia y Escocia, y clasificarse para los octavos de final en el segundo puesto del grupo.

La descarga

¿Qué puede resultar más inoportuno que un intenso retorcijón intestinal mientras se juega al fútbol? Un intenso retorcijón intestinal mientras se juega al fútbol... por la Copa del Mundo, ante los ojos de cientos de cámaras y millones de espectadores. La incomodísima situación afectó al goleador inglés Gary Lineker —máximo artillero de México 1986— durante el debut de su equipo ante República de Irlanda, el 11 de junio en el estadio Sant Elia de Cagliari, en la isla de Cerdeña. Lineker, quien había abierto el marcador a los 9 minutos, comenzó a sentir la descompostura en la segunda mitad. «Ya me sentía mal durante el entretiempo. Hubo un ataque por la banda izquierda, yo intenté sobrepasar a un rival, me estiré y, al caer al suelo, me relajé», reveló el atacante durante una entrevista concedida a la BBC, varios años después del torneo. Lineker aprovechó su estancia sobre el césped para liberarse del agudo sufrimiento sin siquiera tocarse el pantaloncito. Antes de reincorporarse, el futbolista intentó higienizarse de una forma muy original: «Me rocé contra el suelo como un perro. Fue la experiencia más horrible de mi vida. Por suerte, tuve la fortuna de que había llovido la noche anterior, lo que me permitió hacer algo con eso, pero igual quedé muy sucio», reconoció. La desdicha del «oloroso» Lineker no finalizó allí: Irlanda logró igualar un ratito después de la insólita evacuación. Diez minutos más tarde, el goleador británico fue reemplazado y se fue derechito a las duchas. Nunca estuvo tan feliz de recibir agua bendita... bien caliente.

Agua va

Un suceso que alcanzó gran trascendencia durante la Copa fue la denuncia del brasileño Branco. Según el defensor, el «aguatero» argentino Miguel di Lorenzo, conocido también como «Galíndez», le entregó una cantimplora con un líquido «vomitivo» que le provocó náuseas y somnolencia en medio del clásico sudamericano de octavos de final. Este incidente nunca fue aclarado oficialmente, no obstante una cámara registró el momento en el que Galíndez le entregaba a Branco una botella distinta de la que utilizaban para beber los miembros del equipo albiceleste, en un instante en el que el juego estuvo interrumpido. Varios jugadores argentinos que participaron de ese encuentro, entre ellos Diego Maradona, afirmaron haber estado al tanto de esta maniobra y hasta la celebraron, pero la versión fue siempre desmentida por el entrenador albiceleste, Carlos Bilardo. Según la revista argentina *El Gráfico*, Bilardo, días antes del duelo, le dijo a un periodista de ese medio: «Algo voy a inventar, no sé qué, pero algo será. Este partido con los brasileños tenemos que ganarlo». Argentina se impuso en ese difícil combate por 1 a 0.

Vicios

Los jugadores también fuman, no es ninguna novedad. Pero sí llamó la atención que uno lo haya hecho desde el banco de suplentes, mientras seguía las alternativas del encuentro. Así fue descubierto por un «paparazzo» el italiano Andrea Carnevale, quien se fumó la bronca de no ser titular ante Checoslovaquia, luego de haber arrancado en el equipo frente a Austria y Estados Unidos. Otra licencia, aunque por cábala, fue adoptada por el arquero argentino Sergio Goycochea: orinar dentro del campo de juego. Goycochea se «descargó» oculto por sus compañeros antes de cada una de las dos series de penales —frente a Yugoslavia e Italia— que lo convirtieron en héroe del Mundial. En ambos casos, el arquero contuvo dos disparos para darle el triunfo al seleccionado albiceleste. «Goyco» no tuvo tiempo de repetir su ritual en la final antes del penal del alemán Andreas Brehme que le dio el título al equipo germano.

Método oriental

Periodistas europeos que tuvieron acceso al campamento coreano en Udine se sorprendieron con los extravagantes sistemas de entrenamiento del técnico Hoe Taik Lee. El entrenador hacía levantar a sus jugadores a las cinco de la mañana y recién les permitía desayunar a las cuatro de la tarde. Después de intensas sesiones que incluían ejercicios marciales, los futbolistas eran masajeados con extrañas cremas preparadas a base de cebollas. A los que sufrían con la elevada humedad de la región de Friuli, se les proporcionaba un enorme vaso que contenía aceite de oliva mezclado con coñac. Estas originales recetas no demostraron ser muy útiles en las práctica: Corea perdió sus tres partidos del grupo E ante Bélgica (2-0), España (3-1) y Uruguay (1-0).

La apuesta

En octubre de 1989, durante un partido de la Copa UEFA entre Sporting de Lisboa y Napoli, el arquero yugoslavo del equipo portugués, Tomislav Ivkovic, se acercó al capitán napolitano Diego Maradona y le propuso apostar cien dólares antes de que pateara un penal. Diego aceptó, pero debió pagar al final del match, porque Ivkovic había adivinado la dirección de su remate. El 30 de junio de 1990, por los cuartos de final de Italia '90, Ivkovic y Maradona volvieron a estar frente a frente en la definición desde el punto del penal, luego de un opaco 0-0 de 120 minutos entre Yugoslavia y Argentina. Esta vez no hubo apuesta, pero el guardavalla volvió a ganarle al «diez» albiceleste. A pesar de la hazaña del arquero yugoslavo, el combinado sudamericano se impuso finalmente por 3 a 2 en esa serie.

Seco

Tal vez digno representante de la «flema» británica, el entrenador de la selección inglesa, Bobby Robson, ordenó a sus hombres no desplegar exageradas muestras de júbilo luego de cada conquista. «Esas provocadoras escenas son perjudiciales para el deporte, los aficionados y, además, son peligrosas. No queremos frenar el natural entusiasmo, pero una palmada en el hombro y un "bien hecho" serían suficientes. Al fin y al cabo, los jugadores sólo cumplen su obligación y se les paga por ello», declaró el sobrio entrenador. El «ahorro de energía» en festejos dio buenos frutos: Inglaterra salió primera en el durísimo grupo

F, venció a Bélgica en octavos de final, a Camerún en cuartos y cayó en la semi ante Alemania, el campeón, en definición por penales.

Olvido

Luego de que la semifinal entre Italia y Argentina, disputada en el estadio San Paolo de Nápoles el 3 de julio, finalizara igualada en un tanto, el árbitro francés Michel Vautrot ordenó que se jugara el alargue consistente en dos tiempos de 15 minutos cada uno. Empero, el primero de esos segmentos se extendió más de la cuenta: llegó a los 23 minutos. Finalizado el duelo —que siguió empatado tras 120, o 128 minutos, y ganó Argentina mediante la ejecución de disparos desde el punto del penal—, Vautrot reconoció que la dilatación de la primera mitad del «tiempo extra» se debió a una absurda torpeza: «Simplemente, me olvidé de mirar el reloj».

No estuvo en sus zapatos

Faltaban seis minutos para que terminara la gran final en el estadio Olímpico de Roma, cuando el argentino Néstor Sensini cruzó al alemán Rudolf Voeller dentro del área. Para el árbitro uruguayo nacionalizado mexicano Edgardo Codesal no hubo dudas: penal. Para algunos, ni parecido; para otros, al menos confuso, pero la falta ya estaba cobrada. Hasta ese momento, el encargado de ejecutar la pena máxima en la escuadra germana era Lothar Matthäus, quien por esa vía había conseguido el único tanto ante Checoslovaquia en cuartos de final, y también había anotado en la definición por penales ante Inglaterra, en la semi. Sin embargo, para asombro de todo el estadio y los millones de espectadores que seguían el duelo por televisión, Matthäus tomó el balón, se lo pasó a su compañero Andreas Brehme y ordenó: «Tiralo vos». Muchos se preguntaron si el capitán alemán temió estar cara a cara con Sergio Goycochea, un especialista en atajar disparos desde los once metros. La razón fue bien distinta: Matthäus había salido a la cancha con un par de botines que utilizaba desde hacía algunos años y tenía perfectamente adaptados a sus pies. Pero durante el juego, uno de los tapones del pie derecho se rompió. En el entretiempo, el volante alemán se calzó un par nuevo, con el que no se sintió demasiado cómodo, mucho menos para asumir un remate tan trascendental como el que debía afrontar a cuatro minutos de concluir la final de un Mundial, y con el partido empatado sin goles.

Ese calzado dañado tenía una historia adicional: había sido utilizado dos años antes por Diego Maradona, rival de Matthäus ese día, en un encuentro a beneficio. El argentino se había olvidado los botines y el alemán le prestó ese par, en ese momento sin estrenar. Cuando Diego le devolvió los zapatos, Matthäus comprobó que su colega había pasado los cordones de una manera diferente. Al calzárselos, comprobó que se sentía más cómodo y decidió incorporar esa técnica hasta el final de su carrera.

El resto de la historia es conocida: Brehme —quien también había anotado en la serie por penales ante los británicos y se caracterizaba por una estupenda pegada y enorme capacidad goleadora si bien se desempeñaba como defensor— aceptó la responsabilidad y con un disparo preciso puso el balón fuera del alcance del arquero. Dieciséis años después, el mismo Brehme aseguró que Sensini «no cometió penal. Antes le habían hecho uno a Klaus Augenthaler, pero el que yo marqué no había sido falta. Fue una entrada correcta, aunque peligrosa en esos momentos por haberla hecho dentro del área». Por si a Codesal le quedaba alguna duda.

Cartero

Con motivo de la popularidad adquirida por Sergio Goycochea en la Copa, gracias a su destreza para detener penales, el Correo Argentino se encontró con un problema para administrar las decenas de miles de cartas de admiradores enviadas al arquero. Para agilizar el despacho de la gran cantidad de sobres, decidió asignar a la casa de la familia de Goycochea un código postal exclusivo: 0004 Lima, Buenos Aires. La selección del número no fue casual: cuatro fueron los disparos atajados por «Goyco» en las definiciones ante Yugoslavia e Italia.

Estados Unidos 1994

La elección de Estados Unidos como sede de la Copa del Mundo trajo aparejadas numerosas críticas. Era la primera vez que un Mundial se jugaba en un país donde el futbol no era —ni fue nunca— el deporte más popular. De hecho, tampoco es el segundo, ni el tercero, ni tal vez siquiera el cuarto en preferencias del público. Más allá de que el país norteamericano recibió desde mediados del siglo XX una enorme cantidad de inmigrantes latinoamericanos y asiáticos que sí aman al futbol, en las preferencias del ciudadano medio este deporte —conocido allí como «soccer»— corre detrás de su tocayo «futbol americano», del béisbol, del básquetbol, del boxeo y, posiblemente, hasta del hóckey sobre hielo. El desconocimiento generalizado por esta disciplina llevó a los organizadores locales del certamen a editar una «guía para no iniciados», con algunas nociones básicas del juego y su historia. Mas ese supuesto desinterés de la población no fue impedimento para que en Estados Unidos 1994 se registrara la mayor asistencia de público a los estadios. A los 52 encuentros disputados en el torneo concurrieron casi 3,6 millones de espectadores, a un promedio de casi 69 mil por partido. A esta cifra sólo se acerca la registrada en Alemania 2006 —con un total de 3.359.439 asistentes— pero en 64 partidos, doce más que en Estados Unidos.

La decimoquinta edición de la Copa del Mundo —la primera en premiar con tres puntos al ganador de un partido y la que presentó por primera vez los nombres de los protagonistas estampados en la parte superior del dorsal de la camiseta— tuvo tres hechos destacados, dos de los cuales no fueron, necesariamente, deportivos: primero, el triunfo de Brasil después de 24 años, en la primera final sin goles de la historia, tras 120 minutos. Nunca antes un Mundial se había definido por tiros desde el punto del penal y Brasil necesitó este recurso para vencer a Italia, casualmente su rival en el último título anterior, en México

1970. Roberto Baggio, máxima estrella «azzurra» y autor del penal errado por sobre el travesaño que le dio la Copa al equipo sudamericano, confesó años después de esa final: «Creo que fue Ayrton Senna quien tomó el balón por lo alto». Senna, consagrado piloto brasileño de Fórmula 1, había muerto en un accidente dos meses antes del Mundial, el primero de mayo de 1994, mientras participaba del Gran Premio de San Marino. Segundo, el dóping positivo de Diego Maradona, conocido tras la victoria argentina ante Nigeria por 2 a 1. La imagen de Maradona dejando la cancha del Foxboro Stadium de Boston hacia el control antidóping, de la mano de Sue Carpenter —una empleada de prensa de la organización del campeonato—, fue una de las imágenes emblemáticas que quedaría en la historia del certamen. En la muestra de orina del capitán argentino aparecieron cinco sustancias prohibidas derivadas de la efedrina. La FIFA expulsó de inmediato a la estrella albiceleste y la castigó además con una suspensión por quince meses. El último de los hechos resonantes de la Copa fue el asesinato del defensor colombiano Andrés Escobar, uno de los casos más patéticos de la violencia en el futbol, a quien su victimario responsabilizó por la eliminación de la selección cafetera por haber marcado un gol en contra en la derrota ante los Estados Unidos. El defensor recibió doce balazos luego de mantener una fuerte discusión con un hombre a la salida de un restaurante, donde un grupo de hinchas le recriminó la desafortunada jugada. El homicida, Humberto Muñoz Castro, fue sentenciado a cumplir una condena de 43 años de cárcel, aunque fue liberado el 6 de octubre de 2005 después de haber pasado apenas once años en prisión. Pero antes del crimen de Escobar ya se habían suscitado otros incidentes vinculados a la violencia en el campamento colombiano. Horas antes del fatídico partido con Estados Unidos, el jugador Gabriel Jaime «Barrabás» Gómez recibió amenazas de muerte contra su persona y su familia. Un grupo mafioso, presuntamente relacionado con el manejo de las apuestas deportivas no oficiales, responsabilizó a Gómez por la derrota ante Rumania en el estreno mundialista y aseguró que colocaría una bomba en su casa si volvía a pisar el césped durante la Copa. Frente a este incidente, el técnico Francisco Maturana presentó su renuncia, pero poco después, al recibir el apoyo de los dirigentes y los jugadores, salió a dirigir el encuentro. Quien no apareció por el estadio Rose Bowl de Los Ángeles fue «Barrabás». Gómez le había expresado a su técnico su voluntad de jugar a pesar de las amenazas. Sin embargo, Maturana decidió que el mediocampista —a quien creía una de las claves de su equipo— debía preservar su seguridad y la de su familia. Antes del encuentro, el mediocampista ofreció una conferencia de prensa para anunciar que dejaba no sólo el equipo nacional, sino también el futbol como jugador. «Estoy muy triste. Abandono el futbol después de diecisiete años de carrera. No puedo más. Tengo miedo por mi familia, no por mí. No tengo temor a la muerte», aseguró «Barrabás».

Eliminatoria singular

El 8 de septiembre de 1993, poco antes de salir al césped del estadio Qemal Stafa para enfrentar a Dinamarca por la clasificación para el Mundial de Estados Unidos, el seleccionador albanés, Bejkush Birce, reunió a sus hombres y les pidió encarecidamente que no intercambiaran sus camisetas con los jugadores escandinavos: «Nos queda un solo juego y no tenemos plata para comprar otro para el partido contra España». Al finalizar el encuentro, que los visitantes ganaron por un exiguo 1-0, el pobre de Birce reunió las casacas para lavarlas y al contarlas descubrió que tres de sus muchachos no le habían obedecido. Desesperado, el entrenador debió utilizar un recurso extremo para preparar a su equipo para el último juego de la serie, ante España: levantó el teléfono y llamó a su colega español, Javier Clemente, para pedirle que, junto con la ropa de la selección ibérica, llevara a Tirana un juego de camisetas. Así lo hizo Clemente, quien añadió a la ropa cincuenta raciones de alimentos para sus empobrecidos rivales. Su gesto fue bien recompensado: el 22 de septiembre de 1993, con los dos equipos en cancha con sus uniformes completos, la panza llena y el corazón contento, España ganó por 5 a 0. Ésa no fue la única prevención que debió tomar la selección hispana en su periplo albanés. Aparte de viajar de ida y vuelta el mismo día, para no pernoctar en alguno de los paupérrimos hoteles de Tirana, el cocinero de la delegación llevó sus propios alimentos y agua mineral y contrató a dos guardias para evitar que le robaran las provisiones. El chef Xabier Albizu justificó la medida en que no quería que se repitiera «lo sucedido en Letonia, donde me robaron parte de la comida». Los españoles, además, se habían enterado de que los dinamarqueses habían salido a jugar contra Albania habiendo comido solamente una manzana, porque habían sufrido el pillaje de sus provisiones.

Papelón inglés

La serie clasificatoria resultó horrorosa para Inglaterra. No sólo quedó fuera de la Copa a manos de Holanda y Noruega, sino que recibió un cachetazo de parte de San Marino, la peor selección europea de la historia y una de las más deficientes del mundo. El 17 de noviembre de 1993, la escuadra británica viajó hasta el estadio Renato Dall'Ara de Bologna —San Marino ni siquiera es local en su territorio nacional por no contar con un escenario apto para encuentros internacionales—, y a los ocho segundos ya estaba perdiendo: el defensor visitante Stuart Pearce jugó una pelota hacia su arquero, pero ésta quedó corta y el delantero sanmarinense Davide Gualtieri venció sin problemas al arquero David Seaman. Inglaterra se repuso y venció a la postre por 7 a 1, pero en su negro historial quedó el gol en contra más rápido de su historia y de la Copa del Mundo, incluidas las eliminatorias.

Papelón francés

Luego de no haber podido clasificar para Italia '90, Francia armó un equipazo para no faltar a Estados Unidos. Encabezado por el notable Eric Cantoná, estrella del club inglés Manchester United, y muchas de las figuras que serían campeonas del mundo en 1998, el seleccionado galo comenzó la eliminatoria con todo, y a falta de solamente dos partidos —ambos en el Parque de los Príncipes de París— un simple empate alcanzaba para cristalizar el anhelado proyecto. Pero dos segundos fatales se cruzaron en el camino de "Les Bleus", dos ínfimos instantes que forjaron una pesadilla que se extendería por cuatro años.

La catástrofe comenzó a fraguarse el 13 de octubre de 1993, con un *match* que parecía ganado antes de empezar. Francia ya había derrotado a Israel fácilmente por 0-4 en Tel Aviv y, en casa, el compromiso se suponía servido en bandeja para cerrar el grupo 6 europeo y viajar a Norteamérica. Un «humillante» puntito ante el peor del grupo, ya eliminado con dos empates y cinco derrotas, bastaba para descorchar champagne. Pero un bíblico diluvio se interpuso en el normal desarrollo del juego y, bajo una cortina de agua los visitantes se pusieron en ventaja a través de un gol de Ronen Harazi. Los franceses, abochornados, pronto colocaron las cosas en su lugar: todavía en el primer tiempo, Franck Sauzée y David Ginola dibujaron el lógico 2-1 que consolidaba la clasificación. Los galos, inclusive, pudieron aumentar el marcador en el complemento, pero tanto despilfarro reanimó a los hebreos, que igualaron a los '83, mediante Eyal Berkovic. Cuando se jugaban tres minutos de tiempo adicionado, Reuven Atar pegó el cachetazo final: rodeado por tres defensores, el «10» israelí sacó un zurdazo que venció al arquero Bernard Lama. Los locales apenas tuvieron tiempo de sacar del medio: el referí norirlandés Alan Snoddy pitó el final un segundo después mientras una estruendosa silbatina de reprobación envolvía el estadio.

Pero Francia tenía una oportunidad más. El 17 noviembre recibió a Bulgaria, que en el choque de ida se había impuesto por 2 a 0. No obstante, otra vez un empate le daba el final feliz a la historia «bleu». Cantoná, a los 32 del primer tiempo, abrió la cuenta que tranquilizaba los ánimos y liquidaba el pleito. Mas los búlgaros, conducidos por el genial Hristo Stoichkov, equilibraron enseguida la balanza, a los 37, con un pelotazo de Emil Kostadinov. Los locales aguantaron la igualdad hasta el minuto 90, y cuando el árbitro Leslie Mottram se llevaba el silbato a la boca para terminar el *match*, otro zapato de Kostadinov, desde unos 35 metros, pegó en el ángulo izquierdo de Lama y se metió. Sin tiempo para más, los jugadores visitantes formaron un ramillete de loco festejo, mientras los locales eran despedidos por su gente con insultos de grueso calibre y violentas amenazas. «Somos unos burros», reconoció Didier Deschamps, sumergido en una de las noches más negras de la historia deportiva francesa. Se dice que el fútbol siempre da revancha, y Deschamps y la mayoría de los «burros» la tendrían, aunque deberían aguardar hasta el 12 de julio de 1998 para levantar la Copa del Mundo en París, en el Stade de France de Saint-Denis.

El autógrafo

Poco antes del comienzo de la Copa del Mundo, el capitán argentino Diego Maradona aprovechó una mañana libre para distraerse de la presión del torneo y visitar junto a su esposa, sus hijas y un amigo, el periodista Adrián Paenza, el centro comercial Faneuil Hall Marketplace, situado en la ciudad de Boston, a pocos kilómetros de Babson College, el complejo donde estaba concentrada la selección albiceleste. En el patio de comidas del imponente shopping, el grupo almorzó pizzas junto a un amigo y ex alumno de Paenza, Gerry Garbulsky, quien vivía en la capital del estado de Massachussetts. Al finalizar la comida, Diego le pidió a Gerry que lo acompañara a un local de ropa deportiva situado a pocos metros, Foot Locker, puesto que necesitaba adquirir zapatillas. Ya en el comercio —que estaba decorado de manera acorde a la competencia con pósters de distintos futbolistas, ninguno de ellos el "10" argentino— Maradona quedó maravillado por la gran variedad de marcas y surtido de modelos, por lo que comenzó a probarse diferentes calzados ayudado por Gerry y la amable asistencia de un joven vendedor. Tras haber elegido ocho pares, Maradona se dirigió a la caja para pagar su compra. El empleado, feliz por el volumen de la venta, le regaló al argentino un llavero alusivo a la Copa del Mundo. "No sé si usted lo sabe —le confió el muchacho, en inglés—, pero está por comenzar aquí, en Estados Unidos, el Mundial de 'soccer'. Este llavero tiene el logo del torneo". Gerry tradujo el comentario, Maradona agradeció el obsequio y los dos argentinos salieron de la tienda. Segundos después, Paenza ingresó al mismo negocio con Claudia Maradona, quien había olvidado que también debía adquirir zapatillas, en este caso para sus hijas. El periodista notó la decoración futbolera del lugar, muy apropiada por la proximidad del campeonato, y le preguntó al feliz vendedor: "¿Tiene usted idea de quién acaba de estar aquí?". Ante la negativa de su interlocutor, Paenza prosiguió: "El mejor jugador de 'soccer' de toda la historia". Sobrecogido por la observación, el muchacho se sintió abochornado por su ignorancia en la materia y por no haber reconocido a tan ilustre visitante. Empero, envalentonado por un repentino impulso, el joven tomó un papel y una lapicera y salió a toda prisa del local para correr, a los gritos, a sus recientes clientes. De ninguna manera se perdería la posibilidad de obtener el autógrafo de tan rutilante estrella deportiva. Cuando el vendedor los alcanzó, extendió la hoja y el bolígrafo y, emocionado, le pidió la firma a… ¡Gerry!

Por fin, campeón

La victoria de Alemania sobre Bolivia fue considerada muy estrecha por los hinchas germanos, a quienes les pareció insuficiente el 1 a 0 logrado por la escuadra conducida por Berti Vogts, campeona en 1990 y poseedora de tres títulos mundialistas, sobre el débil equipo sudamericano. No obstante, esa victoria bien puede catalogarse como muy valiosa, si se observa que Alemania fue el primer defensor del título que ganó en su debut después de 24 años. El último triunfo correspondió a Inglaterra en México 1970, el 2 de junio, día en el que el combinado británico superó por 1 a 0 a Rumania con un tanto del héroe de 1966, Geoff Hurst.

Que los cumplas infeliz

El delantero italiano Gianfranco Zola no vivió su mejor cumpleaños el 5 de julio, día en el que su equipo enfrentó a Nigeria por los cuartos de final. Zola, con sus flamantes 28 años, fue expulsado a los 76 minutos, cuando la escuadra africana se imponía por 1 a 0. Afortunadamente, su compañero Roberto Baggio le hizo dos regalos: uno a dos minutos del pitazo final, y otro a los 100, en el alargue, para que Italia pasara de ronda. Zola no volvió a jugar en la Copa: se perdió la semifinal al tener que cumplir una fecha de suspensión, y luego el entrenador Arrigo Sacchi no lo tuvo en cuenta para la final con Brasil.

FIFA versus ONU

No en vano se vanagloria la FIFA de tener más miembros que las Naciones Unidas y de que el poder del futbol es, muchas veces, superior al de la política. Si no, que lo diga el Consejo de Seguridad de las Naciones Unidas. La sesión del martes 21 debió retrasarse porque casi todos los representantes de los países se quedaron en sus oficinas para ver el choque entre Alemania y España. El día anterior, el embajador brasileño Ronaldo Mota Sardenberg consiguió que sus colegas aprobaran, por amplia mayoría, que el tratamiento de la Misión de Paz de la ONU para la guerra entre las naciones africanas de Uganda y Ruanda se adelantara varias horas «para que no se superpusiera con el partido Brasil-Rusia».

Sobredosis de TV

El primer fin de semana de la Copa resultó letal para un ciudadano chino que vivía en la entonces colonia portuguesa de Macao. A causa de la diferencia horaria, Law Chon-Yin, de 37 años, se pasó dos noches sin dormir para no perderse detalle del torneo. Tanta pasión futbolera provocó una descompensación en la salud del fanático hincha, que murió de un síncope el lunes mientras atendía su restaurante, que en ese momento se encontraba repleto de comensales.

En tanto, según el libro "Soccer's most wanted", de John Snyder, una mujer sueca mató a su novio al clavarle unas tijeras en el cuello, luego de que el muchacho la despertara en la madrugada del 20 de junio para ver el duelo Suecia-Camerún que estaba por comenzar en el estadio Rose Bowl de Los Ángeles… el 19 de junio, debido a la gran diferencia horaria. La fría joven asesinó a su pareja y siguió durmiendo. Cuando llegó la policía, alertada por un vecino que había escuchado una fuerte discusión previa al crimen, encontró a la bella durmiente junto al cadáver, en medio de un mar de sangre. Los dos descansaban en paz.

Lo vieron desde la tribuna

El choque que la selección local y la suiza protagonizaron el 18 de junio en la apertura del grupo A tuvo un escenario muy particular: por primera vez en un Mundial, un partido se jugó en un estadio totalmente techado. El encuentro fue disputado en el Pontiac Silverdome de Detroit —donde los «Lions» juegan de local al futbol americano—, que fue adaptado especialmente para el «soccer». Los arreglos efectuados a ese escenario —que incluyeron el reemplazo del césped sintético por hierba natural— provocaron otra singularidad: debido a que el campo de juego del «futbol americano» tiene un ancho de 50 metros, y las canchas de «soccer» para partidos internacionales deben ser de entre 64 y 75, las líneas laterales quedaron prácticamente pegadas a las tribunas. Por ello, a los arquitectos a cargo del proyecto no les quedó más remedio que colocar los bancos de suplentes en las gradas, como sucede en la mayoría de los estadios ingleses.

Yo me juego entero, qué le voy a hacer

Según el periódico español El Mundo, parece que un señor albanés, amante del futbol pero más de la «timba», no contaba con el dinero suficiente para calmar su comezón fullera. Convencido de que Argentina, con Diego Maradona y Claudio Caniggia, superaría fácilmente a Bulgaria por la tercera fecha del grupo D, decidió arriesgarse «el todo por el todo» y apostar… a su propia esposa. Para desgracia del osado ludópata, sin Maradona ni Caniggia, el equipo albiceleste fue presa fácil del inspirado Hristo Stoichkov y sus compañeros, por lo que su mujer desapareció del brazo de un feliz ganador. Desahuciado, el derrotado caballero se presentó en una comisaría para reclamar la devolución de su cónyuge, pero no hubo caso. La mujer ya le había cantado el «no va más».

El calor pudo más

El intenso calor de la Florida obligó al arquero de la selección belga Michel Preud'homme a romper una extensa cábala: utilizar una camiseta de Standard de Lièje, su primer club y del cual era hincha, debajo de la casaca de la selección. Aun sin su amuleto, Preud'homme no recibió goles en los dos encuentros que su equipo disputó en el estadio Citrus Bowl de Orlando, por el grupo F, en sendas victorias 1-0 frente a Marruecos y Holanda. Luego, Bélgica cayó ante Arabia Saudita en Washington, y posteriormente fue eliminada por Alemania en el Soldier Field de Chicago. Aunque recibió cuatro goles en la misma cantidad de partidos, Preud'homme recibió el premio Lev Yashin de la FIFA al mejor arquero del torneo.

Cambio de arco

Corría el minuto 20 del juego entre México y Bulgaria, por los octavos de final, el 5 de julio, cuando el defensor azteca Marcelino Bernal, luego de salvar un tanto rival sobre la línea, siguió de largo y terminó su veloz carrera atrapado en la red de su arco. El incidente no sólo metió a Bernal en un verdadero enredo, sino que culminó con uno de los parantes posteriores de la valla quebrado. Mientras el árbitro y los jugadores trataban de solucionar el inconveniente atando la red a un poste de televisión, un grupo de operarios ingresó al campo de juego con un arco de repuesto y, en pocos segundos, cambió la valla averiada por una nueva. Superado el incidente, el partido prosiguió con normalidad.

Visas

La federación de Fiji fue una de las que votó a favor de que la Copa de 1994 se jugara en Estados Unidos. Sin embargo, la dirección migratoria norteamericana no pagó con la misma moneda a la hora de devolver el generoso apoyo. El organismo les negó la visa turística a cincuenta isleños que ya habían pagado sus pasajes, hoteles y entradas para disfrutar del Mundial. La federación fijiana emitió un comunicado para repudiar el hecho, en el cual manifestó estar «arrepentida de haber dado nuestro apoyo en su día a la candidatura de Estados Unidos». Del mismo modo, la negativa a emitir visas golpeó fuerte en el ánimo de la delegación rusa, debido a que se prohibió la entrada al país de las esposas y novias de los jugadores. ¿Habrá sido ésa la razón por la que quedaron eliminados en primera ronda?

Récords y más récords

Cuando se enfrentaron el 28 de junio, Rusia y Camerún ya estaban eliminados, por lo que el encuentro carecía de importancia para el grupo B del Mundial. Pero ese día, en el estadio Stanford de San Francisco, California, se alcanzaron dos récords mundialistas: con su gol conseguido a los 46 minutos, el africano Roger Milla rompió su propia marca de 1990 al convertirse en el jugador más veterano (42 años y 39 días) en anotar en una Copa. En el otro equipo, el delantero Oleg Salenko consiguió cinco tantos, marca jamás alcanzada por otro futbolista en un encuentro Mundial. Salenko —quien compartió el cetro con el búlgaro Hristo Stoichkov, con seis conquistas— se consagró además como el único goleador de un Mundial que jugó menos de tres partidos en el torneo.

Récords de rojas: el italiano Gianluca Pagliuca fue el primer arquero en ser expulsado en un Mundial. Ocurrió a los 21 minutos en el choque que el 23 de junio protagonizaron Italia y Noruega por el grupo E en Nueva Jersey. A pesar de haber jugado con uno menos desde entonces, Italia se impuso por 1 a 0. Por su parte, el boliviano Marco Etcheverry se convirtió en el suplente que vio más rápido la roja. El «Diablo» fue echado tres minutos después de haber reemplazado a Luis Ramallo, a ocho minutos del final y con su equipo perdiendo 1-0 ante Alemania, en el encuentro inaugural del 17 de junio. Etcheverry no volvió a jugar en la Copa. Una semana más tarde, el camerunés Rigobert Song quedó registrado como el futbolista más joven en ver la roja durante un Mundial. Ese 24 de junio Song tenía 17 años y 358 días. Brasil superó a Camerún por 3 a 0 por el grupo B, en el estadio Stanford de San Francisco. También frente a la selección «verdeamarela», de nuevo en Stanford pero el 4 de julio, el estadounidense Fernando Clavijo, con 37 años, se transformó en el jugador más viejo en ser expulsado en un Mundial.

No fue roja, pero sí récord: el 24 de junio, en el Pontiac Silverdome de Detroit, el ruso Sergei Gorlukovich fue amonestado al primer minuto del partido ante Suecia. Marca negra: el francés Joel Quiniou es el referí con mayor cantidad de partidos dirigidos en Mundiales. Quiniou condujo un total de ocho encuentros a lo largo de tres Copas: uno en 1986, tres en 1990 y cuatro en 1994. Su despedida fue el 13 de julio de 1994, en la semifinal Italia 2 - Bulgaria 1 disputada en el Giants Stadium de Nueva Jersey. Pena máxima perfecta: a lo largo del Mundial fueron sancionados quince penales, y todos fueron convertidos. Sólo hubo yerros cuando, luego de 120 minutos con empate, se debió recurrir a definiciones a través de disparos desde los once metros. Finalmente, Bulgaria quebró un récord de inoperancia: el 26 de junio ganó su primer partido mundialista ante Grecia, por 4 a 0. Hasta entonces, solamente había cosechado once derrotas y seis empates. En México 86 había pasado la primera ronda hacia los octavos de final, aunque con dos igualdades, ante Italia y Corea del Sur, y una derrota, frente a Argentina.

No dio en la Diana

En el apartado anterior se dijo que, sin contar los desempates desde los 11 metros, a lo largo de la Copa estadounidense se habían disparado 15 penales y todos habían sido convertidos. Empero, hubo uno errado muy comentado. Durante la ceremonia de apertura oficial del campeonato, el 17 de junio en el estadio Soldier Field de Chicago, todo estaba dispuesto para que una de las artistas invitadas a la fiesta, la intérprete local Diana Ross, pateara una pelota hacia un arco de utilería mientras cantaba una canción. El espectáculo estaba preparado para que la meta de plástico, al llegar el pelotazo, se partiera en dos y permitiera el paso a la carrera de Ross hacia una de las tribunas. La distancia entre el balón y el arco era de apenas tres metros. Pero, increíblemente, Ross erró el disparo y la portería... ¡se desplomó de todos modos! Ross continuó su canción y su coreografía como si nada, mas su «blooper» quedó registrado para la eternidad como el más gracioso de la historia de las fiestas de inauguración mundialistas. Podría decirse, asimismo, que «oficialmente» fue el único penal malogrado del certamen.

Denuncia veloz

En mayo de 2011, casi 18 años después del final de la eliminatoria, el argentino Diego Maradona encendió una bomba en medio de una guerra dialéctica con el presidente de la Asociación del Fútbol Argentino, Julio Grondona. Maradona, presuntamente resentido por haber sido destituido como entrenador de la selección albiceleste tras el Mundial de Sudáfrica 2010, aseguró que en el repechaje Sudamérica-Oceanía, que enfrentó a Argentina con Australia rumbo a la Copa

de Estados Unidos 1994, ambos países acordaron que no se efectua-
ran controles antidóping. A partir de esta enmienda, prosiguió el ex
futbolista, a los jugadores suramericanos les suministraron «café veloz»,
drogas estimulantes mezcladas con la infusión para mejorar su rendimiento. Maradona no había participado de la eliminatoria sudamericana porque se encontraba suspendido por un caso de dóping positivo:
en su muestra de orina tomada al finalizar un partido entre SSC Napoli
y AS Bari, en 1991, se habían detectado restos de cocaína, lo que le
valió una sanción de quince meses. Al cumplirse esta condena, el jugador se sumó al equipo que conducía Alfio Basile para enfrentar a Australia el 31 de octubre y el 17 de noviembre de 1993: Argentina se clasificó tras igualar 1-1 en Sydney y conseguir una estrecha victoria 1-0
en Buenos Aires. Durante una entrevista televisiva, Diego reclamó que
se le preguntara a Grondona «por qué no hubo (control contra el)
dóping en el partido contra Australia, si habíamos tenido dóping en
todos los partidos. ¡Porque te daban un café veloz y por ahí la clavabas
en un ángulo! Al café le ponían algo. Corrías más». Cuando se le repre-
guntó si efectivamente estaba seguro de que a los futbolistas se les había
suministrado sustancias prohibidas, insistió: «Si te hacen diez controles antidóping y en el partido que se juega que Argentina vaya a Estados Unidos no hay control antidóping, tenés que ser muy boludo. Ahí
estaba la trampa y eso lo sabía Grondona». Tras la ácida acusación
de Maradona, el entonces entrenador del equipo argentino, Alfio
Basile, respondió que las acusaciones del ex «10» eran «todas pelo-
tudeces». En tanto, Ian Holmes, ex director ejecutivo de la Federación Australiana de Fútbol, negó que hubiera existido un acuerdo con
la entidad argentina para la supresión de los exámenes antidroga.
«Puedo decir con total certeza que en ningún caso alguien se puso en
contacto conmigo para pactar algo así», enfatizó el ex dirigente australiano. «Francamente, nunca podríamos haber llegado a este tipo
de acuerdo. Le juro por la vida de mi hijo que nunca fuimos parte de
algo así». Del mismo modo, la Asociación del Fútbol Argentino emitió un comunicado para salir al cruce de las graves denuncias de Maradona. «Se ha generado, en los últimos días, una minúscula controver-
sia personal, resulta de la cual, un ex jugador, creyó que con sus dichos
inexactos y mal intencionados, vulneraba o intentaba vulnerar la
deportividad de una dramática clasificación frente a Australia (…)
Pensamos en todos aquellos hombres que disputaron los partidos por
las Eliminatorias y decimos que todos fueron dignos, decentes, honestos
y deportistas a carta cabal. Y, para la tranquilidad de ellos y sus fami-

lias, quedan eximidos de dar respuestas a lo abstracto. No hubo control antidopaje, simplemente, porque no constituía obligación reglamentaria para ese tipo de disputas. Los controles obligatorios de la FIFA, impuestos en el Mundial de México en 1970, recién fueron de total alcance a todas las competencias fuera de los Mundiales a partir de la creación de la Agencia Mundial Antidopaje en 1998. De manera que no tenía sentido pactar aquello que no resultaba obligatorio fuera del marco de un Mundial durante su disputa. Solo por una cuestión de respeto y amistad, se convino previamente con nuestro eventual adversario no marcar una excepcionalidad a una regla, que no existía. Y, en cambio, hacerlo en los partidos con rivales del Continente, como una cuestión acordada obligatoriamente desde antes de los 80. O sea, es cierto que no hubo control antidopaje frente a Australia, simplemente, porque no era reglamentariamente obligatorio. En cambio, donde resultó de obligatoriedad, tuvimos el triste papel de ser uno de los tres casos (positivos) entre 1994 y 2008», se remarcó en referencia al caso de Maradona durante el Mundial de Estados Unidos. En este texto, la entidad fue más allá y contraatacó al señalar que ese dóping positivo del «10» fue un «doloroso caso del que quedan eximidos de responsabilidad todos los miembros de la delegación, pues se trato de una decisión y acción personal».

Finalmente, ninguno de los futbolistas argentinos que enfrentaron a Australia ratificó la denuncia de Maradona, que con el tiempo quedó en la nada. El tiempo también es veloz y, como suele decir Grondona, «todo pasa».

Arrésteme, sargento

El mal carácter le pasó una dura factura al francés Eric Cantona. El delantero, que en ese momento jugaba para Manchester United, había concurrido al Rose Bowl de Los Ángeles para participar, como comentarista de la televisión inglesa, de la transmisión de la semifinal entre Brasil y Suecia. Al llegar al coliseo con bastante antelación al inicio del juego, Cantona se ubicó por error en un sector de la tribuna que no le correspondía. Cuando un policía se acercó para señalarle que estaba sentado en un lugar incorrecto, el francés, acostumbrado a atropellar a todo el mundo subido a su enorme ego, insultó al guardia. En segundos, varios agentes aparecieron para asistir a su compañero, y de inmediato doblegaron y esposaron a Cantona. El delantero fue llevado a un destacamento de Pasadena y se perdió el partido.

Equipo de homosexuales

El 26 de junio, luego de que su equipo fuera vapuleado 4-0 por Nigeria en su segunda presentación por el grupo D —idéntico score al del primer partido, con Argentina—, el entrenador griego, Alkis Panagoulias, abandonó furioso el vestuario heleno. «Tengo un equipo de homosexuales», se quejó a los gritos, sin importarle que la antesala estuviera repleta de periodistas y cámaras de televisión de todo el mundo. «Somos un pueblo poco serio», siguió ladrando el técnico, quien llamó a sus jugadores «niñitas inocentes» por los errores cometidos en los dos encuentros y las goleadas adversas que eliminaron anticipadamente a Grecia de la competencia.

Autorrecompensa

Los futbolistas de Arabia Saudita fueron bien recompensados por clasificar para los octavos de final en una Copa del Mundo. Un empresario de ese país, Wafaa Zawawi, adquirió 22 modernos automóviles de la firma sueca Volvo para regalarle uno a cada jugador. Zawawi pagó sin chistar unos 700 mil dólares, convencido de que el gasto no era frívolo, sino una justa recompensa para semejante logro. Los esforzados árabes ya habían cobrado cada uno veinticinco mil dólares y un automóvil Mercedes Benz por haber ganado en la eliminatoria un lugar en el Mundial.

Cuña del mismo palo

Dos jugadores que participaron de la Copa fueron expulsados de sus selecciones por sus propios entrenadores. El primero fue el volante rumano Ion Vladoiu, a quien se mandó de vuelta a casa luego de que viera la tarjeta roja por aplicar una violenta patada al suizo Stephane Chapuisat, tres minutos después de haber reemplazado a Ilie Dumitrescu. «La Federación despidió a Vladoiu del equipo al considerar, primero, la dura falta realizada a un jugador rival, y también el mal comportamiento que tuvo con uno de los integrantes del cuerpo técnico de la selección», explicó el entrenador Anghel Iordanescu. Por la fuerte falta, el Comité de Disciplina de la FIFA sancionó a Vladoiu con tres partidos de suspensión y a la federación rumana con 5.500 dólares de multa.

El segundo fue el alemán Stefan Effenberg, quien el 27 de junio, al ser reemplazado por Thomas Helmer en el juego ante Corea del

Sur, efectuó gestos groseros a los hinchas de su país que, desde la tribuna del Cotton Bowl de Dallas, criticaban su actuación. «Effe» dejó la cancha con cortes de manga y el dedo mayor de su diestra extendido hacia a los azorados seguidores germanos. El volante fue desafectado de la delegación por orden del técnico Berti Vogts, quien justificó la medida al aseverar que «un jugador internacional no puede realizar ese gesto».

Alarma en cadena

Los entretiempos de los partidos del Mundial causaron muchos dolores de cabeza del otro lado del Atlántico a la empresa que abastecía de agua a Berlín. Según los directivos de la compañía sanitaria, cada vez que un árbitro marcaba el final del primer tiempo, el uso masivo de los baños de la ciudad provocaba una inquietante descompensación en los conductos cloacales, que se desbordaban por el enorme caudal de líquidos vertidos al sistema.

Maradona mundial

La expulsión de Diego Maradona de la Copa del Mundo generó curiosas manifestaciones en todo el mundo. En Israel, un niño de once años de la ciudad de Haifa se declaró en huelga de hambre y debió ser hospitalizado luego de tres días sin tomar alimentos ni bebidas. En Bangladesh, un grupo de exaltados salió a las calles para reclamar a la FIFA la revocación de la pena y quemó una imagen del presidente de la entidad, João Havelange. Allí, un abogado, Mohammed Anwarul, presentó en un tribunal de justicia una demanda contra Havelange, para exigirle el pago de mil takas (unos 25 dólares) como indemnización por los «trastornos mentales» provocados por la expulsión del capitán argentino. En la India, trabajadores de una empresa alimentaria boicotearon la celebración de una boda en señal de protesta.

El poder de Diego también se pudo medir en tickets vendidos: las 64 mil entradas del estadio Cotton Bowl de Dallas para el juego entre Argentina y Bulgaria se agotaron varios días antes del partido —en el cual definitivamente el crack no participó— disputado el 30 de junio. Esto no ocurrió con los dos encuentros que se realizaron allí con anterioridad: el 17 de junio, España y Corea del Sur congregaron a 56 mil personas, y Nigeria y Bulgaria, el 21, apenas a 44 mil.

Premio y castigo

Los 90 minutos se habían cumplido y ya se jugaba el tercer y último minuto de adición en el estadio Foxboro de Boston, el 9 de julio, donde Italia vencía a España por un ajustado 2-1. En la última jugada, el lateral vasco Jon Goikoetxea lanzó un centro hacia el área rival, que se perdió por línea de fondo. En el césped quedó tendido el delantero ibérico Luis Enrique, con el rostro bañado en sangre por un traicionero codazo del defensor Mauro Tassotti. Todo hacía prever que el árbitro húngaro Sandor Puhl cobraría penal y expulsaría a Tassotti. Pero ni Puhl ni sus asistentes vieron lo que tenían que ver, y el pitazo final dio el incidente por terminado a pesar de las airadas protestas españolas y la evidente acción desleal pintada en la cara de Luis Enrique. Dos días después, el Comité de Disciplina de la FIFA analizó un video del encuentro para repasar el incidente, que no constaba en el informe arbitral, y tomó una decisión histórica, ya que nunca antes la entidad había utilizado una cinta para estudiar un caso ocurrido dentro del campo de juego: se castigó a Tassotti con ocho partidos de suspensión —pena que, increíblemente, al propio Luis Enrique le pareció «excesiva»— y una multa de 20.000 francos suizos. Sin embargo, para los españoles, la justicia llegó tarde, puesto que ya habían regresado a casa eliminados. No se entendió por qué no se aplicó ningún castigo al distraído de Puhl. Mucho menos, que se lo haya designado para la gran final entre Italia y Brasil.

Apoyo kilométrico

La participación de Bolivia en la Copa no fue muy feliz. Fue rápidamente eliminada tras perder ante Alemania y España, e igualar sin goles con Corea del Sur. Pero para su arquero —el argentino naturalizado Carlos Trucco— hubo, al menos, un hermoso consuelo: una carta de apoyo de siete kilómetros de largo. La bonita y original iniciativa estuvo a cargo de miles de hinchas, que plasmaron cálidos mensajes en varias bobinas de papel. La descomunal esquela fue entregada a Trucco por la Empresa Nacional de Correos de Bolivia, con sus estampillas y sellos de seguridad correspondientes.

Peluca por final

El arquero búlgaro Boris Mihailov se mostró tan efectivo como coqueto. Gran figura de su equipo en octavos de final —en cuya definición por tiros penales, ante México, atajó dos— y cuartos —en el histórico triunfo 2-1 ante Alemania—, Mihailov se destacó también por su vanidad. Además de sus guantes, el guardavalla lucía como «indumentaria» un prolijo peluquín. El búlgaro reconoció ante la prensa el uso del postizo, que permaneció adherido a la cabeza más allá de los revolcones, pero para minimizar su coquetería, aseguró que si su equipo superaba a Italia en la semi, «lo lanzo a la tribuna. No lo dudo, cambio mi peluquín por la final». Mas el destino quiso que Bulgaria perdiera con Italia, y luego repitiera la caída con Suecia en el match por el tercer puesto, por lo que Mihailov mantuvo a buen recaudo su brillante calva.

Guantes con olor a chivo

El Comité Disciplinario de la FIFA sancionó al arquero brasileño Claudio Taffarel por utilizar un par de guantes acondicionados especialmente para recibir el trofeo ganado por su país luego de derrotar a Italia en la final. Taffarel fue condenado a pagar una multa de veinte mil francos suizos (en ese entonces, unos quince mil dólares) y fue suspendido para participar de dos partidos internacionales porque, según la resolución, «después del triunfo ante Italia —ocurrido el 17 de julio en el estadio Rose Bowl de Pasadena, California— se cambió los guantes por unos especiales con un letrero publicitario ilícito».

Francia 1998

Veinte años después de Argentina '78, un país anfitrión volvió a levantar la Copa. Francia, con un equipo sólido en defensa y una delantera letal —el conjunto galo fue el campeón con mayor diferencia de gol de la historia, trece, y con menor cantidad de goles en contra: sólo dos— probablemente haya sido el más legítimo de los países organizadores-ganadores de la historia. De ninguna manera pueden argumentarse razones políticas para su victoria, ni mucho menos haber gozado de la ayuda arbitral: Francia sufrió tres expulsiones, la mayor cantidad para un ganador de la Copa hasta Sudáfrica 2010 inclusive. Los hombres que debieron irse antes de tiempo a las duchas fueron Marcel Desailly (doble amarilla en la final), Zinedine Zidane (roja directa por pisar a un rival de Arabia, le dieron dos fechas de suspensión) y Laurent Blanc (también directa, en la semifinal). El éxito tricolor fue tan loable que, al día siguiente de la victoria sobre Brasil en la final, el diario deportivo L'Equipe vendió... ¡1 600 000 ejemplares! En cuanto al torneo, estuvo plagado de récords. En primer lugar, en cantidad de equipos. Para esta edición, la FIFA determinó un aumento de 24 a 32, distribuidos en ocho grupos de cuatro participantes cada uno, y que pasaran a octavos de final los dos primeros de cada cuarteto. En tanto, el veterano alemán Lothar Matthäus, de 37 años, alcanzó la marca de más partidos jugados, con veinticinco en cinco Mundiales —otro récord, aunque compartido con el arquero mexicano Antonio Carbajal—. Cesar Sampaio consiguió el gol más rápido en un partido inaugural de la Copa, a los cuatro minutos en la victoria de Brasil sobre Escocia 2-1. La marca anterior era de seis minutos y pertenecía al suizo Rolf Wuethrich, quien anotó el único tanto del equipo europeo en la derrota ante Chile, en Santiago, por 3 a 1. Otro récord curioso correspondió al danés Ebbe Sand, quien convirtió el gol más veloz de la historia de la Copa conseguido por un suplente. Sand mandó la pelota a la red solamente 16 segundos después de ingresar a los 59 minutos por Peter Moller, ante Nigeria, por los octavos de final. Dinamarca se impuso por 4 a 1. Además, la sustitución de Alessandro Nesta por Giuseppe Bergomi a los cuatro minutos del encuentro ante Austria —el 23 de junio, por el grupo B— resultó la más rápida de la historia de la Copa del Mundo. Nesta debió abandonar en camilla el terreno de juego del estadio Saint-Denis de París, debido a una rotura del ligamento cruzado de la rodilla derecha, que lo dejó fuera de la competencia. Curiosamente, los dos récords anteriores también correspondían a la selección «azzurra»: en Argentina '78, Renato Zaccarelli reemplazó a Giancarlo Antognoni a los seis minutos del primer tiempo del partido ante la escuadra local, el 10 de junio, en el estadio «Monumental» de River Plate, en Buenos Aires. En España '82, el 11 de julio, en el estadio Santiago Bernabeu de Madrid, Alessandro Altobelli ingresó por Francesco Graziani en el séptimo minuto de la final ante Alemania, que los peninsulares ganaron por 3 a 1. Altobelli fue el autor del tercer gol, a los 81 minutos, y a los 89 también fue reemplazado, por Franco Causio. El delantero argentino Gabriel Batistuta logró una marca interesante: fue el primero en convertir una «tripleta» en dos torneos mundialistas: «Bati» anotó tres goles contra Grecia en Estados Unidos '94 y tres contra Jamaica en el Parc de Princes parisino. Para esta edición se dispuso el polémico «gol de oro», que determinaba que, si un encuentro finalizaba los 90 minutos igualado, el que hacía el primer tanto en el alargue ganaba el match. La única definición por esta vía —inventada en Alemania a principios de la década de 1930— correspondió al choque entre Francia y Paraguay, por los octavos de final. El defensor galo Laurent Blanc dio a la escuadra «bleu» la dorada victoria a los 113 minutos. En la final entre Francia y Brasil, por primera vez se enfrentaron la nación organizadora y el campeón de la edición anterior. También fue la primera definición mundialista en ser dirigida por un árbitro africano: el marroquí Said Belqola. Otro africano, el camerunés Rigobert Song, se convirtió en el primero en ser expulsado en dos Mundiales consecutivos: contra Brasil en Estados Unidos '94, y en el encuentro con Chile en Nantes, el 23 de junio. Cuatro países debutaron en la Copa del Mundo: Japón, Croacia, Jamaica y Sudáfrica. El sorteo determinó que los tres primeros integraran el mismo grupo, el «H», con Argentina. Un dato pintoresco: con motivo del Mundial, el correo francés lanzó una serie de estampillas redondas, las primeras emitidas en ese formato por un país europeo.

Goleada y polémica

En la fase clasificatoria, Irán consiguió el 2 de junio de 1997 el resultado más abultado hasta entonces entre dos selecciones nacionales en una eliminatoria: derrotó como visitante a Islas Maldivas por 17 a 0. En ese encuentro —válido por el Grupo 2 de la Zona Asia— los iraníes anotaron seis veces en el primer tiempo y once en el segundo, mientras el delantero Karim Bagheri fue el máximo «scorer», con siete tantos. Islas Maldivas —que compartió el grupo 2 con Irán, Siria y Kirguizistán— terminó la serie con una marca paupérrima: seis partidos jugados, seis derrotas, cero goles a favor y 59 en contra. La selección de Irán se vio envuelta en una polémica algunos meses más tarde, cuando la FIFA autorizó a cuatro de sus jugadores a enfrentar a Australia, por el repechaje Asia-Oceanía, a pesar de haber recibido dos tarjetas amarillas cada uno en encuentros previos. En cambio, el goleador Bagheri se perdió el primer partido por haber sido expulsado ante Kuwait. El vocero de la FIFA, Keith Cooper, justificó la habilitación del arquero y capitán Ahmad Reza Abedzadeh, del delantero Khodadad Azizi y de los defensores Ostad Asadli y Mohammad Khakpour, al sostener que las amonestaciones «ocurrieron en la ronda clasificatoria asiática y ésta es una fase diferente de la competencia. Sin embargo, las tarjetas rojas sí tienen vigencia en cualquier etapa». El anuncio cayó muy mal en Australia, pero mucho peor que uno de los que debieron ser suspendidos, Azizi, marcara el gol de la igualdad en el partido de ida en Teherán, que finalizó 1-1. Los asiáticos lograron un heroico empate a dos en Melbourne, después de ir perdiendo 2 a 0 (goles de Bagheri y Azizi, otra vez), y clasificaron para Francia por mayor cantidad de goles en condición de visitante.

Trabajos forzados

Cuando finalizó el régimen del dictador iraquí Saddam Hussein —derrocado en 2003 tras la invasión de fuerzas aliadas de Estados Unidos, Reino Unido, Australia, España y Polonia—, trascendió que los futbolistas que habían participado de las eliminatorias para Francia 1998 y Corea-Japón 2002 habían sufrido castigos tremendos por no haberse clasificado para ambas competencias. Varios jugadores denunciaron que Uday Hussein, uno de los hijos de Saddam y autodesignado presidente de la federación de fútbol local, recurrió a torturas, la cárcel y condenas a trabajos forzados para «recompensar» a sus deportistas. Se dijo que Uday azotaba personalmente a los futbolistas y presenciaba crueles castigos como arrancar uñas, o sumergir a los muchachos, de cabeza, en aguas podridas o excrementos. Los encierros prolongados y sin alimentos, u obligar a los jugadores a patear balones de cemento eran otros «premios». Pocos meses antes de la caída del régimen de Hussein, cuando la prensa europea recogió testimonios de algunos deportistas que se habían fugado de su país, la FIFA inició una investigación para tratar de determinar lo que ocurría y reclamó a la federación iraquí una explicación para las acusaciones. En respuesta, Uday respondió que sus jugadores solo eran «invitados» a un retiro para participar de «ejercicios espirituales».

Indulto

Algunos meses antes del Mundial de Francia, Sayeed Al-Owairán, la gran figura árabe, fue descubierto «in fraganti» con un vaso lleno de licor en la mano y varias mujeres del brazo, justo en Ramadán, el mes santo de los musulmanes. Al-Owairán fue a la cárcel, pero luego fue indultado para entrenarse y llegar en perfectas condiciones para vestir la camiseta «10» en la importante competencia. El volante había sido la estrella de su equipo en Estados Unidos y había conseguido un gol «maradoniano» ante Bélgica que le dio a Arabia la clasificación para octavos de final.

Queja gourmet

La agrupación que nuclea a los grandes chefs franceses se quejó de la designación de la cadena norteamericana Mc Donald's como «restaurante oficial» del campeonato. La empresa de «comidas rápidas» había firmado un millonario contrato publicitario con la FIFA, que le valió el rechazo de los cocineros galos, considerados los mejores del mundo. «Esta alianza entre el futbol y el fast-food es una cuestión poco gastronómica, en la que hay en juego mucho dinero», señalaron los muy famosos cocineros. «La gastronomía francesa —agregaron— tiene renombre mundial. No podemos dejar que una hamburguesa nos sustituya». Por otra parte, justamente por ser Francia la capital mundial de la alta cocina y el vino, asombró que la mayoría de las escuadras participantes llevaran en sus valijas los alimentos y bebidas autóctonos que consumieron los deportistas durante la competencia. Los italianos, por ejemplo, llegaron a lo de sus vecinos con un camión abarrotado con 1.300 kilos de pasta, 300 kilos de queso parmesano, 500 kilos de tomates pelados envasados —para preparar unas 7.500 porciones de fideos con salsa—, 80 piernas de jamón crudo de Parma de 12 kilos cada una, 120 litros de aceite de oliva, 5.000 litros de agua mineral, 400 de vino italiano (¿el francés no era el mejor del mundo?), varias cajas de latas de gaseosas y cervezas, 400 kilos de bizcochitos, 100 de azúcar, 120 de harina, 35 de mermelada, 300 litros de leche descremada y 300 de jugo de naranja. Todos estos productos fueron tratados por las prodigiosas manos de los cocineros Franco Soncini y Gino Delle Donne, a cargo de la elaboración del menú diario.

Pasarela militarizada

Celoso de su trabajo, temeroso de los espías rivales —japoneses, jamaiquinos, croatas... argentinos—, el entrenador albiceleste Daniel Passarella ordenó envolver el complejo deportivo de la ciudad de L'Etrat con una lona plástica de casi dos kilómetros de largo y dos metros y medio de alto. Los responsables del predio donde se entrenaba la selección argentina debieron gastar unos 70 mil dólares extra para satisfacer la excesiva precaución del técnico. Además, se colocaron nuevas cerraduras en el portón de entrada del complejo, que estuvo custodiado en forma permanente por una docena de gendarmes, algunos de ellos acompañados de perros entrenados. Passarella evitó de esta manera todo contacto con periodistas, curiosos o agentes que pudieran registrar su trabajo con cámaras de foto o video. Lo que no pudo evitar fue que su equipo quedara eliminado por Holanda en cuartos de final. Tal vez, el rendimiento de su equipo hubiera sido diferente si se hubiera preocupado menos por el «qué dirán» y dedicado más tiempo a la preparación de sus jugadores.

Hasta las manos

La mayoría de los directores técnicos prefiere que sus hombres se abstengan de mantener relaciones sexuales, al menos la noche anterior a los encuentros. Cuando Brasil llegó a Francia, ostentaba un invicto de casi un año, serie que se había iniciado luego de una derrota en Oslo ante la selección noruega. El entrenador Mario Zagallo responsabilizó por esa caída, 4-2, al cansancio producido por diecisiete horas de avión y «al exceso de sexo por televisión». Zagallo —ex delantero del equipo de Brasil bicampeón en Suecia '58 y Chile '62 y conductor táctico del glorioso conjunto que se impuso en México '70— confesó que antes del encuentro ante Noruega sus muchachos pasaron la noche «con los ojos abiertos, viendo filmes de sexo explícito en los televisores de los cuartos del hotel». Según el entrenador, ello provocó que «la disposición física de los jugadores fuera menor de lo esperado». Para que esa situación no se repitiera durante la Copa, el técnico ordenó a la gerencia del hotel de la ciudad de Lesigny, donde la escuadra sudamericana instaló su concentración, a pocos kilómetros de París, que en las habitaciones de sus hombres se emitiera un paquete de películas «inocentes», como *Rey León*, *Máxima velocidad* o *Terminator I y II*. Pero luego el técnico debió rever sus estrictas medidas por consejo del responsable del departamento médico de la selección «verdeamarela», Lidio Toledo. El doctor autorizó a los futbolistas a mantener relaciones sexuales y beber cerveza, pero con moderación. El especialista remarcó que «en el Mundial de 1974, los cuerpos técnicos de Alemania y de Holanda dieron estas libertades a sus jugadores. Nosotros mantuvimos un esquema rígido y no conquistamos nada. Hacer el amor es científicamente recomendable para los atletas, aunque sin exageraciones». Remarcó que el consumo de dos latas de cerveza como máximo por día «sirve para aliviar la ansiedad producida por 40 días de concentración».

Muñeca brava

Minutos antes de que la delegación belga partiera hacia Francia, el lateral derecho Eric Deflandre le dijo a un periodista que en su valija llevaba sus botines y «una muñeca inflable porque un mes sin una mujer será difícil». La noticia ganó rápidamente espacio en los periódicos belgas, por lo que el defensor de Brugge debió aclarar que, en realidad, había hablado en broma. Los «diablos rojos» fueron eliminados en la primera rueda y Deflandre volvió a casa mucho antes de lo previsto. No se sabe si en definitiva se valió de los servicios de la chica de hule, ni las explicaciones que dio a su novia, que lo esperó «inflada» de bronca por el escándalo que produjeron sus confesiones.

Billetera mata a arquero

El arquero titular de la selección escocesa, Andy Goram, no era dueño de un currículum inmaculado en cuestiones del corazón cuando, un mes antes del inicio de la Copa, estalló un escándalo sexual que lo dejó fuera de competencia. Mientras la delegación británica se preparaba en los Estados Unidos, los diarios del Reino Unido llenaron páginas y páginas con las lágrimas de la novia del bueno de Goram, que se quejaba porque su amado había dejado embarazada a otra chica. Paralelamente, una prostituta salió a gritar a los cuatro vientos que le había prestado sus servicios al arquero, pero a cambio no había recibido los 200 dólares pactados. Agobiado por la exposición de su vida privada, Goram decidió renunciar al Mundial y volvió a su casa de Glasgow. El técnico escocés, Craig Brown, debió convocar de urgencia a Jonathan Gould, y promover a Jim Leighton como nuevo titular.

¿Fue cosa de brujas?

Una semana antes del debut ante Japón, la concentración argentina en L'Etrat explotó con la versión de que había dado positivo por cocaína uno de los análisis sorpresivos realizado a los jugadores por el equipo médico de la selección albiceleste. Con los fantasmas del escándalo protagonizado por Diego Maradona cuatro años antes, en Estados Unidos, el rumor —difundido por un programa de televisión de «chimentos»— señalaba a Juan Sebastián Verón. Un periodista radial dijo tener «pruebas» de que en la muestra de Verón surgieron metabolitos de cocaína y éxtasis. Los controles se realizaron el 2 de junio, horas antes de que la delegación argentina partiera hacia Francia. Mientras el técnico Daniel Passarella y el propio Verón desmentían el incidente, el médico del plantel, Luis Seveso, había admitido primero el dóping, aunque luego se retractó porque, dijo, no había recibido los resultados. A raíz de este incidente, los jugadores acordaron poner restricciones a la labor de los periodistas: sólo formularían declaraciones a través de conferencias de prensa y no atenderían a los medios en forma individual. «Tomamos esta decisión para estar mejor», explicó el capitán, Diego Simeone. Quien también reconoció que algo raro había pasado en ese examen fue el presidente de la AFA, Julio Grondona: «Les juro por mi madre que yo no sé quién es. No quise ni preguntar», se excusó. «Los estudios son un tema interno del seleccionado. Se efectúan pruebas para controlar a los futbolistas y la responsabilidad reside en el médico y el director técnico. No creo que corresponda una sanción porque se trata de una prueba interna, fuera de competencia. Además, no hubo ningún hecho deportivo de por medio», agregó. En tanto, el secretario de Deportes de la Nación, el ex rugbier Hugo Porta, sugirió que «la AFA debe hacer un sumario interno que, obviamente, debería llegar a la Secretaría de Deportes». Verón —quien había sido transferido de Sampdoria a Parma— sostuvo que «todo lo dicen los periodistas y nadie va a sacar un papel para comprobar algo. La AFA ya dijo todo lo que debía decir y el médico también. Yo tengo en claro quién es la gente que me quiere ensuciar. No hubo un informe de la AFA y estoy seguro de que si saltaba algo yo me quedaba sin Mundial. Ahora siguen las versiones sin ninguna prueba». Dos meses más tarde, el 14 de agosto, el Tribunal de Disciplina de la AFA declaró la «inexistencia de infracción» en los controles efectuados, resolución que se tomó de acuerdo con el artículo 180 del Reglamento de Transgresiones y Penas y por la ley 24.819. A lo largo de la Copa, Verón no fue sorteado para que se le realizara el antidóping.

Orientales limpios

Causó sorpresa a los organizadores de la Copa que los estadios donde jugaron Japón y Corea del Sur terminaran cada partido más limpios que antes de que se abrieran sus puertas. Los hinchas asiáticos —posiblemente para tratar de dar una buena imagen previa al Mundial que se realizaría cuatro años más tarde en esas dos naciones del Lejano Oriente— llevaron bolsas de plástico de color azul para introducir en ellas los papeles, restos de comida y otros desperdicios generados durante los encuentros. Dentro del campo de juego, los dos seleccionados asiáticos no respondieron con la misma eficacia que sus seguidores. Ambos finalizaron últimos en sus zonas. Japón perdió sus tres partidos (ante Argentina, Croacia y Jamaica), y Corea sólo rescató un empate con Bélgica, luego de ser derrotada por México y Holanda.

Tortilla mexicana

La selección mexicana que dirigía Manuel Lapuente tuvo un desempeño curioso: en la primera ronda, por el grupo E, derrotó 3-1 a Corea del Sur tras ir perdiendo, y con Bélgica y Holanda igualó en dos después de encontrarse 2-0 abajo. En cuartos de final, cuando por fin pudo abrir el marcador, ante Alemania, no pudo mantener la ventaja y cayó por 2 a 1, resultado que significó su eliminación.

Guaraní

El idioma guaraní fue una importante herramienta para los paraguayos que enfrentaron a España por el grupo D. Buena parte del valioso empate sin goles que le permitió a la selección sudamericana pasar de ronda —y al mismo tiempo mandar a los ibéricos a casa— se debió a que sus jugadores se valieron del guaraní —el idioma nativo de su país— para darse indicaciones dentro de la cancha. Los españoles advirtieron la exitosa táctica y pretendieron hacerla suya, ya que casi todos hablaban una segunda lengua ibérica. Claro que la jugarreta no dio resultado, porque el uso del catalán, el vasco o el gallego llevó más confusión que solución.

Condimento

Durante este Mundial, la embajada de Tailandia en París ofreció una partida de su mejor curry para condimentar el ánimo de la selección nigeriana. La nación del sudeste asiático no clasificó para la serie final disputada en Francia, pero tanto su gobierno como su pueblo siguieron con gran pasión el desempeño de los africanos, a los que se sentían unidos por el estómago: Nigeria era el principal comprador del arroz tailandés.

Casamiento

Cuando el sorteo determinó que Brasil y Noruega debían enfrentarse el 23 de junio por el grupo A, la pareja decidió «poner fecha» y comenzar los trámites para hacer realidad su sueño sobre el verde césped del Velodrome de Marsella. El noruego Oivind Ekeland y la brasileña Rosangela de Souza se contactaron con dirigentes de la FIFA y les solicitaron permiso para contraer matrimonio ese día, en el mismísimo círculo central, y minutos antes del pitazo inicial del juego. La entidad analizó el extraño pedido y, quizá conmovida por el amor, permitió que la unión se concretara en el estadio marsellés. El vocero Keith Cooper destacó que, desde la FIFA, «siempre hemos dicho que el futbol debe unir a la gente en un espíritu de amor, amistad y fraternidad, así que aceptamos. Sólo les pedimos (a los flamantes cónyuges) que no se lo adelantaran a la prensa, porque no queríamos un aluvión de peticiones similares, de marroquíes casándose con paraguayas o sabe Dios qué». Una hora antes del comienzo del match, Oivind —ataviado en un sobrio smoking negro— y Rosangela —de largo vestido blanco— fueron declarados «marido y mujer» por un sacerdote católico y bendecidos por los aplausos de la multitud que colmó el coliseo. La alegría fue doble para Oivind, ya que Noruega se impuso por 2 a 1 a un ya clasificado Brasil y consiguió el pase a octavos de final.

Un goleador y dos patrias

Al señalar el tercer tanto de Croacia, a los 53 minutos del partido con Jamaica en Lens, Robert Prosinecki se convirtió en el primer jugador en marcar goles en la fase final de la Copa del Mundo para dos países distintos. El mediocampista croata —que también vulneró en Francia la valla de Holanda en el juego por el tercer puesto— había vestido en Italia '90 la camiseta yugoslava, con la que anotó una vez a Emiratos Árabes. También anotó uno de los penales en la definición de cuartos de final en la que Yugoslavia cayó ante Argentina. Desde hace unas décadas, la FIFA prohíbe a un jugador vestir la camiseta nacional de más de un país, pero debió flexibilizar esta norma frente a los cambios políticos que, después de la caída de la «cortina de hierro», se vivieron en Europa. Prosinecki había nacido en Alemania, pero a los 14 años se mudó con su familia a Croacia, que en ese momento formaba parte de Yugoslavia. En 1991, Croacia declaró su independencia y Prosinecki pasó a vestir la camiseta a cuadros rojos y blancos. Junto a él lo hicieron Davor Šuker y Robert Jarni, otros dos «sobrevivientes» de Italia '90, pero el delantero no jugó ningún partido y el segundo sólo actuó unos minutos ante Colombia. Hasta ese momento, sólo cinco jugadores habían participado de un Mundial con dos selecciones diferentes: los argentinos Luis Monti —marcó dos tantos para el subcampeón del '30, pero nunca con la camiseta de Italia en 1934— y Atilio Demaría —no llegó al gol con Argentina en 1930 ni con Italia en 1934—, Ferenc Puskás —anotó cuatro veces para el subcampeón Hungría en Suiza '54, pero ninguna para España en Chile '62—, José Emilio Santamaría —no logró tantos ni con Uruguay en el '54 ni con España en el '62— y Juan José Altafini —dos conquistas con Brasil en Suecia 1958, ninguna para Italia en el '62—. El único jugador de la historia que actuó en tres selecciones de países distintos fue Ladislao Kubala, quien vistió los colores de su Hungría natal, Checoslovaquia y España. Sin embargo, Kubala nunca participó de una Copa del Mundo: sólo intervino con España en las eliminatorias para 1954 y 1958, pero la escuadra ibérica no se clasificó para ninguno de los dos torneos.

Uno, dos, tres, probando...

Luego del partido que el 24 de junio disputaron Sudáfrica y Arabia Saudita en el Parc Lescure de Bordeaux, surgió una polémica: varios medios de comunicación afirmaron que el defensor y capitán del equipo africano, Pierre Issa, estuvo en contacto radial con su entrenador, el francés Philippe Troussier, mediante un auricular en su oído derecho. La FIFA reaccionó con gran sorpresa cuando descubrió en varios diarios la foto del zaguero, en una acción del juego, con un elemento en su oreja. De inmediato, se puso en funciones a una comisión investigadora que pidió explicaciones a la Federación Sudafricana y citó al árbitro chileno Mario Sánchez Yanten. «Yo no lo noté», se excusó el referí. Si bien en el reglamento no estaba previsto un incidente de esta naturaleza, la FIFA consideró como un hecho antideportivo que se transmitan indicaciones por radio desde el banco de suplentes. Finalmente, después de tanto revuelo, se determinó que el altercado se había generado por una simple ilusión óptica. El jefe de prensa Keith Cooper aseveró que, luego de un exhaustivo sondeo, se comprobó que la fotografía había tomado el momento justo en el que el collar de Issa se había levantado y cubierto su oreja, lo que daba la apariencia de que el defensor llevaba un auricular.

No valió más tarde que nunca

La selección de Austria marcó tres goles en la Copa, uno por partido y todos en tiempo adicionado del segundo tiempo. Anton «Tony» Polster empató el encuentro con Camerún e Ivica Vastic con Chile. En tanto, Andreas Herzog marcó de penal contra Italia, aunque el tanto no sirvió para revertir una derrota por 2 a 1, que significó la eliminación del equipo alpino.

Cambios de técnico

Cuando llegó al vestuario después de la derrota ante Francia por 4 a 0, el brasileño Carlos Alberto Parreira, técnico de Arabia Saudita, sufrió otro dolor de cabeza. El príncipe Faisal, hijo del rey Fahd de la rica nación del Golfo Pérsico y presidente de la Federación de Futbol, lo había convertido en el primer entrenador en quedarse sin trabajo durante un Mundial. A Parreira —quien curiosamente había sido campeón cuatro años antes con Brasil— lo reemplazó Mohammed Al Kharashy como conductor de Arabia tras dos caídas ante Dinamarca, 1-0, y Francia, 4-0. Dos días más tarde, lo mismo ocurrió con el coreano Bum Kun Cha, a quien los dirigentes de la Asociación Coreana de Futbol destituyeron luego de las caídas ante México —3 a 1— y Holanda —5 a 0—. «Para Cha, esto terminó ahora, aquí mismo», anunció a la prensa Chun Hanjin, subdirector del comité técnico de selecciones del país oriental. No sólo se responsabilizó a Cha por la eliminación del torneo, sino que cayeron muy mal sus declaraciones previas al encuentro con los europeos: «Me conformo con un empate», había dicho. Cha fue sustituido por su ayudante de campo, Pyung Seok Kim. Otro que debió armar sus valijas antes de que finalizara la primera ronda fue el polaco Henryk Kasperczak, relevado por Ali Selmi luego de las dos derrotas de Túnez con Inglaterra, 2-0, y Colombia, 1-0. Lo insólito del caso es que los tres flamantes entrenadores consiguieron honrosos empates en su actuación de despedida: Corea con Bélgica, 1-1; Túnez con Rumania por el mismo marcador; y Arabia con Sudáfrica, 2-2.

Todo corazón

A los veinte años, Nwankwo Kanu disfrutaba del éxito. Desde su paupérrima Owerri natal, en Nigeria, había alcanzado la cumbre del futbol con la seducción de sus sorprendentes movimientos. Fue tricampeón con el club holandés Ajax, ganó la Champions League, la Copa Intercontinental y la Supercopa Europea. También fue fundamental para que Nigeria se apoderara del Mundial Juvenil Sub-17 de 1993 y la medalla de oro en los Juegos Olímpicos de Atlanta 1996. Tanto título y la reputación de su clase hicieron que los ojos de Inter de Milán se depositaran sobre él y se desembolsara una fortuna para que vistiera la camiseta azul y negra. Pero cuando Kanu, días después de la final olímpica, arribó a Milán y fue sometido a una exhaustiva revisión médica, la llama se apagó. Un cardiólogo descubrió que la flamante incorporación sufría una grave insuficiencia en la válvula cardíaca de la aorta, que no sólo le impediría la práctica del deporte profesional, sino que ponía en riesgo su propia vida. Ese categórico diagnóstico fue ratificado por otros facultativos consultados por Inter, por lo que el volante viajó a la ciudad estadounidense de Cleveland para hacerse colocar una válvula artificial que sustituyera a la natural dañada. Luego de más de un año de estudios y recuperación, Kanu pudo viajar con «las águilas verdes» a Francia. El 19 de junio en el Parque de los Príncipes, ante Bulgaria, cuando el entrenador serbio Velibor «Bora» Milutinovic lo llamó para que reemplazara a Daniel Amokachi, a los 67 minutos, el talentoso volante fue recibido de nuevo en una cancha por más de 45 mil personas que lo aplaudieron y ovacionaron de pie. Si bien no jugó un gran Mundial —fue titular sólo el día de la eliminación en octavos de final, ante Dinamarca, por 4 a 1— demostró que tenía un corazón con más coraje que músculo.

Control de alcoholemia

Durante la etapa de preparación para la Copa en España, el inglés Edward «Teddy» Sheringham decidió aprovechar «a full» uno de los días de descanso y se tomó un avión para recorrer la noche de la bella ciudad portuguesa de Algarves. Al otro día, en varios diarios londinenses se publicó la foto del delantero junto a una hermosa mujer, un vaso de whisky en una mano y un cigarrillo en la otra. El periódico «The Sun» no se anduvo con vueltas para criticar al entonces delantero de Manchester United: «Son las 6.45 de la mañana y Sheringham empina el codo y fuma, antes de acostarse con una rubia. Teddy, eres un idiota». El escándalo mediático le sacó canas verdes al entrenador Glenn Hoddle, quien no obstante perdonó al jugador: «Estoy decepcionado por lo que hizo, pero Teddy entendió que cometió un error, pidió disculpas y por eso continuará en el equipo», fue la explicación de Hoddle, quien no había reaccionado de la misma manera ante un hecho de similares características protagonizado por Paul Gascoigne. Un mes antes, mientras la selección de Inglaterra participaba del torneo Hassan II en Marruecos, Gascoigne —por entonces en las filas de Glasgow Rangers— volvió una noche completamente borracho a la concentración. Hoddle, enfurecido, echó al volante del equipo y lo borró de su lista para el Mundial de Francia. «Necesito jugadores que puedan correr los 90 minutos y, hoy por hoy, Paul no está en condiciones de hacerlo», intentó justificarse el técnico. Varios integrantes del seleccionado se reunieron con Hoddle, le señalaron que «todos» habían consumido cervezas de más ese día y reclamaron un indulto para «Gazza». «Paul no era el único que estaba borracho. Había unos cuantos. En realidad, todos estuvimos bebiendo», dijo el arquero David Seaman. A pesar del pedido de perdón, Hoddle se mantuvo inflexible. Harto de que los escándalos por consumo de alcohol lo golpearan desde los medios de prensa, el entrenador juró que, al llegar a Francia, no volverían a repetirse este tipo de incidentes y estableció una durísima ley seca en el «Hotel du Golf Saint-Denac» de la localidad de La Baule, donde se alojó el plantel británico. Hoddle ordenó sacar las latas de cerveza y las botellitas de whisky y otros licores de las heladeritas de las habitaciones y de los bares de todo el complejo, incluido el de la cancha de golf. Y fue por más: exigió a sus cocineros que no utilizaran como ingrediente ninguna bebida alcohólica para sus salsas ni cocciones de carnes. Hoddle no quería que se cumpliera el dicho que asegura que «no hay dos sin tres«. Su equipo apenas alcanzó los octavos de final, donde fue derrotado por Argentina en una definición por tiros desde el punto del penal, aunque el técnico pudo sentirse orgulloso de que, para el conflicto etílico, «la segunda fue la vencida».

Salvado por el empate

El fiscal polaco Skarzysko Kamienna, quien llevaba adelante numerosas causas contra la mafia de su país, decidió el 30 de junio quedarse un rato más en su oficina para no perderse el apasionante choque entre Argentina e Inglaterra. Kamienna debía concurrir a un juzgado en su automóvil oficial, pero resolvió que esa tarde el buen futbol mundialista era prioritario, y aplazó su salida hasta que finalizara el cotejo. El fiscal devoró con fruición los noventa minutos, que terminaron 2-2, y se aflojó la corbata para disfrutar del alargue entre las dos escuadras, favoritas para llegar a la final de la Copa. Cuando se jugaba el segundo tiempo del adicional, Kamienna fue sacudido por una explosión que llegaba desde el estacionamiento del palacio de los tribunales: su auto había estallado a causa de una bomba. El fiscal salvó su vida gracias a su pasión por el futbol, pero especialmente a que Argentina e Inglaterra no habían definido el pleito en 90 minutos.

Pub vencido

El propietario de un pub de la ciudad de Brighton (en la costa sur de Inglaterra) reclamó una indemnización al talentoso David Beckham por considerarlo responsable de las pérdidas económicas que sufrió su negocio tras la eliminación de la selección de ese país europeo en los octavos de final. Paul Murray, de 45 años, dijo al periódico británico *The Sun* que la expulsión de Beckham ante Argentina no sólo le costó a Inglaterra su participación en el torneo: su establecimiento perdió mucho dinero por la merma de los clientes que veían los partidos de la escuadra británica en el gran televisor instalado en su bar. El mediocampista inglés fue castigado con una tarjeta roja luego de tirarle un puntapié al capitán albiceleste Diego Simeone. «Inglaterra pudo haber avanzado para disputar otros tres encuentros, incluso la final», declaró Murray, quien presentó documentos ante un tribunal de Brighton para que Beckham le abonase una compensación simbólica de cien libras (unos 170 dólares).

Un detalle muy interesante de esa definición por penales que dejó fuera a Inglaterra fue que el volante David Batty, quien falló el último disparo, admitió luego que «jamás» había ejecutado un remate desde los «once metros» como profesional. «Nunca antes había pateado un penal, pero tenía muchísimas ganas y le pedí al técnico hacerlo. No me arrepiento de ello y lo volvería a hacer», afirmó el corajudo volante que en esos tiempos militaba en Newcastle.

Mejor quedate en casa...

Cuando los jugadores alemanes vieron aparecer por la concentración de Niza al canciller Helmut Kohl, de inmediato recordaron que cuatro años antes, en Estados Unidos, se había producido una visita similar y la escuadra germana había quedado eliminada a manos de Bulgaria en cuartos de final, su peor actuación desde que los Mundiales prosiguieron tras la Segunda Guerra Mundial. Los «mufados» muchachos germanos no pudieron torcer el destino escrito por Kohl y volvieron a ser derrotados en cuartos, esta vez por Croacia.

Enroque

A la hora de armar su lista para Francia, el técnico noruego Egil Olsen eligió a Espen Baardsen y Frode Grodas, ambos del club inglés Tottenham Hotspur, como dos de sus tres arqueros. Lo insólito del caso es que en los cuatro partidos —Noruega fue eliminada en octavos por Italia— la valla fue defendida por Grodas, quien era suplente de Baardsen en el equipo londinense.

Convulsionados

Cuando la final ya era un recuerdo y los franceses celebraban en la avenida Champs Elysées con champagne, la prensa brasileña disparó que el delantero Ronaldo había tenido una fuerte indisposición horas antes del juego y que había sido incluido en la alineación por presión de las empresas auspiciantes de la selección sudamericana. Según la versión oficial, Ronaldo sufrió convulsiones la noche anterior al partido culminante y, luego de que se le realizaran numerosos estudios en una clínica parisina, el entrenador Mario Zagallo —respaldado por el médico Lidio Toledo— decidió incorporarlo como titular. Esta medida se tomó a último momento, al punto tal que en la primera lista de jugadores designados para el encuentro de esa tarde aparecía como delantero Edmundo. Zagallo aseveró que fue el propio Ronaldo quien le pidió ingresar como titular. Empero, muchos medios brasileños dieron por cierto que el entrenador había sido forzado por el presidente de la Confederación Brasileña de Futbol, Ricardo Teixeira. Se llegó a asegurar que Zagallo y Texeira discutieron a los gritos en el vestuario del estadio Saint-Denis en los instantes previos al partido. Estas versiones fueron desmentidas por todos los protagonistas y por la firma deportiva Nike, indumentaria oficial del seleccionado «verdeamarelo». La compañía aseveró al autor de este libro que «Nike nunca opina ni influye en qué jugadores deben integrar un equipo, ya que dicha decisión es responsabilidad de los cuerpos técnicos. En la previa de la final del Mundial 98, Nike no tuvo conocimiento de la condición física de Ronaldo y de su inclusión en el equipo, hasta que fue anunciado públicamente». Ronaldo, quien tuvo un muy flojo rendimiento en el match ganado por Francia 3 a 0, explicó por su parte que «cuando llegué al estadio estaba bien y tenía ganas de jugar. No sé qué me pasó. Roberto Carlos habló de mucha presión... Puede ser, como puede ser cualquier otra cosa. Algunos periodistas escribieron que tuve miedo. Pero es una de las tantas mentiras que se escriben sobre mí. Sentí un miedo terrible. Perdí la Copa del Mundo, pero gané la Copa de la vida. Estoy triste por la final, pero la vida cuenta mucho más».

Flor de siete

El volante francés Emanuel Petit disfrutó de una ráfaga de gloria y suculentas ganancias emparentadas con el número «7». A los 27 años y una semana después de levantar la Copa del Mundo en París —donde, además, marcó el tercer gol de su equipo frente a Brasil en la final—, Petit viajó de vacaciones con su novia a Mónaco, en la Costa Azul mediterránea. Allí, visitó el famoso Casino de Montecarlo, y con sólo una moneda de diez francos (algo menos de dos dólares) se alzó con una recompensa de 170.000 francos (unos 28 mil dólares). Los diarios británicos destacaron que esa misma temporada Petit ganó la liga inglesa y la F.A. Cup con el Arsenal y el Mundial con el número «17» en la espalda. Los 170.000 francos cayeron luego de que en la máquina en la que jugaba Petit apareciera la mágica combinación «777».

Corea-Japón 2002

Debieron pasar setenta y dos años para que la Copa del Mundo dejara de ser exclusividad de Europa y América. Y, al mismo tiempo, de un solo país. La unión de Corea del Sur y Japón posibilitó un Mundial tecnológicamente brillante, con veinte estadios, la mayor cantidad de la historia. No obstante la presunta amistosa relación entre ambas naciones organizadoras del certamen, se generaron algunos nubarrones políticos, producto de antiguos rencores entre Corea del Sur y Japón. El emperador nipón, Akihito, desairó a sus socios al no concurrir al palco del estadio de Seúl para presenciar la ceremonia inaugural. Se dijo que entre los dos países seguían frescas las disputas sucedidas en la primera mitad del siglo XX, como la ocupación japonesa de Corea hasta el final de la Segunda Guerra Mundial. «La ceremonia inaugural es como un enlace matrimonial», dijo el presidente de la federación coreana de futbol, Chung Mong Joon, quien consideró que la ausencia de Akihito era «como si la novia o el novio no se presentan a una boda. No es una cuestión de gusto sino de obligación». Más allá de esta descortesía, el torneo siguió adelante con mucha prolijidad.

Para este campeonato, la FIFA realizó algunas innovaciones técnicas, como aumentar a 23 el número de jugadores por equipo, o determinar que el campeón ya no clasificara en forma directa para la Copa siguiente. Con el correr de la pelota, surgieron curiosidades y nuevos récords. La final entre Brasil y Alemania —ganada por los sudamericanos con dos goles de Ronaldo, el 30 de junio en el estadio japonés de Yokohama— marcó el primer choque mundialista entre estas dos naciones, a pesar de ser las dos con mayor cantidad de partidos disputados —86 y 84, respectivamente, antes de cruzarse en la definición— y con más participaciones: Brasil jugó todas las Copas, y Alemania sólo faltó a Uruguay 1930 —se negó a viajar— y a Brasil 1950 —se le impidió intervenir por los crímenes contra la humanidad cometidos durante la Segunda Guerra Mundial—. Por otra parte, la escuadra sudamericana se consagró triunfadora «de punta a punta», al ganar todos sus partidos: 2-1 a Turquía, 4-0 a China, 5-2 a Costa Rica, 2-0 a Bélgica, 2-1 a Inglaterra, 1-0 a Turquía y 2-0 a Alemania. Este suceso sólo había ocurrido en 1930 (Uruguay venció 1-0 a Perú, 4-0 a Rumania, 6-1 a Yugoslavia y 4-2 a Argentina), 1938 (Italia superó 2-1 a Noruega, 3-1 a Francia, 2-1 a Brasil, y 4-2 a Hungría) y 1970 (Brasil, otra vez, que derrotó 4-1 a Checoslovaquia, 1-0 a Inglaterra, 3-2 a Rumania, 4-2 a Perú, 3-1 a Uruguay y 4-1 a Italia). Italia es el único equipo que precisó de un tiempo extra para batir a Noruega; todos los demás encuentros se resolvieron en los 90 minutos.

Francia, defensor del título, fue eliminado en la primera ronda en el grupo A, algo que no sucedía desde Inglaterra '66, con Brasil, y que también había pasado con Italia en 1950. La experiencia gala fue mucho más humillante: no marcó goles, apenas igualó un encuentro ante Uruguay, y quedó última en su zona. Brasil, en Inglaterra, al menos había derrotado a Bulgaria. Italia, en 1950, había superado a Paraguay. También llamó la atención la rápida despedida de Argentina, en lo que se denominó «el grupo de la muerte»: venció a Nigeria, cayó ante Inglaterra e igualó con Suecia. Muy poco para un equipo que había arrasado en la etapa clasificatoria. Entre los récords, el capitán turco, Hakan Sukur, consiguió uno muy difícil de superar: estampó el gol más rápido de la historia de los Mundiales contra Corea del Sur, cuando apenas se jugaban 10,8 segundos del encuentro por el tercer puesto, el 29 de junio en Daegu. El 4 de junio, el coreano Doo-Ri Cha batió también una marca, aunque sin tanto aplauso: fue amonestado solamente veinte segundos después de haber ingresado a la cancha. Cha reemplazó a Ki Hyeon Seol a los 89 minutos del encuentro con Polonia, con el marcador 2-0 para los locales y veinte segundos después pegó una patada que, a criterio del árbitro colombiano Oscar Ruiz, mereció la tarjeta. Un récord negro… o amarillo: el 11 de junio, durante el enfrentamiento entre Alemania y Camerún en Shizuoca, Japón, el referí español Antonio López Nieto amonestó a 14 jugadores. Como el germano Carsten Ramelow y el africano Patrick Suffo fueron reprendidos dos veces, las amarillas fueron 16 y las rojas, dos. El 16 de junio en Suwon, Corea, el estadounidense Jeff Agoos y el portugués Jorge Costa sumaron esfuerzos para marcar, por primera vez, dos goles en contra en el mismo encuentro copero. Los norteamericanos triunfaron por 3 a 2, victoria que les permitió pasar de ronda y, al mismo tiempo, mandar a casa a los lusitanos.

El partido del miedo

Austria e Israel debían cerrar en Tel Aviv el grupo 7 de la eliminatoria europea, que ya había sido ganada por España. El encuentro no era uno más: definía al segundo de la zona, que debía disputar con Turquía el repechaje europeo por un lugar en el Mundial. La cosa estaba peliaguda, porque los europeos llevaban tres puntos de ventaja, pero los israelíes tenían mejor diferencia de gol y con una victoria pasaban de ronda. El 2 de octubre de 2001, cinco días antes de la fecha programada para el importante duelo, nueve jugadores austríacos —Markus Hiden, Walter Kogler, Dietmar Kuehbauer, Christian Mayrleb, Roland Kirchler, Andreas Hörtnagl, Eduard Glieder, Günther Neukirchner y Andreas Iberstberger— informaron al entrenador croata Otto Baric que no viajarían a Tel Aviv por temor a sufrir un atentado y abandonaron la concentración en Viena. «En la situación política actual, no podemos pensar en viajar a Israel para jugar un partido de futbol. Es demasiado peligroso», indicó Kogler a la prensa. Los jugadores destacaron que, tres semanas antes, la UEFA había autorizado a cambiar de escenario el match entre Anzhi Makhachkala de Rusia y Rangers de Escocia para evitar cualquier imponderable: Makhachkala, capital de Dagestán, se encontraba muy cerca de Chechenia, estado que en ese momento protagonizaba una guerra «separatista» del gobierno moscovita. Más allá de los argumentos de los austríacos, la FIFA ratificó la fecha y el lugar del encuentro. Pero el 4, tres días antes del partido, un avión de la aerolínea rusa Sibir, que había partido de Tel Aviv hacia Novrosovick, cayó al Mar Negro con 78 pasajeros, tras ser alcanzado por un misil. El incidente determinó la inmediata suspensión del juego. Dos semanas más tarde, cuando se determinó que la aeronave había sido alcanzada por error por un cohete ucraniano y no por un misil terrorista, la FIFA reprogramó el match para el 27 de octubre en el estadio Ramat Gan de Tel Aviv. Austria viajó sin sus nueve desertores, y logró un milagroso empate a uno con un tanto de Andreas Herzog en el segundo minuto adicional del segundo tiempo. Para el repechaje con Turquía, Baric sólo convocó a uno de los nueve que se habían negado a ir a Israel: Hiden. Con su equipo disminuido, la selección alpina cayó por 1 a 0 de local, el 10 de noviembre, y 5 a 0, cuatro días después, en Estambul.

53 goles en dos partidos

La eliminatoria de Oceanía fue un muy simple trámite para Australia, al punto de anotar 53 goles en solamente dos partidos. El 11 de abril de 2001, el equipo de los canguros consiguió la mayor goleada de todos los tiempos en un encuentro internacional al superar a Samoa Americana por 31 a 0. Esa tarde, Archie Thompson marcó nada menos que trece tantos, mientras David Zdrilic consiguió otros ocho. Australia destrozó así el récord anterior, que también le correspondía a ella. Dos días antes de apabullar a Samoa, había vencido por 22 a 0 a Tonga. En esa ocasión, Thompson anotó un solo gol, y Zdrilic «apenas» dos. Claro que estos datos tienen una explicación: el entrenador Frank Farina había armado dos equipos prácticamente diferentes para estos compromisos tan pegaditos y sólo había repetido a los cuatro defensores. Thompson y Zdrilic habían ingresado como suplentes, cuando sólo restaban unos minutos. Australia clasificó para el repechaje con Sudamérica luego de jugar seis partidos, todos ganados con 72 goles a favor y sólo uno en contra. Frente a Samoa, Thompson consiguió otro récord: anotó dos tripletas (o «hat trick», tres goles seguidos del mismo jugador, ninguno de ellos de penal y sin otro tanto entre ellos) en un mismo partido. La primera fue en cinco minutos (del 27 al 32) y la otra en ocho: del 37 al 45. Todo en el primer tiempo, en el cual marcó otros dos tantos, para un total de ocho. En el complemento «apenas» marcó cinco veces más.

Cocinero

«Temo que nuestro equipo sea intoxicado. A la comida podrían envenenarla, como le pasó a la delegación neocelandesa de rugby en Sudáfrica, en 1995». Así justificó el presidente de la Federación Australiana de Futbol, Ian Knop, la designación del miembro más importante de su equipo para el partido «de vuelta» del repechaje con Uruguay, el 25 de noviembre de 2001: el chef. Las declaraciones de Knop cayeron muy mal en la nación oriental, como también la visita de la embajadora australiana en Buenos Aires, Sharyn Minahan, quien reclamó mayor seguridad alrededor del hotel que ocuparía la delegación oceánica. Australia había vencido a Uruguay por 1 a 0 (gol de Kevin Muscat, de penal) «de ida» en el Melbourne Cricket Ground. Los «canguros» se sentían con un pie en un Mundial después de 28 años. Mas todas las precauciones fueron inútiles: Uruguay fue ampliamente superior, ganó por 3 a 0 —dos goles de Richard Morales y uno de Darío Silva— y se clasificó para Corea-Japón.

Ataque

A principios de mayo, antes de partir rumbo a Oriente, el entrenador Luiz Felipe Scolari debió pasar un mal trago. Mientras caminaba desde la sede de la Confederación Brasileña, en Río de Janeiro, hacia su auto, que estaba en un estacionamiento cercano, el técnico fue rodeado por un centenar de hinchas que comenzaron a reclamarle la inclusión del atacante Romario en la selección. Scolari no reaccionó y se metió rápidamente en su vehículo, que fue rodeado por los «torcedores». Los muchachos, enardecidos, pasaron rápidamente de los insultos a las patadas y trompadas contra los vidrios y la carrocería del auto. El entrenador fue rescatado segundos después por un grupo de policías, que evitó lo que amenazaba con ser un linchamiento. Scolari se mantuvo firme y no llamó a Romario, héroe de 1994 y figura, en ese momento, del club carioca Vasco da Gama. Le alcanzó con Ronaldo y con Ronaldinho para que Brasil se consagrara pentacampeón.

Alcohólicos conocidos

¿De dónde sale eso de que a los ingleses les gusta beber? En mayo de 2002, la selección de Inglaterra hizo una pretemporada de tres días en Dubai, de cara al Mundial de Corea y Japón. En esos tres días, solamente los gastos del bar ascendieron a unos 55.000 dólares. Según el matutino *Sunday Mirror*, cada uno de los 120 miembros de la delegación, incluidos los jugadores, tomó cerveza por 135 dólares diarios. Cada «pinta» costaba 6,40 dólares, de modo que cada dirigente, entrenador, utilero o futbolista bebió veinte pintas, equivalente a diez litros de cerveza, cada día.

Derrotados sin jugar

La selección de China arrancó muy mal el torneo: se consideró derrotada antes de que comenzara a rodar la pelota. En un acto de insólita desconfianza, el 24 de mayo de 2002, diez días antes del debut ante Costa Rica, el vocero de la delegación oriental difundió públicamente una «carta abierta» para adelantarse a lo que se creía una segura mala actuación en la Copa. «Tememos no obtener, por falta de experiencia y destreza, los resultados que pudieran satisfacer al público», indicaba la absurda nota que el equipo del serbio «Bora» Milutinovic dio a conocer en la concentración de Shanghai. Con el paraguas ya abierto, llovió, nomás: China cayó 2-0 ante Costa Rica, 4-0 con Brasil y 3-0 frente a Turquía. Sin puntos ni goles a favor, la escuadra china fue de lo peor del certamen, junto a Arabia Saudita. Por su acertado pronóstico, seguro que la experiencia periodística previa del jefe de prensa del equipo asiático se basó en la redacción del horóscopo de algún diario de Shanghai...

Lesión aromática

Santiago Cañizares estaba cumpliendo una temporada fantástica. Flamante campeón con el Valencia, había sido confirmado como arquero titular de España para Corea-Japón por el entrenador José Antonio Camacho. Por fin, después de dos Mundiales sentadito en el banco, con la camiseta «13», le tocaba la oportunidad de mostrarse bajo los tres palos con la «1». Sin embargo, todo se derrumbó cuando un insólito incidente combinó excesiva coquetería con algo de torpeza: el 17 de mayo de 2002, mientras se encontraba concentrado con el equipo ibérico en un hotel de la ciudad de Jerez de la Frontera, Cañizares intentó ponerse un poco de perfume Acqua di Gio, de Armani, pero el frasco resbaló de sus manos (justo le pasa esto a un arquero...) cayó al suelo y estalló en pedazos. Uno de los trozos de vidrio se clavó en un dedo del pie y provocó un profundo corte en un tendón. El arquero fue trasladado de inmediato a un hospital cercano, donde fue operado. La gravedad de la lesión obligó a Camacho a sacar a Cañizares del equipo y designar como titular al joven guardavalla del Real Madrid, Iker Casillas. «Santi», otra vez, siguió el Mundial sentado en una silla.

Horas extra

El 21 de junio, el estadounidense Landon Donovan abandonó rápidamente el estadio de la ciudad de Ulsan tras la derrota de su equipo ante Alemania, en cuartos de final. La veloz partida de la estrella «yankee» no se debió a problemas con el plantel ni el cuerpo técnico conducido por Bruce Arena, sino a que debía tomar un avión rumbo hacia

California para integrar, al día siguiente, el equipo de San José Earthquakes que debía enfrentar a Colorado Rapids por la Major League Soccer (MLS). Después de haber jugado los noventa minutos ante los germanos y dormido incómodo en el avión, Donovan integró el banco de suplentes de San José. El delantero ingresó en el segundo tiempo para colaborar en la goleada por 4 a 0 que su equipo le propinó a Colorado.

Cinco para el peso

Cuando finalizó el primer tiempo del partido ante Senegal —el 11 de junio en la ciudad coreana de Suwon—, todos daban a Uruguay por eliminado. El equipo celeste cerraba su participación en el Grupo 1 con una goleada en contra por 3 a 0, sumada a un empate en cero con Francia y otra caída, por 2 a 1, con Dinamarca. Perdida por perdida, la escuadra oriental salió a la cancha para disputar el segundo tiempo con un solo planteo: jugar al futbol. Con el aporte de dos delanteros que hasta entonces habían calentado la banca, Richard «Chengue» Morales —un gigante de casi dos metros de altura— y Diego Forlán, los uruguayos combinaron toque y corazón para achicar las diferencias. Morales y Forlán descontaron rápidamente y, a sólo dos minutos del final, Álvaro Recoba igualó mediante un tiro penal. Cuando se jugaba el último minuto del tiempo adicionado, cayó un último centro celeste sobre el área africana. El arquero Tony Silva se mandó un «blooper» con un defensor y la pelota quedó servida para la cabeza del «Chengue» con el arco totalmente vacío. Era gol e histórica clasificación... pero Morales no acertó y el balón salió pegadito a un poste. Esta vez, a la reconocida «garra charrúa» le faltó una pizca de suerte.

Crimen sin castigo

El 27 de mayo, cuatro días antes del partido inaugural entre Francia y Senegal, el famoso caso de Bobby Moore en Colombia tuvo su «remake» cuando un joyero de Daegu denunció que un jugador africano, Khalilou Fadiga, había robado de su negocio una gargantilla de oro valuada en unos 250 dólares. Los futbolistas senegaleses habían pasado por esa tienda el viernes anterior, durante un paseo por el centro de esa ciudad coreana, y el lunes, al advertir la falta de la joya, el propietario del establecimiento revisó las cintas de su cámara de seguridad que habían registrado el delito. Fadiga fue detenido por la policía local, y liberado poco después de haber declarado y reconocido la sustracción: «Lo hice sólo por curiosidad», fue la única frase que dijo el mediocampista en su brevísimo contacto con la prensa. En tanto, el presidente de la Federación de Futbol de Senegal, El Hadj Malick Sy, intentó minimizar el incidente al sostener que «se trató de una apuesta entre los jugadores». A pesar del escandaloso suceso, Fadiga no tuvo inconvenientes para integrar el equipo africano, debutante en un Mundial, que el 31 venció al anterior campeón por 1 a 0 en Seúl. Poco después, el 4 de junio, la fiscalía de Daegu retiró los cargos contra el «10» senegalés. Oficialmente se indicó que esta decisión tenía por fin permitir al jugador y a sus compañeros concentrarse exclusivamente en el torneo. Curiosamente, el comerciante robado le envió a Fadiga un pequeño cerdo bañado en oro, utilizado como amuleto para la buena suerte por los coreanos, junto con una carta en la que le deseaba éxitos en el Mundial. El talismán efectivamente inspiró al equipo africano: clasificó segundo e invicto en el grupo A, detrás de Dinamarca (Fadiga marcó un gol de penal en el empate a tres con Uruguay), derrotó a Suecia en octavos de final y cayó finalmente ante Turquía —tercero de la Copa— en cuartos, por un estrecho 1-0. Nada mal para ser su primera vez en un Mundial.

Pelada confusa

Para la semifinal ante Turquía, el goleador brasileño Ronaldo se hizo un corte de pelo muy particular: se afeitó la parte superior y posterior del cráneo, y se dejó una especie de rombo de unos diez centímetros de ancho sobre la frente. «No me lo hice por ningún motivo en especial, agarré la maquinita y me corté para cambiar un poco. Espero que me dé suerte para llegar a la final», aseguró el delantero a la prensa. Poco después trascendió el verdadero motivo del cambio de «look». El jugador se enteró de que, durante el partido con Inglaterra —el 21 de junio en Shizuoka, por los cuartos de final—, su pequeño hijo Ronald se acercó al televisor y, mientras balbuceaba «papá, papá», le dio un beso a la imagen… del defensor Roberto Carlos. Hasta ese momento, tanto Ronaldo como su compañero presentaban sendas cabezas totalmente rapadas. Angustiado por la confusión de su primogénito, Ronaldo decidió efectuarse un raro peinado nuevo para que el chico no le regalara su amor a ningún extraño.

Fiesta negra

Antes de volver a casa, tras ser eliminados por Turquía el 22 de junio, los jugadores de Senegal aceptaron viajar a Taiwán para participar en un acto diplomático en apoyo de la independencia de la isla, que se encontraba bajo la jurisdicción china. La invitación se hizo gracias al buen desempeño de los africanos en la Copa del Mundo y tenía por objetivo ganar espacio en la prensa mundial para promover la emancipación taiwanesa. Senegal era uno de los 28 países que reconocían a Taiwán como nación autónoma. Empero, la actitud de los jugadores no fue de lo más cortés. Se presentaron en el palacio de gobierno en pantalones cortos y sandalias, se negaron a jugar un amistoso con la selección local y durante los dos días que duró la visita prácticamente no salieron de su hotel, donde, según la prensa oriental, fueron visitados por 37 bellas y cálidas señoritas.

Torpeza

Probablemente no hubo en la historia de los mundiales una causa más estúpida para perderse una Copa que la protagonizada por el mediocampista brasileño Emerson, quien era titular indiscutido y pieza fundamental en el esquema del técnico Luiz Felipe Scolari. El 2 de junio, un día antes del debut ante Turquía, la selección sudamericana visitó el estadio Munsu de Corea, para reconocer el campo de juego. Broma va, broma viene, Emerson se puso guantes de arquero y trató de imitar a Marcos, el guardameta titular, ante los poderosos remates de Rivaldo. Pero al volar hacia el palo derecho para desviar uno de los pelotazos, el volante aterrizó en forma aparatosa y se luxó el hombro. «Cayó mal porque él no es arquero», intentó justificarlo Rivaldo. Como este tipo de dislocación requiere una recuperación de cuatro semanas, Emerson —quien casualmente había jugado el Mundial de Francia por la lesión de Romario, ocurrida dos semanas antes del comienzo del torneo— fue enviado de regreso a casa y su lugar fue ocupado por Ricardinho, mediocampista de Corinthians. El volante pagó cara su torpeza: se perdió actuar en el Mundial y ser parte del «pentacampeonato».

Camisetas truchas

Un directivo de la empresa de artículos deportivos Nike se presentó ante la Justicia coreana para denunciar que en la ciudad de Ulsan se vendían «camisetas falsas» del seleccionado brasileño. Las remeras se ofrecían a unos 33 dólares cada una, casi a la mitad del precio de las originales, pero según la acusación presentaban «logotipos falsos tanto de la Confederación Brasileña de Futbol como de la compañía deportiva». Lo que más indignación causó al representante de Nike fue que las camisetas «truchas» se exhibían en un local interno del hotel Hyundai, donde se había hospedado, justamente, la delegación brasileña.

Mi pie izquierdo

El primer golpe, literalmente, lo sufrió David Beckham. El mediocampista de Manchester United de Inglaterra recibió una violenta falta del argentino Aldo Duscher, defensor de Deportivo La Coruña de España, en un encuentro por la Liga de Campeones europea jugado el 10 de abril de 2002. El inglés sufrió la fractura de un hueso metatarsiano del pie izquierdo, lo que puso en riesgo su participación mundialista. Dos semanas más tarde, un compañero de Beckham en Manchester y la selección, Gary Neville, fue víctima de la misma lesión en el mismo lugar, pero en la semifinal de la Liga, ante Bayer Leverkusen de Alemania, en un choque contra el brasileño Ze Roberto. Pero la maldición del metatarso no finalizó ahí. Diez días antes de la inauguración de la Copa, durante un amistoso entre Inglaterra y Corea del Sur, Danny Murphy, mediocampista de Liverpool, también se fracturó un hueso metatarsiano del pie izquierdo. El técnico sueco de Inglaterra, Sven Goran Eriksson, no podía creer su desgracia: tres titulares fuera por el mismo problema físico. Para su fortuna, uno de ellos, Beckham, se recuperó a tiempo gracias a una terapia de reconstrucción ósea que se aplica a los caballos de carrera y pudo participar de todos los encuentros. Es más: marcó el tanto del triunfo ante Argentina, mediante un tiro penal.

Más manotazos

El diario brasileño O Estado do São Paulo aseguró que, al llegar al Lejano Oriente, el técnico Luiz Felipe Scolari entregó a cada uno de sus jugadores «un kit de revistas pornográficas para ofrecerles a los deportistas un momento de reflexión». La información aclaraba que algunos muchachos fueron excluidos por motivos religiosos, como el evangelista Kaká. Scolari, defensor de la abstinencia sexual, salió rápidamente al cruce de la versión periodística: «Se han escrito noticias falsas que denigran moralmente a la selección y a los deportistas brasileños», afirmó el técnico, quien insultó y estuvo a punto de pelearse con los enviados a Oriente de ese medio de comunicación. La iniciativa, aparentemente, habría estado a cargo de un dirigente, sin la venia del entrenador. «Las revistas viajaron de vuelta. Están en poder de un miembro de la delegación que las iba a entregar, que también está volando hacia Brasil», indicó el presidente de la federación, Marco Antonio Teixeira, quien de esta forma puso punto final al incómodo incidente.

Uno menos

La selección de Irlanda debió afrontar la Copa con un jugador menos: el capitán del equipo, Roy Keane, fue expulsado por el técnico Mick McCarthy, luego de haber manifestado a la prensa fuertes críticas sobre las condiciones de entrenamiento. Aunque el volante se arrepintió y pidió disculpas, McCarthy no dio marcha atrás: «Mientras siga siendo el técnico de la selección no vuelve más. Si él llega se me irían varios jugadores», indicó. La federación irlandesa intentó reemplazar a Keane con Colin Healy en la lista mundialista, pero la FIFA rechazó la solicitud porque se había cumplido el plazo de entrega de las listas de buena fe. Según las normas, sólo se puede cambiar a un jugador en caso de lesión o una circunstancia excepcional, como la muerte de un familiar íntimo.

Pedido infructuoso

Jeong Man-Yong, pastor protestante de una iglesia de Seúl, se presentó a los tribunales de Justicia para solicitar que se prohibiera en los estadios de futbol la utilización de la denominación «diablos rojos» para los hinchas coreanos. El religioso justificó su demanda en que ese nombre «representa el mal» y es «una afrenta religiosa». Man-Yong pidió a los fanáticos que se hagan llamar «los tigres rojos» o «los ángeles blancos». Pero, a pesar del reclamo, los miles de hinchas que abarrotaron los estadios ante cada presentación de la selección local cantaron orgullosos su condición de «diablos rojos». Mucho más con cada triunfo de la escuadra coreana, que llegó hasta las semifinales, instancia a la que nunca antes había accedido un equipo asiático.

Coqueto

Para intentar ganar la Copa, el sueco Sven Goran Eriksson selec-
cionó con cuidado 23 jugadores, preparadores físicos, médicos, kine-
siólogos, un cocinero... y un peluquero. El entrenador hizo viajar hasta
Japón a Scott Warren, un famoso coiffeur del barrio londinense de
Mayfair. El barbero no viajó solo: como debía hacerse cargo de toda
la delegación, voló acompañado por tres de sus compañeros del salón
Daniel Hersheson. Eriksson era un cliente habitual de Warren, si bien
nunca visitaba su local, sino que se cortaba el cabello en su propia
casa.

La única cabeza que Warren no pudo tocar fue la de David Beckham,
quien había llevado a Oriente su propio estilista, Aidan Phelan, quien
diseñó una suerte de cresta de gallo que rápidamente ganó adeptos entre
el público nipón. Las peluquerías del Lejano Oriente no dieron abasto
para satisfacer las demandas de miles de jóvenes que querían reprodu-
cir en sus testas el original «copete».

Saviola figurita

Al momento de decidir qué jugadores integrarían la selección
argentina, el técnico Marcelo Bielsa optó por llevar al veterano Claudio Caniggia y dejar fuera al juvenil Javier Saviola. Sin embargo, no
obstante la decisión de Bielsa, Saviola estuvo de todos modos en el
Mundial, al menos para una colección de figuritas que, por error, lo
incluyó entre los 23 integrantes de la delegación albiceleste. La colección de figuritas fue lanzada en Corea del Sur por la empresa Coca
Cola, que descontaba que el juvenil delantero del equipo Barcelona
de España actuaría en el campeonato.

Delivery

Nunca en un Mundial tuvieron tanto trabajo los cocineros de las
delegaciones como en Corea-Japón. Las selecciones occidentales prácticamente se negaron a probar bocado en el Lejano Oriente. Los españoles, por ejemplo, se manifestaron horrorizados por la costumbre
coreana de comer perro. Un grupo de periodistas ibéricos llegó a comprar un pichicho en un mercado de alimentos de Ulsan, para «salvarle
la vida» ante su inminente destino dentro de una olla y se lo regaló a
los jugadores. Los futbolistas adoptaron al perrito como mascota y

lo bautizaron «Camachín», en honor a su entrenador, José Antonio Camacho. Los polacos, en tanto, se negaron a comer otra cosa que no hubiera sido preparada por su cocinero —chef de un exclusivo hotel de Varsovia— y con productos importados de su amada tierra, luego de que el defensor Michal Zevlakov se intoxicara con un extraño plato adquirido en un mercado de la ciudad coreana de Busan. La comida japonesa tampoco fue vista con buenos ojos, en especial cuando, el 2 de junio, varios medios de comunicación reportaron que había sido encontrado un dedo dentro de un plato de comida preparado en un restaurante de Sendai, ciudad situada a unos 300 kilómetros al norte de Tokio.

Por otra parte, gracias a la exitosa actuación de Corea del Sur, que llegó a semifinales por primera vez en un Mundial, se duplicaron las ventas de queso holandés a esa nación oriental. ¿El motivo? El entrenador coreano hacedor del «milagro» fue el holandés Guus Hiddink.

Demoliendo vestuarios

Los jugadores franceses no encontraron mejor manera de descargar su bronca por el empate a cero con Uruguay que destruyendo todo el mobiliario del vestuario del estadio Asiad Main de la ciudad coreana de Busan. La violenta reacción de los galos obligó a su entrenador, Roger Lemerre, a pedir disculpas a las autoridades locales y a la FIFA.

Moda peligrosa

A los muchachitos ingleses les parecieron muy divertidas las camisetas con símbolos japoneses y compraron varias, todas iguales, una para cada uno. Esa misma noche, el grupo salió, altivo, uniformado con sus nuevas remeras a recorrer las calles de la ciudad de Sapporo, donde dos días después su equipo enfrentaría a Argentina por el Grupo F de la primera ronda mundialista. Los jóvenes portaron con orgullo las flamantes prendas que, según el vendedor, expresaban loas a los gallardos súbditos de la corona británica. Lo que los incautos y arrogantes mozalbetes ignoraban, debido a su completo desconocimiento sobre la simbología nipona, era que sus camisetas, con sus enormes estampados del pecho, decían: «Inglés gay pasivo busca un ardiente amante japonés musculoso».

Gol mortal

El gol que Gabriel Batistuta marcó contra Nigeria en el debut del seleccionado argentino provocó dos hechos diametralmente opuestos. Por un lado, le dio la victoria al equipo sudamericano y alegría a sus hinchas. Por el otro, provocó la muerte a un joven de la ciudad chaqueña de Resistencia, que se asfixió al atragantarse con los alimentos que comía al momento de la conquista. Antonio Nahuel de los Santos, de 25 años, seguía por televisión las alternativas del partido, jugado en la ciudad japonesa de Ibaraki, con una opípara comida. Cuando Batistuta anotó el único gol del encuentro, a los 63 minutos, Santos quiso gritar su alegría, pero se atoró con los alimentos que tenía en la boca y murió minutos después, mientras era trasladado en una ambulancia hacia un hospital cercano.

Hombres de negro

Como en Italia '34, Inglaterra '66 o Argentina '78, se cuestionó duramente el desempeño de los árbitros, especialmente los que actuaron en los partidos de las dos selecciones locales. Los medios de comunicación europeos fueron especialmente críticos con el ecuatoriano Byron Moreno y el egipcio Gamal Ghandour, a quienes se acusó de ayudar groseramente a Corea en sus encuentros ante Italia, por octavos de final, y España, en cuartos, respectivamente. A Moreno se le cuestionó haber anulado un gol legítimo marcado por Christian Vieri durante el alargue y haber expulsado sin motivo aparente a Francesco Totti. Aprovechando el hombre de más, Corea se impuso 2-1 con un tanto señalado a los 119 minutos. Varios diarios italianos acusaron al referí ecuatoriano de haber aumentado notoriamente su patrimonio personal, sin justificación aparente, luego del Mundial. Ghandour, en tanto, no concedió dos legítimos goles conseguidos por los españoles y marcó insólitas posiciones adelantadas de los atacantes europeos, que fueron eliminados en la definición por penales tras 120 minutos en cero. En su defensa, los coreanos aseguraron que el secreto de su buen rendimiento estuvo en un preparado llamado «stamina food», que incluía extractos de pescados, hierbas medicinales y ginseng, que los jugadores ingirieron en forma de píldoras tres veces al día.

La lupa también estuvo puesta sobre Brasil. En el partido de la primera rueda con Turquía, el 3 de junio en Ulsan, le regalaron un penal y no se expulsó a Rivaldo, a pesar de haber simulado un golpe en el rostro por un pelotazo recibido en la rodilla. La FIFA analizó el video del partido y dispuso sancionar de oficio al «10» brasileño por su mala interpretación, pero sólo le impuso una multa económica de 11.500 francos suizos (unos 7.500 euros). En octavos de final, el 17 de junio, el futuro campeón fue favorecido al anularse a Bélgica un gol legítimo cuando el marcador estaba en blanco. Brasil terminó ganando por 2 a 0. Tantos arbitrajes escandalosos molestaron hasta al ex campeón mundial de ajedrez Gary Kasparov, quien, avergonzado, dijo que «jamás había visto una estafa deportiva como esa».

Boicot informático

La escandalosa eliminación de España a manos de Corea, en un encuentro plagado de actitudes parciales del árbitro egipcio Gamal Ghandur, provocó distintas manifestaciones de repudio en la península ibérica. La más curiosa estuvo a cargo de la cadena de tiendas de productos informáticos PCBox, que suspendió durante dos días la venta de todos los artículos «made in Korea». Entre el 1° y el 2 de julio, las setenta tiendas de PCBox no pusieron en venta computadoras, monitores ni otros insumos informáticos fabricados o ensamblados en el país sede de la Copa del Mundo.

La controvertida actuación de Ghandur también tuvo repercusiones en Inglaterra, donde un apostador reclamó la devolución de las cuarenta mil libras esterlinas (unos sesenta mil dólares) que había arriesgado a manos de España. Adrian Fitzpatrick, de la ciudad de Birmingham, hubiera ganado 945 mil libras (1,42 millones de dólares) si el equipo de José Antonio Camacho se consagraba campeón. «No soy un mal perdedor, pero todo el mundo coincide en que España fue robada por decisiones incorrectas, y ha habido muchas a favor de Corea del Sur», se justificó Fitzpatrick. No obstante su acertado razonamiento, la casa de apuestas no le reintegró un solo penique.

Publicidad peligrosa

En casi todas las grandes ciudades del mundo se escuchan quejas por la «contaminación visual» que generan las publicidades gráficas en edificios, calles y avenidas. Pero en Tokio, capital japonesa, los anuncios fueron mucho más perjudiciales durante la Copa. Una

pelota gigante, que acompañaba un afiche montado sobre un rascacielos, se desprendió y cayó sobre una camioneta. Por milagro,
la gigantesca bola no lastimó a ninguna persona, aunque las calles
de Tokio no se caracterizan, precisamente, por tener veredas despejadas.

Roja desde el banco

A la humillación argentina dentro del campo se sumó la insólita
expulsión del delantero Claudio Caniggia. El «Pájaro» vio la tarjeta
roja a los 47 minutos por haber insultado al árbitro Alí Bujsaim (Emiratos Arabes) desde el banco de suplentes. «Creo que dije "la puta
madre", no sé», sostuvo Caniggia en un intento por explicar la decisión del referí. El insulto no fue escuchado por Bujsaim —de hecho,
no entendía español— sino que fue informado al árabe por el cuarto
árbitro, el jamaiquino Peter Prendergast, quien sí entendía algo de
español y se encontraba a pocos metros de la silla sobre la que Caniggia aguardaba para jugar su tercer Mundial.

Pintó una trompada

El choque entre Corea del Sur y Portugal, el 14 de junio en el estadio Incheon, se presentaba a priori tranquilo para el árbitro argentino Ángel Sánchez. Un empate clasificaba a los dos equipos para octavos de final. Pero con el correr de la pelota, los portugueses iniciaron
un incomprensible juego brusco. A los 26 minutos, el volante João
Pinto efectuó una violenta entrada desde atrás sobre Ji Sun Park. Sánchez, tal como marca el reglamento, lo expulsó en forma directa. Pinto,
enfurecido por la determinación del referí, se le acercó y le aplicó un
puñetazo en el abdomen. «João Pinto me pegó una trompada tan
fuerte que el médico de la FIFA me sacó una fotografía para dejar
constancia del golpe por el moretón que me había dejado», afirmó el
árbitro luego del partido. João Pinto fue suspendido por seis meses y
condenado a pagar una multa de cincuenta mil francos suizos, más
otros 15 mil «por costas y gastos». La sacó barata, ya que se le aplicó
la pena más liviana estipulada en el reglamento, que prevé un castigo
máximo de un año sin jugar.

El jugador número 12

Horas antes del choque entre Corea y Portugal, el 14 de junio en Incheon, por el Grupo D de la primera rueda, un joven hincha del equipo asiático tomó una insólita determinación: se dirigió a una playa de la ciudad de Busan, se sentó en la arena, se empapó con inflamable diluyente de pintura y se prendió fuego. Cuando la policía llegó al lugar de la inmolación, encontró una extraña carta del suicida, que decía: «Estoy escogiendo la muerte porque Corea del Sur tiene que ir muy lejos para competir con los equipos latinoamericanos y europeos. Seré un fantasma y el jugador número 12 en la cancha, para ayudar a nuestro equipo». La escuadra oriental se impuso ese día 1-0 y finalmente alcanzó las semifinales, una meta jamás alcanzada antes por una selección asiática. Tal vez, porque jugaba con la fuerza de doce almas.

Escape a la libertad

El interesante choque de Brasil y Bélgica en Kobe, el 17 de junio por los octavos de final, fue muy bien aprovechado por 48 presos de una cárcel de Sumatra, Indonesia. Los detenidos sacaron partido a que los doce guardias de la prisión miraban el match para atacarlos por sorpresa. Tras maniatar a los carceleros y apoderarse de sus armas, los reclusos escaparon, no sin antes agradecer por su vuelta a la libertad a los goleadores «verdeamarelos» Rivaldo y Ronaldo.

Premios insólitos

La llegada de Corea a semifinales fue tan sorprendente como bien recompensada. El logro deportivo hizo que los 23 jugadores coreanos fueran excluidos del servicio militar obligatorio. El técnico holandés Guus Hiddink, en tanto, fue galardonado por un hotel de Seúl, Westin Chosun, con cerveza gratis de por vida.

El peor

Una empresa holandesa tuvo una idea brillante: organizar una «final» entre las dos peores selecciones del mundo dos horas antes del gran duelo entre Brasil y Alemania. El juego fue organizado entre el asiático Bhutan y la caribeña isla de Montserrat, los dos equipos con el ranking más bajo de la FIFA: 202 y 203, respectivamente. El extraño duelo se llevó a cabo en el Chlanglimithang Stadium de Thimbu, capital de Bhutan, a 2.590 metros de altura, donde el equipo del Himalaya se impuso por un amplio 4-0. Los jugadores caribeños atribuyeron su pésimo rendimiento al efecto de «la altura» y a no contar en casa con una cancha de futbol en condiciones, ya que la única de la isla había sido cubierta por las cenizas de un volcán. Lo cierto es que el día en el que Brasil se consagró como el mejor del mundo, Montserrat ganó el título de «el peor del planeta».

Alemania 2006

Si se le busca un título tanguero al Mundial Alemania 2006, no hay otro que «por una cabeza». El capitán francés Zinedine Zidane, quien segundos antes de la final había sido galardonado con el «Balón de Oro» al mejor jugador de la Copa, no toleró los insultos del italiano Marco Materazzi y aplicó a su tramposo rival un vehemente cabezazo en el pecho que dejó un solo herido: el futbol. Vaya paradoja: Zidane y Materazzi habían sido los autores de los dos goles del match culminante. A partir de allí, el gran desenlace se diluyó hasta decantar en la definición mediante tiros desde el punto del penal, la segunda de la historia. Salvo para los italianos, que ganaron su cuarto Mundial, o para los franceses, amargados por la derrota, la pelota pasó a segundo plano y en todo el mundo no se habló de otra cosa que del testazo del colérico galo descendiente de argelinos. La gran carrera de Zidane, que incluyó la Copa de Francia '98, la Eurocopa del '96 y dos Intercontinentales, entre otros logros, quedó por varios días opacada por esa reacción violenta dentro del estadio Olímpico de Berlín. El «10» francés había abierto el marcador al «picar» con un exquisito toque un tiro penal imposible para el engañado Gianluigi Buffon. Pero tanta magia no pudo evitar que el honor quedara atrapado en una telaraña embustera. Después del partido, Zidane dijo no arrepentirse por su reacción: «Fueron palabras muy duras, muy graves, que me tocaron en lo más profundo. Prefiero un puñetazo en la cara a oír eso. Mi gesto es imperdonable, pero si yo fui sancionado, debería sancionarse también al verdadero culpable, que es quien provocó. Fue una reacción a una provocación. ¿Creen que a diez minutos de mi retirada iba a hacer algo así por el mero placer de hacerlo?», se justificó. Una versión periodística aseguró que el italiano había dicho al francés que su madre era una «puta terrorista», pero Materazzi lo negó: «Yo perdí a mi madre a los 15 años y hoy todavía me emociono con sólo hablar de ella. Lo insulté, es verdad, pero con un insulto de los que se utilizan habitualmente y que yo escucho por lo menos diez veces por partido. No lo llamé hijo de una puta terrorista». Qué buen muchacho.

En un Mundial europeo, con dos finalistas del Viejo Continente, quedaron sin embargo dos alegrías sudamericanas. El brasileño Ronaldo anotó tres goles —dos a Japón el 22 de junio, por el grupo F, y uno a Ghana, cinco días más tarde, en octavos de final— y superó al alemán Gerd Müller como máximo artillero en la historia de los Mundiales. Ronaldo ya había conseguido cuatro gritos en Francia '98 y ocho en Corea-Japón 2002. Algunos estadistas aseguran que a Ronaldo debería restársele una conquista del 2002, ante Costa Rica, ocurrida el 13 de junio en Suwon, Corea. En su informe, el árbitro egipcio Gamal Ghandour asignó ese gol al defensor «tico» Luis Marín, en contra, pero luego, a pedido de la confederación brasileña, la FIFA se lo otorgó al delantero. En tanto, el árbitro argentino Horacio Elizondo tuvo el honor de ser el primero en dirigir el partido inaugural y la final de una misma Copa. En la edición de Brasil 1950, el inglés George Reader condujo el encuentro inaugural y el último, entre Brasil y Uruguay, pero en este último caso no se trató concretamente de una final porque ese certamen se definió con un cuadrangular en el que también participaron España y Suecia. Junto con el mexicano Benito Archundia, Elizondo logró, además, la marca de más encuentros arbitrados en un mismo Mundial: cinco.

Récords negativos: Alemania 2006 fue el torneo más violento de la historia, con 28 tarjetas rojas y 345 amarillas, que superaron los registros de todas las ediciones anteriores. El duelo europeo entre Portugal y Holanda por los octavos de final —ganado por los lusitanos 1 a 0 el 25 de junio— alcanzó el mayor número de jugadores expulsados en un solo encuentro mundialista: cuatro. Resultó muy polémica la actuación del referí ruso Valentín Ivanov —quien además de las rojas mostró otras 16 amarillas, que igualaron la marca de Alemania-Camerún en 2002—, porque el partido fue uno de los de menor cantidad de infracciones del torneo: «apenas» 26, trece por equipo.

Otros detalles: el partido inaugural no fue jugado por el campeón anterior, sino por el dueño de casa, tal como se había establecido cuatro años antes. El defensor paraguayo Carlos Gamarra marcó el gol en contra más rápido en la historia de los mundiales. Tuvo la mala fortuna de batir su propia valla a los tres minutos del primer tiempo del encuentro que Paraguay perdió ante Inglaterra 1-0 el 10 de junio en Frankfurt. En el partido ante Inglaterra, el sueco Markus Allback marcó el gol número dos mil en la historia de los Mundiales. En un capítulo anterior se indicó que Suiza, en 2006, se sumó a la triste lista de los que fueron eliminados de una Copa sin perder, luego de caer con Ucrania en octavos de final en una definición por penales. Para el equipo helvético hubo dos «premios» extra: volvió a casa sin haber recibido un solo gol (en la primera rueda había empatado a cero con Francia y vencido 2-0 a Togo y Corea, y con Ucrania llegó a los penales con el marcador en blanco tras 120 minutos), y se convirtió en el primero de la historia de la Copa en no mandar a la red ningún disparo en dicha tanda ante el equipo ucraniano. Desde la otra vereda, el portugués Ricardo fue el primer arquero que detuvo tres tiros en una definición por penales mundialista, cuando la escuadra lusitana eliminó a Inglaterra en cuartos de final.

Una dulce: Brasil sumó once victorias consecutivas, récord absoluto en los Mundiales. La serie que cortó Francia el 1° de julio en Frankfurt —con un solitario gol de Thierry Henry— se hilvanó con siete triunfos seguidos en Francia '98, y otros cuatro en Alemania.

¿Para qué protestaste?

El 3 de septiembre de 2005, Uzbekistán derrotó 1-0 a Bahrein en un irregular encuentro «de ida» por la última plaza de la eliminatoria asiática, cuyo ganador enfrentaría a Trinidad y Tobago, cuarto de la CONCACAF, en un repechaje clasificatorio para el Mundial de Alemania. ¿Por qué fue irregular este partido? Porque el referí japonés Toshimitsu Yoshida anuló un gol de penal para Uzbekistán por invasión de área y, en lugar de hacer repetir el disparo, marcó un tiro libre indirecto para su rival. La federación uzbeka protestó el fallo de Yoshida y la FIFA, tras estudiar el caso, le dio la razón a la demanda y ordenó que se repitiera el match. El juego volvió a celebrarse en Tashkent, la capital de la nación de Asia central, pero esta vez el marcador fue un empate a uno. En el encuentro «de vuelta», en el estadio Nacional de la ciudad de Manama, metrópoli de Bahrein, el duelo terminó también igualado, aunque con el marcador en blanco. Por haber conseguido más goles en condición de visitante, la selección árabe pasó a la siguiente etapa. Si los uzbekos no hubiesen protestado, habrían ganado la llave con una victoria y un empate. Al menos, les quedó como consuelo que Bahrein fue eliminado luego por el equipo triniteño, que así se clasificó, por primera vez en su historia, para un Mundial.

Bomba

Una semana antes del comienzo del torneo, el centro de prensa de Berlín debió ser desalojado por el hallazgo de una bomba de la Segunda Guerra Mundial en el predio del estadio Olímpico. El artefacto había sido encontrado por un jardinero que trabajaba en el lugar. Los cronistas fueron retirados de manera preventiva, hasta que se determinó que se trataba de un proyectil sin carga explosiva. La FIFA aseguró que los periodistas que trabajaban en el lugar no estuvieron en peligro en ningún momento. El portavoz de la entidad, Keith Cooper, dijo que «es algo normal en Alemania, porque sufrió muchos bombardeos de los aliados» durante el conflicto bélico.

Chau, pucho

Poco antes del inicio del Mundial de Francia '98, la FIFA sostuvo que no tenía potestad para impedir que los miembros del cuerpo técnico de un equipo fumaran durante el transcurso de un partido. «No se puede atentar contra la libertad del individuo», indicó Cooper frente al reclamo de una organización no gubernamental que había solicitado que se prohibiera el consumo de tabaco a los entrenadores y a sus colaboradores durante los encuentros. «Lo único que podemos hacer, y que ya hemos hecho, ha sido rogarles que no lo hagan, o al menos que escondan el cigarrillo cuando advierten la presencia de una cámara de televisión. Pero un estadio de futbol no es una zona para no fumadores y cada persona tiene derecho a hacer lo que considera oportuno con sus hábitos», dijo el directivo, quien agregó que «es difícil que un fumador deje un vicio, pero lo es aún más para un entrenador en un momento de tanta tensión como es un partido de futbol». Ocho años más tarde, esta postura cambió radicalmente para la Copa de Alemania 2006: la FIFA dictó una norma que desde entonces prohíbe fumar dentro del perímetro del campo de juego, «en el área técnica y banco de suplentes», y advirtió que «el director técnico que incurra en falta, la primera vez será amonestado y la segunda, sancionado». El primer entrenador en ser advertido fue el argentino Ricardo La Volpe, conductor de México, después de que se lo viera «pitar» durante el partido ante Irán. El director de comunicación de la FIFA, Markus Siegler, informó que a La Volpe se le envió una amonestación «por escrito» en la cual se le ratificó que «los técnicos y jugadores tienen que ser un ejemplo». La FIFA recomendó además a los aficionados no fumar durante el Mundial. «Nicht Rauchen, bitte (no fume por favor)», fue el lema de una campaña que se emitió por los altavoces de las canchas, donde también se repartieron folletos para explicar los daños que causa el consumo de cigarrillos. La propuesta contó con el apoyo del gobierno germano y, si bien no se vedó la entrada del tabaco a las tribunas, la FIFA destacó que esperaba «mantener el consumo de nicotina lejos del festival del futbol mundial en Alemania».

Privilegiado

El japonés Hidetoshi Nakata tuvo un curioso privilegio durante la Copa. El delantero no compartió con sus compañeros el hospedaje donde se había montado la concentración nipona, sino que alquiló, de su propio bolsillo, una suite en el último piso de un lujoso hotel de Bonn. El jugador de Bolton de Inglaterra sólo se reunió con el resto del equipo para los entrenamientos y los partidos. Nakata fue titular en los tres encuentros que disputó su selección, pero tuvo un desempeño flojito y no marcó goles. El equipo japonés fue eliminado en primera ronda tras caer 3-1 con Australia, igualar sin goles con Croacia y ser vapuleado 4-1 por Brasil.

No quiero ir con mi papá

El defensor de Serbia y Montenegro Dusan Petkovic renunció a jugar la Copa porque, según reconoció, «era demasiada presión» para su padre. Claro que el progenitor de Dusan no era un simple espectador, sino Ilija Petkovic, técnico del seleccionado serbio. El muchacho se negó a viajar junto a la delegación hacia la ciudad alemana de Billerbeck luego de que todos los periódicos de su país lo consideraran beneficiario de una actitud nepotista del entrenador. Los diarios criticaron la inclusión del defensor por el delantero Mirko Vucinic, quien se había lesionado. «Es demasiada presión para mí, para mi padre y para mis compañeros», reveló Petkovic júnior tras dimitir. Serbia llegó finalmente a Alemania con 22 hombres: la plaza del renunciante no pudo ser ocupada por otro jugador, por no tratarse, según la FIFA, de un caso de «fuerza mayor», como una enfermedad o una lesión.

Coherente

Al finalizar el primer tiempo del encuentro en el que Brasil derrotaba a Ghana por 2 a 0 en Dortmund, por los octavos de final, el entrenador serbio del equipo africano, Ratomir Dujkovic, se acercó al árbitro eslovaco Lubos Michel y le pidió que, si en la segunda etapa tenía previsto seguir ayudando a los sudamericanos, vistiera de amarillo en lugar de negro. Michel, implacable ante la crítica, expulsó inmediatamente al técnico. Acabado el match, que terminó 3 a 0, Dujkovic denunció a la prensa que el referí le había pedido a Ronaldo que le regalara su camiseta. El entrenador basó su denuncia en las palabras de uno de sus hombres, que le había contado que, al ofrecerle a Ronaldo intercambiar las casacas ya terminado el juego, el brasileño se negó porque ya se la había prometido al referí. ¿Por qué se quejó el serbio? ¿Acaso Michel no le había hecho caso a su reclamo del entretiempo?

La máscara

Ya se habían cumplido los 90 minutos y Ecuador, que derrotaba por 2 a 0 a Costa Rica en Hamburgo, clasificaba para los octavos de final. En la última jugada, Edison Méndez envió un centro al área «Tica» e Iván Kaviedes, sin dejarla picar, empalmó la pelota con su pierna derecha y la clavó junto a un palo del arquero José Porras. Mientras corría hacia el banderín del córner para celebrar su conquista, el goleador sacó de su pantaloncito una máscara amarilla, similar a la utilizada por el «hombre araña» en las historietas o el cine, y se la colocó en la cabeza. Cuando se le preguntó al director de Comunicación de la FIFA, Markus Siegler, si el delantero ecuatoriano podía ser sancionado por su insólito festejo, este contestó: «Se prohíbe expresamente quitarse la camiseta, pero el reglamento no hace mención a las máscaras. Por lo tanto, no está prohibido. Otra cosa es que ahora se ponga de moda y todos los jugadores se la coloquen cuando marcan un gol. Fue un hecho aislado, y fue divertido, una expresión de alegría. Además —precisó Siegler—, no debemos ser mezquinos: el jugador explicó el motivo». La fundamentación fue realmente emotiva. Kaviedes indicó que de esa forma rindió homenaje al delantero Otilino Tenorio, un ex compañero suyo de la selección y Emelec, quien había fallecido pocos meses antes en un accidente de tránsito. Tenorio —quien murió a los 25 años el 7 de mayo de 2005 y había participado en varios encuentros de la eliminatoria rumbo a Alemania— era conocido como «el enmascarado» por su costumbre de celebrar sus conquistas colocándose la tradicional careta roja del hombre araña. «El espíritu de Otilino está con nosotros, él nos da energía», agregó Kaviedes, autor del último gol ecuatoriano en la Copa. El equipo sudamericano cayó luego con Alemania (3-0) en el último juego del grupo A, y con Inglaterra (1-0) en octavos de final.

Un jugador, cuatro tarjetas

La «Ley de Murphy» asegura que «si algo puede salir mal, saldrá peor». En fútbol, más allá de que la tecnología y de que «seis ojos ven más que dos», si hay margen para un error, este será muy grosero. Durante el choque entre Croacia y Australia, jugado el 22 de junio en Stuttgart, por el grupo inicial E, el árbitro inglés Graham Poll mostró tres tarjetas amarillas al mismo jugador. ¿Que no es posible? El defensor croata Josip Simunic vio la primera amonestación en el minuto 61, y la segunda en el 90, pero continuó en el campo sin que el referí, sus líneas ni el cuarto árbitro advirtieran la irregularidad —dos amarillas equivalen a la colorada expulsión—, a pesar de que todos deben registrar cada tarjeta exhibida en sus libretas. En el minuto 93, el «bueno» de Simunic volvió a portarse mal: protestó groseramente un cobro del árbitro y fue de nuevo amonestado. Esta vez, la tercera fue la vencida, y la amarilla sí fue seguida de una roja.

Paliza tenística

La humillante goleada 6-0 de Argentina sobre Serbia y Montenegro, el 16 de junio en el estadio de Gelsenkirchen y por el Grupo C de la primera fase, llamó mucho la atención. No solo sorprendió la enorme superioridad albiceleste, sino que dos años antes, en los Juegos Olímpicos de Atenas 2004, ambas escuadras también se habían cruzado por la fase inicial del torneo —el 11 de agosto en el estadio Pampeloponnisiako de Patras— y el resultado había sido... ¡6-0 para Argentina! Este descomunal doblete, cuyas cifras parecen más propias del tenis que del fútbol, repitió seis protagonistas en el equipo sudamericano (Roberto Ayala, Gabriel Heinze, Javier Mascherano, Carlos Tevez, Luis González y Javier Saviola) y ninguno en la escuadra balcánica. Tevez fue el único que anotó en ambos partidos: dos goles en el choque olímpico y uno en el mundialista. La gran diferencia entre

ambos resultados tuvo que ver con las dispares campañas albicelestes: mientras en Atenas, el equipo argentino se quedó con la medalla
de oro, en Alemania apenas llegó a cuartos de final.

Robó, huyó y lo pescaron... por bobo

El 18 de junio al mediodía, Eva Standmann, una mujer de 42 años,
llamó desesperada a su marido: un ladrón acababa de robarle la cartera que, entre otras pertenencias, contenía su entrada para el encuentro que Brasil y Australia protagonizarían esa tarde en el estadio Allianz
Arena de Munich. La víctima tenía previsto encontrarse con su esposo,
Berndt, dentro del coliseo, porque el hombre no tenía otra opción que
dirigirse a la cancha directo desde su trabajo. Eva le explicó a su cónyuge que se encontraba bien y lo convenció para que, a pesar de la
ingrata experiencia, él sí disfrutara del juego, ya que no había sufrido
ninguna lesión ni maltrato que requiera de su auxilio. Digerido el
mal trago, Berndt llegó al estadio y ocupó su asiento. Minutos después,
notó que un joven se sentaba en la butaca que hubiera correspondido
a su mujer. Sin efectuar ningún tipo de comentario ni gesto que hubiera
llamado la atención, el hombre se levantó de su localidad y, con mucho
sigilo, se acercó a dos policías y les comentó lo que había sucedido.
Los uniformados detuvieron al muchacho, que todavía tenía en su
poder elementos de valor que había sustraído, al igual que el ticket,
del bolso de Eva. Un vocero de la policía de Munich precisó a la prensa
que «el ladrón encontró el billete en la cartera y decidió ver el partido.
No esperaba sentarse junto al marido de su víctima». Alojado en su
celda, el tonto bribón maldijo su pasión futbolera y se reprochó no
haber revendido el boleto.

Perdón

Segundos después de finalizada la victoria 2-0 de Brasil sobre Australia, el 18 de junio en Munich, el delantero oceánico Harry Kewell
se acercó al árbitro alemán Markus Merk para quejarse por su actuación, que consideraba parcial. Tal vez por no poder comunicarse ver-
balmente, debido a la barrera idiomática, Kewell decidió finalizar la
«discusión» con el referí con un desagradable gesto universal: le mostró el puño derecho con el dedo medio extendido. Merk no amonestó
en ese instante al australiano, pero al regresar a su vestuario, volcó el
incidente en la planilla, detallando que el delantero —por entonces

jugador del equipo inglés Liverpool— lo había insultado. A pesar de la denuncia del árbitro, el australiano no fue sancionado por el Comité de Disciplina de la FIFA, por entender irregular la redacción del acta. El «perdonado» Kewell pudo actuar, entonces, contra Croacia, lo que no cayó nada bien a los europeos. Especialmente, porque el 22 de junio, en Stuttgart, Kewell marcó a los 79 minutos el empate definitivo, en dos goles, que clasificó a Australia para octavos de final y eliminó a Croacia de la Copa.

Vacaciones para la tentación

El 1° de junio, el propietario de la residencia Landhaus Milser de Duisburgo, elegida como búnker por el seleccionado italiano, le dio vacaciones a todas sus mucamas, camareras y al resto del personal femenino. Fausto Traversari, gerente del establecimiento, admitió que la medida estuvo directamente relacionada con la llegada de los jugadores. El indiscreto empleado señaló que los dirigentes peninsulares habían evaluado que «era mejor» que alrededor de las mesas y a cargo de la limpieza de las habitaciones «sólo hubiera hombres». No se supo si la extrema solicitud tenía por finalidad evitar la tentación de 23 muchachos encerrados durante un mes, o repetir la cábala de España '82, cuando en Galicia se tomó una medida similar. De una forma u otra, la disposición resultó positiva, ya que la escuadra «azzurra» volvió a levantar la Copa.

Un equipo, dos cocineros

Para satisfacer el delicado y variado paladar de sus jugadores, muchos de los cuales actuaban en clubes europeos, los dirigentes de la Federación de Corea del Sur decidieron contratar dos chefs para la Copa: uno para estar a cargo de los platillos orientales y otro para los manjares occidentales. La delegación que viajó hacia Alemania desde Seúl incluyó al famoso cocinero Jung Ji-Choon, maestro en el arte del «kimchi» (repollo fermentado) y del «pap» (arroz hervido sazonado). Una vez instalados en el Grand Hotel Schloss Bensberg, un castillo remodelado a las afueras de la ciudad de Colonia, los directivos emplearon al chef del lugar, el prestigioso Joachim Wissler —tres estrellas de la prestigiosa *Guía Michelin* y «Cocinero del Año 2005» según la revista *Der Feinschmecker*— para preparar especialidades europeas. Tal vez tanta comida hizo mermar el rendimiento de los muchachos de ojos rasgados. Del cuarto lugar conseguido en casa en 2002, pasaron a una rápida despedida en Alemania, donde no pudieron pasar la primera fase en el grupo G, eliminados junto a los africanos de Togo por Francia y Suiza.

Abrieron el paraguas antes de que lloviera cerveza

Al enterarse de que la empresa cervecera Budweiser, auspiciante de la Copa del Mundo, entregaría un premio al mejor jugador de cada partido, los dirigentes de la selección de Arabia Saudita pusieron el grito en el cielo. «Nuestros jugadores no aceptarán premio alguno relacionado con productores de bebidas alcohólicas por motivos religiosos», informó Abdullah al-Dabal, vocero de la Federación Saudita. Al-Dabal explicó también a la FIFA la posición de los árabes, que interpretan que la religión musulmana no permite el consumo de bebidas alcohólicas. De todos modos, a lo largo del torneo, los saudíes nunca pusieron en aprietos a la FIFA ni a la empresa cervecera. En el primer partido, Arabia igualó en dos con Túnez, y el jugador elegido fue el africano Zied Jaziri. Luego, el equipo asiático cayó 4-0 con Ucrania y 1-0 con España, con lo cual las figuras estuvieron en ambos conjuntos europeos.

Capitanes

La cinta de capitán dio mucho para hablar durante esta Copa. El caso de Angola fue el más curioso. Contra Portugal, el 11 de junio, Akwa comenzó como capitán, pero al ser reemplazado a los 60 minutos por Mantorras, la cinta pasó a Figueiredo. Pero éste también fue sustituido —a los 80, por Miloy—, por lo que el brazalete quedó en poder de André. Diez días más tarde, la historia se repitió casi en forma calcada: Akwa salió a los 51 por Flavio, Figueiredo a los 73 por Rui Marques y Jamba se adueñó de la cinta hasta el final.

El 14 de junio, día en el que Túnez y Arabia Saudita igualaron en dos, el capitán asiático Hussein Sulimani decidió homenajear a su compañero Sami Al Jaber, célebre delantero que jugó 163 encuentros internacionales y participó en forma consecutiva en los Mundiales de Estados Unidos, Francia, Corea-Japón y Alemania. A los 82 minutos, cuando Al Jaber reemplazó a Yasser Al Kahtani, Sulimani le pasó el brazalete al veterano atacante, sin abandonar la cancha. Al Jaber se había retirado de la selección en 2002, pero retornó en 2005 alentado

por el nuevo entrenador, el argentino Gabriel Calderón. Este reconocimiento se repitió el 19 de junio contra Ucrania (Al Jaber ingresó a
los 82 por Mohammed Noor). En el juego con España, cuatro días
después, no hizo falta refrendar la distinción: Al Jaber fue titular y
jugó los 90 minutos.

El tunecino Riadh Bouazizi, en tanto, fue el único capitán que salió
en todos los partidos: contra Arabia lo sustituyó Mehdi Nafti a los
55 minutos; ante España, Alaeddine Yahia a los 57; con Ucrania,
Chaouki Ben Saada, a los 79. Casualmente, en este último match, también el capitán ucraniano, Andriy Shevchenko, dejó su lugar, a los 88
minutos, a Artem Milevskiy.

Sin himno

Los jugadores, técnicos y dirigentes de Togo estaban furiosos por
la derrota por 2 a 1 contra Corea del Sur, el 13 de junio en Frankfurt.
Pero más porque, en el debut mundialista de ese país africano, los
muchachos no pudieron cantar su himno nacional. El encargado del
sonido del FIFA World Cup Stadium se equivocó y pasó dos veces la
canción patria coreana. La metida de pata generó una protesta for-
mal de los directivos togoleses. Otro que no pudo cantar el himno fue
el italiano Mauro Camoranesi, pero por otro motivo. Cuando los
periodistas le preguntaron por qué sus labios se mantenían quietos
mientras sonaba la canción nacional, Camoranesi, nacido en Argentina, fue terminante: «No canto el himno porque no lo sé».

El pantalón de la derrota

Hay imponderables que superan al entrenador más obsesivo. Para
el choque por los cuartos de final, en el Franken-Stadion de Nürem-
berg, el 25 de junio, el técnico holandés Marco Van Basten le ordenó
al mediocampista Mark Van Bommel que, en cada pelota detenida de
sus rivales cerca del área, bajara a marcar al volante portugués Maniche. Así lo hizo Van Bommel desde el arranque, pero a los 23 minutos, el azar, los dioses o vaya a saber qué extrañas fuerzas del destino
hicieron que, en medio del fragor del intenso partido, el pantaloncito
de Van Bommel se descosiera y quedara inservible. El volante debió
salir de la cancha momentáneamente para cambiar su short y quedar
con la indumentaria en regla. En ese momento, un centro cayó en el
área holandesa, la defensa realizó un mal despeje y la pelota fue hacia

los pies de Maniche, quien sin marca ni oposición anotó el único gol del encuentro. De esta forma, Holanda volvió a casa masticando la bronca del destino esquivo y Portugal siguió su buen camino que coronó más tarde con el cuarto puesto.

Conflicto internacional

Nadie imaginó que el festejo del triunfo ante la República Checa iba a producir tantos dolores de cabeza al gobierno de Ghana. Al finalizar ese encuentro, uno de los jugadores africanos, John Pantsil, celebró la victoria desplegando una bandera de Israel. El gesto causó malestar a parte de la población ghanesa (el 16 por ciento profesa el Islam) y estuvo a punto de generar un conflicto internacional. Los embajadores de varios países musulmanes —entre ellos Egipto, Libia, Marruecos, Arabia Saudita y Siria— se quejaron al ministro de Asuntos Exteriores, Nana Akufo-Addo. Asimismo, varias embajadas de Ghana en países árabes, como la de Libia, sufrieron amenazas de bomba. Akufo-Addo pidió disculpas por «un lamentable acto aislado de un individuo que era completamente ignorante de las implicaciones políticas y democráticas de su acto». Pantsil, quien jugaba para el Hapoel Tel Aviv, aclaró que su gesto sólo tuvo por finalidad dedicar el triunfo a unos amigos israelíes que habían viajado hasta la ciudad de Colonia y se encontraban en las tribunas.

Invento alemán

La FIFA informó oficialmente que la definición de partidos mediante disparos desde el punto del penal fue ideada por un árbitro alemán llamado Karl Wald. A finales de la década del los 60, indignado por el revoleo de una moneda para decidir a cara o ceca al ganador (un método que se utilizó en los Juegos Olímpicos y estuvo previsto para los Mundiales, como el de Inglaterra 1966), el referí empezó a proponer en los partidos amistosos que dirigía que cada equipo disparara cinco penales cuando el juego finalizara igualado. Poco después, en 1970, Wald presentó su iniciativa a la Federación de Fútbol Bávara. La idea gustó y poco a poco fue ganando terreno: primero fue adoptada por la Federación alemana, luego por la UEFA y por último por la FIFA. El primer gran certamen internacional que se definió con este sistema fue la final de la Eurocopa de 1976, en Belgrado. Irónicamente, Checoslovaquia derrotó a Alemania con su propio invento. Sin embargo, cada vez que la selección germana debió participar de una definición de esta naturaleza en la Copa del Mundo, siempre resultó victoriosa. La primera vez —que también fue el debut de este método en un Mundial— el 8 de julio de 1982, en la ciudad española de Sevilla, ante Francia. En esa tanda, el remate de Uli Stielike, atajado por el arquero galo Jean Ettori, fue el único que los germanos malograron en todas las definiciones. Luego, Alemania se impuso a México —el 21 de junio de 1986, en cuartos de final—, a Inglaterra —el 4 de julio de 1990, en la semifinal— y Argentina, el 30 de junio de 2006.

En España, en tanto, se asegura que este procedimiento nació unos años antes de que Wald lo imaginara. Varias fuentes sostienen que el desempate fue propuesto por el periodista Rafael Ballester en 1958, para que no se prolongaran mucho los parejos partidos nocturnos del Trofeo Ramón de Carranza, un torneo cuadrangular amistoso que todos los veranos boreales se disputa en la cancha de Cádiz C.F., en Andalucía. Por otra parte, la Rec.Sport.Soccer Statistics Foundation (una entidad fundada por periodistas deportivos de países del norte de Europa) determinó que este recurso es aún más antiguo, ya que fue adoptado para la Copa de Yugoslavia de la temporada 1952/53.

Una obra de arte

No pocos hinchas consideraron una «obra de arte» los dos remates atajados por Jens Lehmann a los argentinos Roberto Ayala y Esteban Cambiasso en la definición por penales del parejísimo choque disputado el 30 de junio en el Olympiastadion de Berlín. Pero la clasificación de los locales no fue un logro exclusivo del arquero. Antes de que comenzara la serie de disparos, Lehmann estudió minuciosamente un papel que le entregó uno de los ayudantes técnicos, en el que estaban anotados los nombres de los jugadores argentinos designados y las características de sus remates en otras tandas similares. El guardameta escondió el «machete» —redactado en una elegantísima hoja de carta del lujoso Schlosshotel im Grunewald, donde se alojaba el equipo alemán— entre la media y la canillera, para tenerlo a mano y repasarlo antes de cada ejecución. Superada la ronda, Lehmann —quien ya había utilizado una computadora portátil en una circunstancia similar ante Inter de Milán, por la Copa UEFA de 1997, cuando jugaba para Schalke 04— donó el papelito al Museo de Historia Contemporánea situado en la ciudad de Bonn. El insólito papel fue incorporado como una pieza histórica en la muestra permanente de la institución.

Evasión

Una vez más, la pasión que despierta la Copa del Mundo permitió una fuga en una cárcel. En este caso se trató de un preso italiano identificado como Roberto Loi, quien aprovechó que los guardias estaban enfrascados en la final con Francia para fugarse de la prisión de Alghero, en la isla de Cerdeña. El convicto, de 38 años, aprovechó la distracción para escapar diez años antes del cumplimiento de su condena, que, por numerosos delitos, la Justicia había fijado hasta el 2016.

Lo sufrieron por TV

Antes del inicio de la Copa, la compañía de electrodomésticos Media World lanzó en toda Italia una atractiva promoción: «Todo el que compre en cuotas un televisor de plasma antes del comienzo del Mundial, deja de pagar si la selección ("azzurra") sale campeona». El disparo de Fabio Grosso que venció al arquero francés Fabien Barthez no sólo le dio el cuarto título a Italia: provocó una pérdida de diez millones de euros a Media World, que había vendido diez mil aparatos de entre 900 y cinco mil euros.

Sudáfrica 2010

El primer Mundial africano fue conquistado por una nación europea: España. Sudáfrica 2010 quedará en la historia por ser el marco del primer título de la selección ibérica, aunque también por una serie de condimentos extrafutbolísticos, como la ensordecedora «vuvuzela», y un extraño pulpo que, desde un acuario de Alemania, acertó con sus pronósticos todos los resultados. Este certamen pudo ser ganado por un equipo sudamericano porque, por primera vez en la Copa, las cinco selecciones del subcontinente pasaron de ronda: cuatro como primeras de su grupo (Argentina, Brasil, Uruguay y Paraguay) y una, Chile, como segunda. Además, las cuatro primeras clasificaron para cuartos de final, junto a tres equipos europeos (Alemania, España y Holanda) y uno de la tierra anfitriona, Ghana. Sólo a partir de allí empezó a desmoronarse el sueño americano.

España, que ganó los cuatro partidos de la segunda ronda por 1 a 0 —incluida la final ante Holanda, en tiempo extra, con un tanto de Andrés Iniesta—, se dio el lujo de levantar su primera Copa del Mundo y, al mismo tiempo, de constituirse en el único europeo campeón fuera de su continente. La escuadra «roja» fue, además, el vencedor con menos goles marcados, ocho, y el primero en obtener un Mundial tras arrancar con una derrota: el 16 de junio en Durban, en el partido inaugural del grupo H, Suiza la venció por 1 a 0. En cuartos, el 3 de julio en Johannesburgo, el equipo ibérico pudo quedar eliminado por Paraguay, cuando su arquero, Iker Casillas, detuvo un penal a Oscar Cardozo mientras el juego estaba igualado en cero. En ese mismo match, Xabi Alonso desperdició otro tiro de los once metros —atajado por el guaraní Justo Villar— cuatro minutos después. Un certero remate de David Villa liquidó una paridad, que parecía eterna, al filo de los 90 minutos.

El partido definitorio, muy peleado y cortado por numerosas infracciones, registró la mayor cantidad de tarjetas para una final mundialista: 13 amarillas y una roja. No obstante, en lo global, Sudáfrica se diferenció notablemente en este aspecto de Alemania 2006 por sumar casi la mitad de amonestaciones y expulsiones.

Por primera vez, la elección del «Balón de oro» al mejor jugador del campeonato recayó sobre un futbolista cuyo equipo no integró el podio: Diego Forlán. El delantero uruguayo fue el conductor y máximo artillero (con cinco anotaciones) de un conjunto corajudo que finalizó cuarto aunque había llegado a Sudáfrica por la ventana, después de disputar un repechaje con Costa Rica.

Entre los récords más sorprendentes, se destaca el de Sudáfrica, primer país organizador eliminado en la ronda inicial. Igualó 1-1 con México en el partido inaugural, cayó 3-0 con Uruguay y le ganó a Francia 2-1, pero este triunfo no le alcanzó para superar a la escuadra azteca, que pasó a octavos de final por mejor diferencia de gol. Lo curioso es que el equipo local llegaba al Mundial con un invicto de 11 encuentros. A esa marca negativa, el entrenador sudafricano, el brasileño Carlos Alberto Parreira, le sumó una positiva: igualó al serbio Velibor «Bora» Milutinovic en mayor cantidad de equipos diferentes dirigidos, con cinco: Kuwait en 1982, Emiratos Árabes en 1990, Brasil en 1994 y 2006, Arabia Saudita en 1998 y Sudáfrica en 2010. Como a Brasil lo condujo dos veces, Parreira se convirtió en el seleccionador con más participaciones mundialistas.

Otra novedad fue que se jugaron partidos de la Copa del Mundo sobre césped artificial. Los estadios Mbombela (de la ciudad de Nelspruit) y Peter Mokaba (Polokwane) presentaron una carpeta que combinaba hierba natural y sintética.

Nunca antes un torneo tuvo tantos goleadores: el alemán Thomas Müller, el español David Villa, el holandés Wesley Sneijder y el uruguayo Diego Forlán igualaron en el primer puesto, con cinco tantos cada uno.

La selección de Alemania, que terminó tercera, superó a la de Brasil —eliminada en cuartos— en cantidad de partidos jugados en Mundiales: 99 a 97. Esta distinción es significativa, porque la escuadra sudamericana intervino en todos los Mundiales, mientras que la germana no concurrió a Uruguay 1930 y se le prohibió participar en Brasil 1950.

Italia y Francia, en tanto, protagonizaron el primer «doblete» de campeón y subcampeón en quedar fuera de la Copa en primera ronda. En el grupo A, Francia igualó sin goles con Uruguay, perdió 2 a 0 con México y 2 a 1 con Sudáfrica; Italia, en el F, empató en uno con Paraguay y Nueva Zelanda, y cayó finalmente 3-2 con Eslovaquia, equipo debutante en un Mundial.

Suiza batió el récord de minutos sin recibir goles en una Copa del Mundo, al llegar a 559. La serie comenzó el 2 de julio de 1994, en los octavos de final del Mundial de Estados Unidos, cuando la escuadra helvética fue eliminada por España. De ese encuentro le quedaron «a favor» cuatro minutos. Suiza recién regresó a la fase final de la Copa en Alemania 2006, donde empató en cero con Francia, le ganó 2-0 a Togo y a Corea del Sur e igualó sin goles con Ucrania en octavos de final después de 120 minutos. En esa instancia, el equipo alpino quedó afuera del torneo por penales. En Sudáfrica, los helvéticos le ganaron 1-0 a España en el debut y en el segundo juego perdieron 1-0 con Chile, con un tanto anotado a los 75 minutos por Mark González, que cortó la racha. Una rareza de este récord es que se consiguió a través de tres arqueros diferentes: Marco Pascolo en 1994, Pascal Zuberbuehler en 2006 y Diego Benaglio en 2010.

En otro orden, el serbio Dejan Stankovic consiguió una marca insólita: vestir las camisetas de tres países diferentes en tres ediciones mundialistas. Stankovic jugó para Yugoslavia en Francia 1998, para Serbia y Montenegro en Alemania 2006 y para Serbia en Sudáfrica 2010. Esta particularidad se debió a los distintos cambios políticos que se produjeron en los Balcanes luego de la desintegración de la ex Yugoslavia, a partir de 1991.

Por su parte, el ghanés Asamoah Gyan fue el primer jugador en desperdiciar dos penales en dos mundiales durante el tiempo regular: uno tuvo lugar el 17 junio de 2006 en Colonia, ante la República Checa. Ese día Ghana venció por 2 a 0. El segundo, el 2 de julio en Johannesburgo, en cuartos de final, ante Uruguay. Ese disparo, que rebotó en el travesaño, le hubiera dado la clasificación a Ghana a semifinales, ya que se produjo en el último segundo del encuentro. A causa de ese error, Gyan fue amenazado de muerte, aunque fue el goleador y la gran figura de su selección.

Argentina también sumó un récord: al anotar contra Grecia, el 22 de junio, su delantero Martín Palermo se convirtió en el debutante más veterano en marcar un tanto mundialista, a los 36 años, 7 meses y 15 días.

En lo que se refiere a los árbitros, el uruguayo Jorge Larrionda y el mexicano Benito Archundia alcanzaron durante este campeonato los ocho encuentros mundialistas, y así igualaron al francés Joel Quiniou.

Picadito

Al llegar a México para enfrentar a la selección local, por el Hexagonal Final de la eliminatoria de la Confederación de Futbol Asociación de Norte, Centroamérica y el Caribe (CONCACAF) rumbo a Sudáfrica, el 10 de octubre de 2009, el arquero salvadoreño Miguel Ángel Montes sabía que debía quedar cara a cara con una delantera picante, incisiva, molesta. Lo que nunca imaginó Montes fue que el punzante ataque no sería frontal, sino que provendría desde atrás. Segundos después de iniciado el encuentro en el monumental estadio azteca, el arquero salió disparado hacia el centro del campo para advertirle al árbitro guatemalteco Carlos Batres que un enjambre de temibles abejas se había adueñado de su portería y amenazaba con acribillarlo, no precisamente a pelotazos. Batres ordenó la interrupción del juego para que un grupo de auxiliares, armados con «matafuegos», le mostrara la «tarjeta roja» al peligroso torrente de insectos, que además de los postes, el travesaño y la red, se había apoderado de los micrófonos de ambiente y una cámara-robot de la televisión situados detrás de la meta. Nueve minutos después, con el enjambre expulsado, el partido se reanudó. Empero, los problemas de Montes no se esfumaron, sino que se mudaron de sus espaldas a su defensa: los zagueros salvadoreños no pudieron contener a los agudos delanteros mexicanos, que esa tarde marcaron cuatro goles. En realidad, fueron tres: el primero fue un «aguijonazo» en contra del líbero Marvin González. Así, la selección de El Salvador quedó eliminada de la Copa, sin poder saborear las mieles del éxito.

¡Qué Kakhada!

El buen defensor Kakha Kaladze se atolondró. Escuchó a sus rivales hablar en italiano, vio sobre el mismo césped a sus compañeros del club Milan, Andrea Pirlo y Gianluca Zambrotta, y se sintió como en su segunda casa, el estadio milanés Giuseppe Meazza. Pero esa noche del 5 de septiembre de 2009 el férreo zaguero «rossonero» no estaba en Italia, sino en el coliseo Boris Paichadze de Tbilisi, y los dos goles que marcó no fueron para el equipo rojinegro sino en contra de su selección, Georgia, que casualmente enfrentaba a Italia por la eliminatoria. El primer tanto, a los 57 minutos, Kaladze desvió con la cabeza un tiro libre ejecutado por Angelo Palombo desde 35 metros.

En el segundo, diez minutos más tarde, cambió la trayectoria a un centro cruzado de Domenico Criscito. En ambos casos, la pelota terminó en el fondo del arco del estupefacto Giorgi Lomaia. Los campeones de 2006 se llevaron un triunfo vital para clasificarse para Sudáfrica. Kaladze ingresó al *Libro Guinness de los Récords*: nunca antes un jugador había anotado dos goles en contra en un partido mundialista, ya sea en el torneo como en la eliminatoria. Lo único positivo para el pobre Kakha fue que los hinchas se tomaron con humor su doble macana. Esa noche, Georgia ya no tenía posibilidades de clasificarse para el Mundial, puesto que había cosechado apenas tres empates, todos de local, en siete encuentros eliminatorios.

Gol de local vale doble

Desde hace muchos años, la mayoría de los torneos de futbol en los que se juegan dos partidos «de ida y vuelta» beneficia, en caso de igualdad de puntos y goles, al equipo que marca más veces en condición de visitante. Esta norma se aplica también en los juegos de eliminatoria que enfrentan a dos países para resolver que solo uno pase de ronda, como en los repechajes. En marzo de 2008, este sistema tuvo un curioso desenlace porque favoreció al equipo... ¡local! ¿Cómo pudo suceder algo así? La eliminatoria caribeña entre Bahamas y las Islas Vírgenes Británicas se resolvió con dos duelos jugados en Nassau, la capital bahameña, a causa de la insuficiente estructura virgenense. El 26 de marzo, con Bahamas actuando en condición de local, el *match* finalizó 1-1. Cuatro días más tarde, en este caso con las Islas Vírgenes como insólita anfitriona en el estadio de su oponente, el choque volvió a terminar empatado, pero 2-2. De esta forma, Bahamas pasó por haber marcado más goles como visitante, aunque los hizo en su propia cancha.

Lo que el whisky no cura, no tiene cura

Este antiguo proverbio escocés demostró su vigencia durante la eliminatoria europea. En agosto de 2009, un mes antes de que Rusia viajara a Cardiff para enfrentar a Gales por el Grupo 4, la Asociación Rusa de Hinchas aconsejó a los fanáticos que quisieran acompañar al equipo a Gran Bretaña «beber mucho *whisky* como medida de precaución para evitar el contagio de la gripe H1N1», también conocida como «aviar» o «A». «Eso debería curar todos los síntomas de la enfermedad», aseguró Alexander Shprygin, presidente de la entidad y miembro de la Federación Rusa. Shprygin aseveró que «las autoridades sanitarias dicen que el virus es muy peligroso, pero, como aficionado que soy, digo que para cualquier verdadero fan no hay nada más importante que el equipo. Los rusos no temen a nada ni a nadie, así que el virus no se interpondrá en nuestro camino para apoyar a la selección». Rusia se impuso como visitante 3-1 y sus felices seguidores se «desinfectaron» hasta la madrugada con la excelente medicina «made in Scotland».

En busca del delantero perdido

Al realizar un viaje, uno puede perder su pasaporte, un teléfono celular o un bolso de mano. Es normal, y tal vez lógico: las idas y venidas por el hotel, el traslado al aeropuerto, los nervios por el vuelo, la incesante circulación de pasajeros pueden entorpecer o descolocar a cualquiera. Ahora, si lo que se extravía es un futbolista, el caso ya es de diván. El extravagante episodio comenzó a desarrollarse el miércoles 10 de junio de 2009 en Medellín, Colombia, poco después de que la selección local derrotara a la de Perú por 1 a 0 por la eliminatoria sudamericana. Tras abandonar el estadio Anastasio Girardot, el equipo andino —que ya estaba imposibilitado para llegar a Sudáfrica y finalizó último en el grupo— regresó al hotel Belfort Dann Carlton, donde tenía previsto pasar la noche. Pero, al llegar al alojamiento, al jefe de la delegación se le comunicó que el vuelo charter de la selección, programado inicialmente para salir en la mañana del jueves, había sido adelantado: se trataba de un avión de la Fuerza Aérea que debía retornar en forma anticipada a Lima, por un pedido del presidente de la República, Alan García. Los jugadores, el cuerpo técnico y los dirigentes partieron, entonces, rápidamente hacia el aeropuerto, subieron a la aeronave y emprendieron la vuelta. Poco después de que el aparato aterrizara, uno de los futbolistas notó que en el grupo no estaba el delantero Hernán Rengifo, quien ante Colombia había entrado como suplente y jugado los últimos tres minutos del choque. Rengifo, quien en esos tiempos vestía también la camiseta de Lech Poznan de Polonia, no se había enterado de nada y se había ido a dormir a su habitación. A la mañana, notó con pavor que se había quedado solo en el hotel. Los directivos le giraron un pasaje y el abandonado muchacho pudo, al fin, retornar a Lima. Para su consuelo, fue convocado para los cuatro partidos restantes, y anotó dos goles, ante Uruguay y Argentina.

Blatter, despistado

El presidente de la FIFA, Joseph Blatter, padeció un asombroso despiste el 4 de diciembre, durante la lujosa fiesta de gala desarrollada en el Centro Internacional de Convenciones de Ciudad del Cabo: durante la transmisión en vivo para todo el mundo, Blatter debía mencionar en qué ciudad estaba programado el partido inaugural de la Copa 2010, pero, nervioso por la presión del público, las cámaras de televisión y los reflectores, al dirigente se le hizo una laguna y quedó mudo. El suizo miró hacia todos lados en busca de un salvavidas que lo rescatara de semejante papelón. Tras un puñadito de segundos que parecieron eternos, la actriz sudafricana Charlize Theron, conductora del evento, salió a su rescate al informar a la audiencia que el puntapié inicial del campeonato se llevaría a cabo en el estadio Soccer City de Johannesburgo. Podría decirse que también se lo anunció al propio Blatter.

Viáticos

Actuar en un Mundial es el sueño de todo jugador profesional y de cualquiera que alguna vez se haya calzado los botines. Intervenir en tres seguidos, era el sueño de Mitsuo Ogasawara, volante del club japonés Kashima Antlers. Ogasawara —un «veterano» de 31 años que había jugado un partido en Corea-Japón 2002 y dos en Alemania 2006— quería a toda costa volver a la máxima cita deportiva, ansioso por igualar el récord de presencias en tres Copas al hilo que disfrutaban sus compatriotas Hidetoshi Nakata, Shinji Ono, Yoshikatsu Kawaguchi y Seigo Narazaki. Como el técnico nipón Takeshi Okada no lo incluyó en la lista de 23, el mediocampista, en un último intento desesperado, ofreció pagar su pasaje en avión hasta Sudáfrica de su propio bolsillo, ansioso por empatar la marca nacional. Mas la insólita propuesta de Ogasawara cayó en saco roto. Okada prefirió gastar un poquito más y viajar con otro futbolista. De yapa, lo dejó al pobre volante muy lejos del récord, al citar para su cuarta Copa a los experimentados arqueros Kawaguchi y Narazaki.

El «deme dos» de Oceanía

Por primera vez, Oceanía tuvo dos representantes en un Mundial: Australia y Nueva Zelanda. Esta inédita situación pudo cristalizarse gracias a que Australia fue aceptada como miembro de la Confederación Asiática de Futbol el 23 de marzo de 2005, hecho que contó con el aval de la FIFA. La federación internacional ya había tomado una medida similar, aunque por razones políticas: desde 1994, Israel compite en el grupo europeo para evitar cruzarse con sus vecinos musulmanes —en ediciones anteriores también había enfrentado equipos de Oceanía y el Lejano Oriente—. Los dirigentes australianos decidieron dar este paso porque consideraban que, en Asia, tenían más posibilidades de llegar a la Copa. Australia sólo había conseguido acceder a dos Mundiales, casualmente ambos disputados en Alemania (1974 y 2006). La FIFA le otorga históricamente «media plaza» a Oceanía, cuyo ganador debe disputar un repechaje muy duro —a veces con un equipo sudamericano, a veces con uno asiático— para llegar al máximo torneo. En su «nuevo continente», Australia clasificó cómodamente en el Grupo 1, con ocho puntos de ventaja sobre el segundo, Japón.

La partida australiana fue bien aprovechada por Nueva Zelanda, que sólo había jugado un Mundial, España 1982. Esta vez, la segunda mejor selección de Oceanía pasó fácil la etapa local y en el repechaje, ante Bahrein —curiosamente, tercero del grupo de Australia—, se ganó los pasajes para Sudáfrica gracias a un empate sin goles como visitante y un triunfo por 1 a 0 en su capital, Wellington.

¿Sorteos?

La comunicación comenzó minutos después de las 8 de la mañana del 14 de abril de 2010.

—Aló, le llamamos de radio América para informarle que se ha ganado un viaje al Mundial de Sudáfrica, gentileza de la empresa Tigo...

—¡Pero si ya lo tengo!

—¿Cómo que ya lo tiene? ¿Usted viaja al Mundial? ¿Cuál es su nombre?

—Reinaldo Rueda Rivera.

—¿Reinaldo Rueda Rivera? ¿Es realmente usted, el seleccionador nacional?

—Sí, soy yo.

Los conductores del programa de la Radio América de Tegucigalpa gritaban que no lo podían creer. También el colombiano Rueda, el técnico de la selección de Honduras que se había clasificado para la Copa en el tercer lugar de la eliminatoria de la CONCACAF. «Realmente me sorprende esta llamada, pero es mi hijo Juan David quien estuvo enviando mensajes, él se lo ganó», explicó el entrenador a los supuestamente azorados periodistas. Según el testimonio de Rueda, el chico de trece años había escuchado la promoción mundialista de la empresa de telefonía celular Tigo en la radio y, sin consultar, tomó el aparato de su papá y envió varios mensajes. «Me gustaría que me acompañe, es una bendición para mí», precisó el técnico. Sin embargo, varios medios de comunicación hondureños denunciaron que el presunto sorteo no había tenido nada de azaroso. «Estaba más arreglado que una mesa de cumpleaños», aseguró un periodista, que indicó que sólo se trató de una maniobra publicitaria orquestada por la empresa de telefonía, la radio y el propio Rueda. Otra versión destacó que el entrenador aceptó participar de esta comedia porque la Federación hondureña se había negado a pagar el pasaje y la estadía en Sudáfrica al joven Juan David. De un modo u otro, fue poco serio.

Otro «sorteo» que llamó la atención fue el que favoreció al vicepresidente de Paraguay, Federico Franco. «Mi señora fue beneficiada con un pasaje», explicó el vicepresidente a la prensa para justificar su traslado a Sudáfrica para «hinchar» por el seleccionado albirrojo en su debut ante Italia, el 14 de junio. Según Franco, su mujer, la diputada liberal radical Emilia Alfaro, había ganado un pasaje para el Mundial en un concurso «cristalino» organizado por Visión Banco para sus clientes. «Hay que entender que yo tuve unas vacaciones muy cortas. Consulté al Presidente sobre la posibilidad de viajar, de acompañar a la selección aprovechando esta gentileza de mi señora, y el Presidente dijo que no había ningún problema», sostuvo el beneficiado poco antes de subir a su avión. Muy trabajador, Franco. Y muy afortunado.

Ecología en camiseta

Para esta Copa, la firma de indumentaria deportiva Nike —que vistió a los seleccionados de Holanda, Brasil, Nueva Zelanda, Portugal, Corea del Sur, Australia, Serbia, Eslovaquia y Estados Unidos— confeccionó sus camisetas con botellas de plástico recicladas como poliéster. La compañía informó que para la elaboración de cada una de las casacas oficiales utilizadas por los jugadores se aprovecharon ocho botellas recuperadas. La producción total —incluidas las remeras oficiales empleadas a lo largo del certamen y las que se pusieron en venta en todo el mundo especialmente para este torneo— demandó

13 millones de envases, suficientes para rellenar 29 canchas de futbol. Según indicó Nike, si todas estas botellas no hubiesen sido recicladas, hubieran podido cubrir de plástico una distancia de tres mil kilómetros, superior a la longitud de la costa sudafricana.

Lo primero es la familia

Pocas veces una sola Copa del Mundo contó con tantas particularidades «familiares». La más trascendental involucró a los medio-hermanos Kevin-Prince y Jerome Boateng. Estos dos muchachos nacieron en Berlín, Alemania, hijos del mismo padre —un hombre de nacionalidad ghanesa— pero de distintas madres. Los Boateng se convirtieron en futbolistas profesionales y, a la hora de elegir una selección, Kevin —quien ya había actuado para las juveniles germanas— se decidió por Ghana, la tierra de sus ancestros, mientras que Jerome, en cambio, prefirió vestir la camiseta teutona. Quiso el azar que Ghana y Alemania compartieran el mismo grupo mundialista (D) y que los Boateng, en un hecho inédito en la Copa, se enfrentaran cara a cara el 23 de junio en el estadio Soccer City de Johannesburgo. El duelo tuvo un condimento extra: Kevin, quien actuaba para el club Portsmouth inglés, se había ganado doblemente el odio de los hinchas alemanes: primero, por defender los colores de Ghana; segundo, por haber lesionado y dejado fuera del Mundial a Michael Ballack, la estrella germana y delantero de Chelsea, en la final de la Copa de Inglaterra. «Sólo puedo pedir disculpas. Llegué tarde a la pelota y lo golpeé de lleno, fue realmente algo estúpido», admitió el ghanés. Su hermanastro, en declaraciones a un diario berlinés, intentó descomprimir la situación: «Kevin es un hombre que comete errores, pero no tenía la intención de lesionar a Ballack». Antes de iniciarse el choque, los hermanos, que fuera de la cancha mantenían una relación fría y distante, apenas se dieron la mano. Alemania ganó esa tarde por 1 a 0 y ambas escuadras clasificaron para los cuartos de final tras eliminar a los otros dos equipos del grupo: Serbia y Australia. Los Boateng, entonces, terminaron en paz.

Otro caso fraterno fue protagonizado por los hondureños Wilson, Jhonny y Jerry Palacios, el primer trío de hermanos en integrar un plantel mundialista. Jerry —mediocampista de 28 años que actuaba en Hangzhou Greentown de China— fue convocado de urgencia por el técnico Reinaldo Rueda para reemplazar al lesionado Julio César de León, y quebrar así el récord de parejas como los alemanes Fritz y

Ottmar Walter, los ingleses Robert y Jack Charlton o los holandeses René y Willy Van der Kerkhof, entre varios casos. De hecho, la marca pudo haber sido rota con mayor holgura, ya que los Palacios eran, en realidad, cinco futbolistas: Milton, en ese momento de 29 años, había jugado las eliminatorias para Alemania 2006 pero no fue elegido por Rueda; Edwin, quien hubiera tenido 18 años, había sido asesinado en noviembre de 2007 por un grupo de delincuentes que lo había raptado de la casa familiar. Los secuestradores, que habían pedido un rescate de 200 mil dólares por Edwin —en ese entonces de 15 años y figura de las divisiones juveniles del club Las Mercedes—, mataron a tiros al adolescente a pesar de haber cobrado el dinero, que en parte había sido recolectado por amigos e hinchas solidarios.

Otro triste episodio «familiar» envolvió al célebre ex presidente sudafricano Nelson Mandela, quien no pudo acudir a la ceremonia inaugural de la Copa porque, un día antes, un conductor en presunto estado de ebriedad había atropellado y matado a una de sus bisnietas, de 13 años. La pequeña, Zenani Mandela, regresaba del concierto de apertura del Mundial, desarrollado el 10 de junio en el estadio Orlando de Soweto.

De suegros y yernos: En la selección argentina, el técnico Diego Maradona convocó a su yerno, Sergio «Kun» Agüero, el talentoso delantero que en ese entonces jugaba para Atlético de Madrid, casado con Giannina, la hija menor del «10». «El Kun va a jugar cuando yo crea que tiene que jugar. Ni aunque me lo pida Benja (por Benjamín, su nieto e hijo de la joven pareja) lo pondría», aseguró Maradona en una conferencia de prensa realizada en Sudáfrica. No obstante, el entrenador se dio el lujo de bromear sobre el tema, al resaltar que Benjamín «no habla todavía, así que no me lo va a pedir». En Holanda, paralelamente, Bert van Marwijk también convocó al marido de su hija Andra, el volante Mark van Bommel.

Tres generaciones de Vladimir Weiss. La selección de Eslovaquia presentó una lista con una repetición curiosa: Vladimir Weiss. Uno, como mediocampista y jugador de Manchester City de Inglaterra; el otro, ex defensor de Checoslovaquia (una nación formada por las actuales República Checa y Eslovaquia tras la caída del Imperio Austrohúngaro en 1918, que después de la Segunda Guerra estuvo en manos de la ex URSS hasta 1992, cuando finalmente se separó) en el Mundial de Italia '90, como entrenador. Pero, antes que ellos dos, hubo otro «Vladimir Weiss» que, como eslovaco, vistió los colores de la escuadra de la nación centro-europea. Padre del técnico y abuelo del jugador de Manchester City, el primer Vladimir Weiss fue un defensor que ganó la Medalla de Plata en los Juegos Olímpicos de Tokio 1964, y participó de las eliminatorias para el Mundial de Inglaterra '66 aunque no consiguió la clasificación.

Hablando de abuelos, Javier «Chicharito» Hernández, autor del primer gol de México en su victoria 2-0 sobre Francia, ocurrida el 17 de junio en Polokwane, repitió la hazaña del padre de su madre, Tomás Balcázar. Balcázar también le había marcado un tanto a Francia el 19 de junio de 1954, en Ginebra, por el Mundial de Suiza, pero ese día la historia no terminó de manera feliz para la selección azteca, ya que cayó por 3 a 2.

La familia no fue lo primero para el neocelandés Chris Killen. El «10» de los «All whites», jugador de Middlesborough de Inglaterra, se casó el sábado 29 de mayo en Loch Lomond, Escocia, mas prefirió no ir a su luna de miel para volver a Austria, donde estaba el campamento de entrenamiento de su selección para la Copa. «Mi esposa (Hannah) hubiese estado más contenta si no me convocaban, pero ella sabe lo que jugar este Mundial representa para mí y por eso aceptó el sacrificio», comentó el delantero. Contra todos los pronósticos, la escuadra de Nueva Zelanda finalizó invicta en la zona F, con tres empates ante Italia, Paraguay y Eslovaquia. Si bien quedó eliminada, celebró haber quedado tercera en el grupo, por encima de Italia, defensora del título. Killen volvió a Inglaterra y, finalmente, viajó hacia una cálida playa junto a su flamante (y paciente) esposa.

Le comieron el hígado

Como quedó claro a lo largo de este libro, la alimentación de los jugadores durante la Copa del Mundo no es un dato menor para los entrenadores. Y no lo fue en absoluto para el de Japón. Apenas finalizado el sorteo de grupos y sedes, Takeshi Okada prestó especial atención a que su equipo debería enfrentar a Camerún en Bloemfontein y a Dinamarca en Rustenburg, dos ciudades situadas, respectivamente, a 1.400 y 1.500 metros de elevación sobre el nivel del mar. Para adaptar a sus hombres a una altitud muy distinta a la que estaban acostumbrados en la isla oriental, Okada llevó a sus jugadores a la pequeña ciudad suiza de Saas-Fee, establecida a 1.800 metros de altura, en el cantón de Valais. Allí, al trabajo realizado en los Alpes durante dos semanas, el técnico añadió un componente esencial a la dieta de sus muchachos: el hígado de vaca. A lo largo de su estancia en la Confederación Helvética, los nipones comieron frita, hervida o asada, mediodía y noche, esa víscera rica en hierro, elemento esencial para que el cuerpo produzca hemoglobina, una heteroproteína que transporta el oxígeno en la sangre y ayuda a mejorar la resistencia de los atletas. El régimen a base de hígado dio excelentes resultados a Japón: derrotó a Camerún por 1 a 0 y a Dinamarca por 3 a 1. Pasó a cuartos de final por primera vez fuera de su casa (lo había conseguido sólo en 2002) y si bien en esa instancia quedó eliminado por Paraguay, cayó honrosamente en una serie de penales tras un durísimo 0-0 de 120 minutos en los 1.200 metros de altura de Pretoria. El único juego que perdió el equipo oriental, ante Holanda —por un estrecho 1-0—, fue en Durban. En una ciudad situada a orillas del Océano Índico, el hígado no sirvió de mucho.

Vuvuzelas

Junto a los jugadores, entrenadores y árbitros, el Mundial tuvo un sonoro personaje que se hizo sentir: la vuvuzela. Amado y odiado, este insólito instrumento musical, tradicional en las canchas sudafricanas, ocupó muchos más centímetros cuadrados en los diarios que la mayoría de los futbolistas. Por radio y televisión, en cambio, fue lo más escuchado. Se dice que la estridente trompeta —un largo tubo cónico fabricado en plástico— fue creada a principios del siglo XX por un seguidor de una iglesia evangelista sudafricana para reemplazar los cuernos de antílope. Muchos jugadores y entrenadores se quejaron porque el fortísimo sonido de las vuvuzelas sopladas por los hinchas, como un potente enjambre de millones de abejas, les impedía mantener una buena comunicación dentro de la cancha. Para los visitantes, seguir los encuentros desde las tribunas resultaba demoledor para los tímpanos. A lo largo de la Copa, la venta de tapones para los oídos voló hacia las nubes: un comerciante de Ciudad del Cabo aseguró que en dos días agotó su stock, aunque los obturadores apenas servían para reducir el sonido de 120 a 90 decibeles. Curiosamente, pese a las quejas, las «trompetitas» dieron la vuelta al mundo y llegaron a los teléfonos celulares. Un grupo de diseñadores holandeses desarrolló un «ring tone» con su sonido para la empresa informática Apple, que causó furor. Apenas unas horas después de haber sido subido a la página de Apple, el estrépito sudafricano fue «bajado» por 750 mil consumidores.

En este juego, el gran ganador fue China, país productor del 90 por ciento de estos instrumentos de plástico. Los fabricantes aumentaron sus pedidos un cien por ciento en todo el planeta. Cuatro meses antes del inicio de la Copa, llegó a Sudáfrica un millón de vuvuzelas.

Las cadenas televisivas, por su parte, debieron equilibrar la cantidad de sonido ambiental de la cancha con las voces de sus relatores y comentaristas, sin quitarlo del todo para no dar una sensación de estadio vacío. Algunos canales, como +TV de Francia, las eliminaron por completo. En Perú, la Asociación Deportiva de Futbol Profesional (ADFP) anunció la prohibición de llevar a todos los estadios del país las ruidosas vuvuzelas, porque «su estruendoso sonido impide el normal desempeño del árbitro, así como el de los aficionados». En Nueva Zelanda, asimismo, el presidente de la Federación de Rugby, David Kennedy, adelantó la veda para las trompetas en las canchas para partidos internacionales y del Mundial de 2011.

En Uruguay, por el contrario, la corneta cautivó a un matrimonio, que pidió autorización para inscribir a su hija con el nombre de María Vuvuzela. ¿Habrán meditado con cuidado sobre el futuro de la pobre beba?

No sólo los tímpanos fueron afectados por estos estrambóticos aparejos. De tanto soplar, una mujer sudafricana ¡se rompió la garganta! Yvonne Mayer, una residente de Ciudad del Cabo, debió ser hospitalizada y pasar tres días sin comer ni hablar luego de lesionarse mientras participaba de un concurso para ver quién podía soplar el infernal instrumento durante más tiempo. Esos tres días, los vecinos de Yvonne celebraron con champagne…

Exceso y déficit

La selección chilena llegó a Sudáfrica con exceso de equipaje. En sus bolsos y valijas había mil camisetas oficiales. Bien se puede considerar exagerada la previsión del entrenador Marcelo Bielsa y los dirigentes, ya que, si la escuadra roja llegaba a la final, esas mil casacas significaban un promedio de seis por partido para cada uno de los 23 jugadores. Por el contrario, los futbolistas de Honduras no pudieron permutar remeras con sus colegas de Bielorrusia en un amistoso previo al campeonato, jugado en Austria el 26 de mayo, porque el utilero del equipo no tenía los juegos suficientes para Sudáfrica. «Sentimos vergüenza porque no pudimos intercambiar las camisetas con ellos porque no disponemos de suficiente material deportivo», admitió el gerente de la Selección hondureña, Osman Madrid. ¡Le hubiera pedido algunas a Bielsa!

Maradona

La asunción de Diego Maradona como entrenador de la selección argentina generó numerosas situaciones curiosas. La primera, y tal vez la que más ruido generó en todo el mundo, fue una insolente conferencia de prensa desarrollada en Montevideo el día que Argentina derrotó a Uruguay y se clasificó para la Copa de Sudáfrica. «Chúpenmela», «que la sigan mamando» y «la tenés adentro» fueron algunos de los groseros epítetos del ex jugador, que en ocho partidos había conseguido cuatro triunfos y cuatro derrotas, incluida una histórica y humillante paliza 6-1 ante Bolivia. Por su innecesario mal gusto, Maradona fue castigado por la FIFA con «dos meses de prohibición para ejercer cualquier actividad relacionada con el futbol y una multa de 25.000 francos suizos». Esta sanción —que incluyó la proscripción para concurrir al sorteo del torneo, realizado el 4 de diciembre en Ciudad del Cabo— fue duramente cuestionada por los medios de comunicación europeos, que consideraron «muy leve» el castigo y denunciaron que el ex jugador recibió «trato de ídolo» por parte del tribunal de Comité de Disciplina.

Dos meses más tarde, Maradona fue fuertemente criticado por la prensa argentina porque, para el amistoso que la selección «local» disputó ante Jamaica en la ciudad de Mar del Plata el miércoles 10 de febrero, convocó a cinco futbolistas que no estaban en condiciones de participar. Cuatro de ellos, de Estudiantes de La Plata, al día siguiente debían enfrentar al equipo peruano Juan Aurich por el primer partido del Grupo 3 de la Copa Libertadores. Al reparar en su error, citó a otros cuatro jugadores, uno de los cuales, el delantero de Atlético Tucumán Juan Pablo Pereyra, había sido operado por una fractura del tabique nasal apenas dos días antes y tampoco estaba disponible para ese match.

Durante el Mundial, Argentina arrancó con cuatro triunfos al hilo, pero en cuartos de final presentó un equipo desdibujado y mal preparado tácticamente, que fue goleado 4 a 0 por Alemania. Causó sorpresa el bajísimo nivel de Lionel Messi a lo largo del certamen, sobre todo por no marcar goles y porque, semanas antes del inicio del torneo, había ganado el premio al mejor jugador del mundo otorgado por la FIFA.

Tal vez la situación más curiosa relacionada con Maradona obedeció a que el técnico, como un Rey Midas que convierte en oro todo lo que toca (o casi todo, ya que no logró el éxito que anhelaba para su equipo) logró que un simple inodoro hiciera «furor» en Sudáfrica. Ocurrió que, cuando el entrenador argentino visitó las instalaciones del Centro de Alto Rendimiento de la Universidad de Pretoria, donde se instaló el «búnker» albiceleste, notó que los retretes no prestaban las suficientes condiciones de comodidad y salubridad, por lo que solicitó que se los cambiara por un modelo más moderno. El inodoro, bautizado «Bathroom Bizarre» y de fabricación sudafricana, ofrecía tres velocidades de desagüe y bidet con agua caliente incorporado. Al trascender en los periódicos locales la estricta exigencia de Maradona, las ventas de este artículo se multiplicaron —como no podía ser de otra forma— por diez. En los negocios de artículos sanitarios, el «Bathroom Bizarre» se adueñó de las vidrieras junto a banderas argentinas y recortes de las notas publicadas en los diarios con graciosos titulares. Casi todo lo que toca Maradona se convierte en oro, y hasta un inodoro puede gozar de un original éxito comercial favorecido por la «mano»... o, mejor dicho, «las nalgas de Dios».

Gran Hermano

El técnico de Inglaterra, el italiano Fabio Capello, tuvo una idea «brillante» para controlar que sus jugadores no mantuvieran sexo durante su concentración en el lujoso «Vineyard Hotel and Spa» de Ciudad del Cabo: instalar cámaras en todas las habitaciones del hotel. Bueno, no en todas, porque en la suya no había ninguna, para poder recibir de manera «privada» a su esposa, Laura Ghisi. La medida —diametralmente opuesta a la que tomaron otros entrenadores que sí permitieron las visitas «íntimas» para sus hombres— fue duramente cuestionada por las esposas de los futbolistas. La prensa británica fue más allá, al destacar que uno de los «más vigilados» sería John Terry, protagonista de un escándalo mediático pocos meses antes, al trascender que había mantenido un romance con la mujer de un compañero suyo de Chelsea FC, Wayne Bridge.

Pero no sólo la vida íntima de los futbolistas despertó un amplio interés de los medios. Cada cuatro años, diferentes encuestas analizan cómo se llevan el futbol y el sexo de los hinchas. Antes del inicio del campeonato de Sudáfrica, una investigación realizada en Alemania aseguró que solamente el cinco por ciento de los hombres cambiaría ver la final del Mundial en directo por una noche de placer con su pareja. Un 52 por ciento admitió que dejaría de ver la final en caso de que sobreviniera una emergencia, mientras que un 20 por ciento aseguró que nada lo separaría de su televisor si la escuadra germana llegaba al último partido.

No obstante, una victoria puede poner sal y pimienta a la vida amorosa de sus fans: se comprobó que en Alemania hubo un incremento de los nacimientos nueve meses después de que la selección germana derrotara a Portugal por el tercer puesto de la Copa jugada en casa en 2006. En Corea, la clasificación de los «diablos rojos» para octavos de final de Sudáfrica disparó la venta de preservativos. El periódico *JoongAng Daily* afirmó que gracias al ambiente festivo generado por el futbol, la demanda de profilácticos se multiplicó por cinco comparada con lo sucedido durante el Mundial 2006, en el cual el equipo rojo había quedado eliminado en primera ronda.

Partidos electrizantes

Zimbabwe no se clasificó para la Copa del Mundo, pero de todos modos tuvo a su expulsado: el ministro de Energía. Elias Mudzuri fue echado del gobierno de esa nación africana por los sucesivos cortes de electricidad que afectaron la televisación de los partidos. En Harare, la capital del país, fue casi un milagro ver 90 minutos seguidos sin interrupciones del suministro energético. Mudzuri había prometido que, durante el desarrollo de la Copa, no habría apagones, pero la compañía nacional de electricidad Zesa apenas pudo producir la mitad de los megavatios necesarios para cubrir la demanda. Como no logró cumplir con su compromiso, el ministro fue obligado a dimitir diez días después de iniciada la competencia. Los únicos ganadores fueron los bares de Harare, que, previsores, colocaron generadores para proteger a su clientela y sumar a los desesperados televidentes caseros.

Los problemas eléctricos también se repitieron en Bangladesh, donde cientos de enfurecidos futboleros de Dacca, la capital, salieron a las calles a destruir vehículos y vidrieras porque una falla en el flujo energético había interrumpido la transmisión del choque Argentina-Nigeria, jugado el 12 de junio en Johannesburgo.

Otro corte, aunque publicitario, hizo atragantarse de cerveza a los hinchas ingleses que, también el 12 de junio, miraban por televisión cómo su equipo enfrentaba al de Estados Unidos en Rustenburgo. En pleno primer tiempo, con el partido igualado a cero, la transmisión a cargo de la cadena ITV mostró de pronto un anuncio de la marca de automóviles Hyundai. Al finalizar el aviso, los televidentes descubrieron asombrados que su equipo estaba ganando 1-0, y que se habían perdido la conquista de Steven Gerrard. El dueño de un pub de Stock-port resaltó que sus clientes, al descubrir lo ocurrido, comenzaron a llamar a familiares y amigos que estaban viendo el match a través de otros canales para que les relataran lo que había sucedido. La cadena ITV pidió disculpas, pero no fue suficiente para calmar a los enoja-dos espectadores. Más enojados aún después del gol tonto que per-mitió el arquero británico Robert Green, que selló el empate ante los yanquis.

Tienes mil e-mails

Nigeria derrotaba con comodidad a Grecia el 17 de junio en Bloemfontein, con un tanto de Kalu Uche a los 16 minutos, y se recu-peraba de la derrota ante Argentina en el partido inaugural del grupo B. A los 33, el mediocampista Sani Kaita, de manera inexplicable, le arrojó un patadón a Vasilios Torosidis cuando ambos estaban fuera de la cancha y sin la pelota en juego. El árbitro colombiano Óscar Ruiz no dudó y le mostró al africano una justa «roja directa». Rápido de reflejos, el entrenador heleno, el alemán Otto Rehhagel, aprove-chó el exabrupto de Kaita y de inmediato cambió al defensor Sokra-tis Papastathopoulos por el delantero Georgios Samaras para dar vuelta la historia, que también había comenzado con una caída ante Corea del Sur. Favorecida por la superioridad numérica, Grecia igualó a los 44 minutos y selló la victoria a los 71 mediante un tanto de Toro-sidis, el mismo que había recibido el golpe del expulsado. La derrota ponía a Nigeria al borde de la eliminación —que se concretaría cinco días más tarde con un empate a dos con Corea, en el cual el delantero Yakubu Ayegbeni perdió un gol increíble con el arco vacío—, y generó una ola de furia a lo largo y a lo ancho de la nación africana que rom-pió sobre el impulsivo Kaita. El volante recibió más de mil amenazas de muerte en su casilla de correo electrónico. Los compañeros del joven de 24 años salieron a reclamar «compasión» a los aficionados: «Se trata de una persona que sirve de la mejor manera posible a su selección y a su país», alegaron. Kaita, quien había ganado para su nación la medalla de plata en los Juegos Olímpicos de Beijing 2008, pidió perdón a los hinchas y a todos los integrantes de la delegación nigeriana por haber perjudicado al equipo, aunque restó importancia a las intimidaciones. «No estoy asustado. Sólo Alá decide quién vive o muere. Cada uno tiene su propio destino en la tierra», declaró. Como la situación aparentemente no contaba con demasiadas pinceladas surrealistas, el vocero de la selección verde, Peterside Idah, convocó a una conferencia de prensa internacional para «aclarar» que los ánimos estaban muy bien en casa. «En nuestra lengua, "te voy a matar" quiere decir "no estoy contento contigo"». Bingo.

Regalados fueron caros

La rápida (y sorpresiva) eliminación de Italia y Francia generó infinidad de incidentes en ambos países. Los técnicos Marcello Lippi y Raymond Domenech fueron rápidamente despedidos, y ambos planteles volvieron a su tierra en medio del rechazo y los insultos de los hinchas. El caso francés puso en vilo al mismísimo presidente galo, Nicolas Sarkozy. Durante el entretiempo del segundo encuentro —ante México en Polokwane, el 17 de junio— Domenech discutió a los gritos, dentro del vestuario y frente al resto del equipo, con el delantero Nicolas Anelka. «Que te den por el culo, sucio hijo de puta», le gritó —según el diario deportivo *L'Equipe*— Anelka a su entrenador. «Muy bien, salís», contestó con aplomo Domenech, y ordenó el ingreso de André-Pierre Gignac. Francia cayó por 2 a 0 (los dos tantos aztecas se produjeron en la segunda mitad) y quedó al borde de la eliminación. Anelka fue expulsado del plantel ese mismo día, y sus compañeros, en solidaridad con el atacante, se declararon en huelga el domingo 20 y se negaron a entrenarse para el tercer juego, con Sudáfrica, programado para el martes 22. En una conferencia de prensa, Domenech reveló que les dijo a sus futbolistas «que lo que estaban haciendo era una aberración, una imbecilidad, una estupidez sin nombre». Sarkozy, aterrado por las noticias que llegaban desde el continente negro, le pidió a su ministra de Deportes, Roselyne Bachelot, que tomara cartas en el asunto y se reuniera con los muchachos del plantel para «llamarlos al orden». «Lo que está ocurriendo es un desastre moral» que «ha empañado la imagen de Francia», se lamentó el mandatario. «La cara mostrada por la selección de Francia en Sudáfrica fue desastrosa», reconoció. Destartalado, el equipo «bleu» cayó también con Sudáfrica, 2 a 1, y se despidió de la Copa. Entre tanto conflicto, al menos los jugadores galos tuvieron un gesto de decencia: su capitán, Patrice Evra, anunció tras la eliminación que renunciaban «a todas las primas». «Es difícil perdonar a un equipo que no logra clasificarse en primera ronda. No me lo perdono yo mismo. No aceptaremos un solo centavo», declaró Evra tras la derrota 2-1 ante Sudáfrica. El papelón salió barato a la federación azul.

Los sospechosos de siempre

Cada cuatro años, delincuentes de todo el mundo aprovechan la fiebre mundialista para quedarse con su tajada. Sudáfrica 2010 no fue la excepción. Un avispado ladrón aprovechó que toda la Argentina estaba congelada frente al televisor viendo el encuentro debut ante Nigeria y se apoderó de dos valiosas pinturas del Teatro Argentino de la ciudad de La Plata. El trabajo del bandido fue grabado por las cámaras de seguridad del establecimiento, pero las imágenes sirvieron de poco a la policía para identificarlo: el hábil intruso vestía un amplio abrigo con el cuello levantado y llevaba anteojos oscuros.

Más previsora, la Federación Brasileña de Bancos (Fedabran) decidió alterar los horarios de atención al público en todos los locales crediticios del país para evitar sorpresas. En algunos casos, los bancos cerraron las puertas antes del horario habitual; en otros, se implementó un cese de actividades durante los partidos jugados por la selección «verdeamarela».

En México, seis internos del centro penitenciario de Atlacholoaya, en el estado de Morelos, se fugaron mientras los guardias miraban por televisión la reiteración del gol sufrido por la escuadra azteca ante Uruguay. Los presos aprovecharon la distracción de los custodios para limar los barrotes de su celda y abandonar la carcel a través de uno de sus portones.

En Sudáfrica, en tanto, fue muy cuestionada la seguridad. El diario local *The Star* denunció que el gobierno había ocultado a la prensa que, cinco días antes de que arrancara el Mundial, un grupo de asaltantes había robado más de un millón de dólares de un depósito de Nedbank, uno de los bancos más importantes del país. A pesar de la campaña oficial por ocultar la inseguridad, decenas de hinchas y hasta algunas delegaciones participantes sufrieron robos de dinero y objetos de valor en sus hoteles. Muchos extranjeros también fueron asaltados en las calles. Los ladrones no perdonaron tampoco los estadios: un grupo robó siete réplicas de los trofeos de la FIFA que se encontraban en las oficinas del Soccer City de Johannesburgo, escenario de la final. Una enorme ola de inseguridad que no se pudo detener con relaciones públicas.

Arquero con polleras

El debut de España, el 16 de junio en Durban, fue una verdadera sorpresa: casi nadie imaginaba que el último campeón europeo sería derrotado por Suiza, 1 a 0. Sin embargo, lo que más impresionó fue que varios medios de comunicación hispanos denunciaran que el tanto que selló el triunfo helvético fuera responsabilidad del arquero Iker Casillas y de su novia, la bella periodista del canal Telecinco Sara Carbonero. La polémica se desató cuando el diario británico *The Times* publicó una fotografía en la que se veía a Carbonero, con su micrófono en la mano, detrás del arco defendido por Casillas, en el sector reservado para la prensa. Inclusive, se deslizó que la falla cometida por el arquero segundos antes del gol suizo pudo deberse a una distracción generada por la hermosa reportera. El presidente de la Asociación de la Prensa de Madrid, Fernando González Urbaneja, consideró como «una vergüenza» la relación entre arquero y cronista. «Como periodista, ella debería saber que no hay que implicarse emocionalmente en las historias que se relatan. Si quiere ser una gran profesional, no se debe dejar tentar por las malas prácticas del periodismo», añadió el severo González Urbaneja. Para otros comunicadores, menos rigurosos, tal vez encandilados por los ojos verdes de su joven y bella colega, sólo se había perdido un partido de futbol. Al fin y al cabo, el traspié no impidió una campaña histórica, ni que Casillas, como buen galán desprejuiciado, sellara la enorme victoria con un dulce beso a su novia frente a las cámaras de todo el mundo.

Los orientales son todos iguales

En el capítulo dedicado al Mundial de Inglaterra '66 se mencionó una leyenda relacionada con los jugadores de Corea del Norte, según la cual los agotados atletas que habían intervenido en el primer tiempo eran reemplazados por jugadores descansados que vestían las mismas camisetas, amparados en la supuesta dificultad del ojo occidental para diferenciar sus rostros. Corea del Norte volvió a participar de una Copa del Mundo en esta edición, y volvió a surgir una historia vinculada a la fisonomía de su gente. El día que el equipo asiático debutó en el torneo, frente a Brasil, el 15 de junio en Johannesburgo, un centenar de hinchas vestidos de rojo lo alentó con desbordante pasión. Los muchachos desplegaron banderas y no pararon de animar, a pesar de la caída —sorprendentemente ajustada, por cierto— ante uno de los candidatos. Sin embargo, poco después se descubrió que el puñado de fanáticos no incluía a una sola persona nacida en la nación comunista. Como el gobierno de Pyongyang había prohibido la salida del país de los hinchas, los dirigentes tuvieron una brillante idea para que su equipo no estuviera solito dentro del estadio: contratar una *claque* de obreros chinos residentes en Sudáfrica. Cubiertos con camiseta, bufanda y gorro, los chinos saltaron y cantaron como si hubieran nacido al otro lado del Mar Amarillo. El «alquiler» de los seguidores estuvo a cargo de la empresa China Sports Management Group, a la que los coreanos le entregaron mil entradas para cada partido (¿habrán pagado a los «fanáticos» con la reventa de las 900 que no utilizaron?). Corea del Norte tuvo el peor desempeño mundialista, con tres derrotas, doce goles en contra y apenas uno a favor. La *claque* se quedó con las ganas de hacer «horas extras» en octavos de final.

Minifaldas

El 14 de junio, minutos antes del inicio del duelo Holanda-Dinamarca, el estadio Soccer City de Johannesburgo explotó de belleza. Unas treinta hermosas jóvenes ingresaron a una de las plateas vestidas con cortísimas minifaldas naranjas para alentar al equipo de los Países Bajos. Para tristeza de los azorados espectadores, el impactante show duró poco tiempo: minutos después de su despampanante llegada, unos cuarenta policías rodearon a las chicas y las obligaron a abandonar el coliseo. Oficialmente, la FIFA explicó que con la expulsión de las señoritas no se pretendía proteger el espectáculo, evitando que los futbolistas se distrajeran, sino a uno de los auspiciantes del campeonato: la cervecera de origen estadounidense Budweiser. Según la investigación que llevó adelante la Federación organizadora del torneo, la irrupción de las chicas se debió a una original campaña de marketing de una compañía rival de Budweiser, la holandesa Bavaria. Para la FIFA, las mujeres fueron «utilizadas como un instrumento para una emboscada mercadotécnica» con sus llamativas minifaldas, que llevaban estampada la marca de cerveza holandesa. Dos de las jóvenes fueron detenidas, acusadas de dirigir el «espectáculo», pero luego fueron liberadas por la justicia sudafricana. Holanda derrotó esta tarde a Dinamarca, 2 a 0, pero la mejor exhibición había estado en las tribunas.

Jabulani y el hijo pródigo

Desde Uruguay 1930, en un Mundial no se discutía tanto sobre la pelota. Jugadores y entrenadores de todos los países participantes dispararon en forma despiadada contra Jabulani, el balón que la empresa

Adidas preparó especialmente para el evento. «Pelota de playa», la llamaron los futbolistas españoles que luego fueron campeones gracias a ella. Decorada con once diferentes colores —por los once jugadores de un equipo, los once lenguajes oficiales de Sudáfrica y las once tribus del país anfitrión—, la pelota fue diseñada con ocho paneles en forma 3-D premoldeados y unidos térmicamente, lo que le otorgaba una forma perfectamente esférica. Jabulani —cuyo nombre significa «celebrar» en isiZulu, uno de los once lenguajes oficiales de la República de Sudáfrica— presentaba ranuras en su superficie que tenían como objetivo hacerla más estable y certera. Sin embargo, en la práctica, el balón no conformó a los protagonistas, y se lo responsabilizó por algunos goles «tontos», como los sufridos por el inglés Robert Green ante Estados Unidos, o el argelino Fawzi Chaouchi frente a Eslovenia. «Esta pelota es imposible. No dobla. Cuando la querés tirar al segundo palo, se cae», sentenció el técnico argentino Diego Maradona, dueño de una zurda maestra en el arte de acariciar la pelota. La empresa Adidas consideró que «culpar al balón» por un desempeño pobre es fácil, pero no una excusa válida. El balón puede viajar más rápido debido a la altura y al aire más ligero del lugar, pero es el mismo para todos. Todas las federaciones que calificaron para la Copa Mundial FIFA 2010 recibieron un primer embarque de balones oficiales a principios de febrero de 2010. Desde diciembre de 2009, Jabulani ha sido usado al más alto nivel de competencia en Alemania, Holanda, Francia, Austria, Rusia, Suiza, Argentina y Sudáfrica. Cumple o excede todos los estándares aprobados por la FIFA, y las pruebas de la Universidad de Loughborough (Inglaterra) prueban científicamente su vuelo estable sin precedentes y su precisión como de láser. Desde la FIFA, su secretario general, Jerome Valcke, sostuvo que «no estamos sordos, así que escuchamos las críticas. Tendremos nuestras reuniones regulares con los técnicos después de la Copa del Mundo y discutiremos sobre el tema». El esférico dilema llegó nada menos que hasta la NASA: uno de sus científicos garantizó que la trayectoria de la Jabulani se volvía «impredecible» cuando superaba los 72 kilómetros por hora, por un efecto aerodinámico denominado «nudillo». De todos modos, la queja que más dolió a Adidas fue la de Lionel Messi, la principal cara publicitaria de la empresa de las tres tiras. «La pelota es muy complicada para los arqueros y para nosotros. No le agarramos la mano todavía. Ojalá que pronto nos vayamos acostumbrando, porque no nos queda otra», reconoció el «10» argentino luego del triunfo ante Nigeria, el 12 de junio en Johannesburgo. Esa tarde, el arquero africano Vincent Enyeama fue la gran figura, a pesar de la derrota 1-0 de su equipo, por atajar todos los bombazos lanzados por Messi. El único que no atajó fue el que cayó sobre la sede central de Adidas, en la ciudad alemana de Herzogenaurach. Allí, como Julio César, los directivos de la firma deportiva se preguntaron: «¿Tú también, hijo mío?».

¡Qué religiosos!

La apacible tarde del domingo 13 de junio, David Makoeya —un hombre de 61 años residente en la provincia sudafricana de Limpopo, al norte del país— quería disfrutar del buen futbol de Alemania. Pero al presentarse en la sala de su casa, descubrió con tristeza que su esposa y sus dos hijos le habían ganado de mano y ya habían sintonizado un canal religioso en el único televisor de la vivienda. Makoeya pidió permiso para poner el partido, pero su familia, ferviente seguidora de los shows «gospel», se lo rechazó rotundamente. El hombre no se conformó con el «no» y, tras la negativa, intentó quitarle a su mujer el control remoto del aparato. El forcejeo, condimentado con insultos de todo tipo, pronto se transformó en una feroz pelea: en un rincón, Makoeya; en el contrario, su esposa, de 68 años, y su hijo mayor, de 36. Como espectadora, el menor de los frutos del matrimonio: una chica de 23. Favorecidos por la superioridad numérica, madre e hijo derrotaron fácilmente a su «rival», aunque de todos modos se quedaron sin ver su programa favorito: Makoeya murió en un hospital cercano a raíz de las graves lesiones que sufrió en su cabeza y su familia terminó detenida por la policía, acusada por el homicidio.

Premonición

Los «torcedores» no daban crédito a lo que veían sus ojos. Dentro del mismo diario *Folha do São Paulo* que el 28 de junio tenía su portada engalanada con las fotos del triunfo «verdeamarelo» sobre Chile, por 3 a 0, un aviso publicitario despedía a la selección del Mundial y pregonaba «nos vemos en 2014». «La "l qembu le sizwe" ("selección" en zulú) salió del Mundial, no del corazón de la gente. Gracias, Brasil. Nos vemos en 2014», señalaba el aviso de la cadena de supermercados «Extra», uno de los patrocinadores oficiales de la selección brasileña. Minutos después, a través de la red social Twitter, el presidente del Consejo de Administración del «Grupo Pão de

Açúcar» (propietario de «Extra»), Abílio Díniz, admitió estar «al lado de los que se indignaron con el anuncio publicado erróneamente por el diario». Vehemente, el empresario dijo que «no compartimos la impunidad y tomaremos las providencias, que no eliminarán el error pero responsabilizarán a los culpables». Díniz aclaró que en el lugar del fallido aviso debió haberse publicado otro con el texto «Que venga la próxima. "Wafa wafa" ("adelante que se puede" en zulú), Brasil. Fuerza Extra en los cuartos de final, Brasil. Haz que el Penta se convierta en Hexa». Los publicitarios decidieron preparar este aviso con una pequeña modificación («semifinales» por «cuartos de final») para el día siguiente al próximo encuentro. Mas el 2 de julio, en Puerto Elizabeth, el buen juego de Holanda destrozó por 2 a 1 el sueño del sexto título brasileño. Al día siguiente, por las dudas, no hubo ningún aviso de la cadena de supermercados. Díniz no quería problemas «extra».

Locos por el futbol

Comúnmente se asevera que hay mucha gente que no hace sacrificios para mejorar su calidad de vida o ayudar a familiares y amigos, pero está dispuesta a cometer cualquier locura con tal de acudir a un partido mundialista, sobre todo si se trata de la final. El matrimonio sudafricano integrado por Maurice y Nicole Meyer es una buena prueba de los extremos desafíos que las personas pueden perpetrar por un ticket. La pareja radicada en la ciudad de Nelspruit, en el nordeste del país africano, decidió participar en un insólito concurso organizado por el programa «Just plain breakfast» de la radio local Jacaranda 94.2: el que conseguía la proeza más original, ganaba una entrada «VIP» para la gran final en el estadio Soccer City de Johannesburgo, valuada en 13 mil dólares. Tras escuchar las distintas propuestas de los oyentes, Maurice convenció a su mujer con una idea desquiciada. «Ganamos seguro», le afirmó. A la mujer le pareció una locura la idea de su marido, atravesar a nado el «Crocodile River», no tanto por sus congeladas aguas y las frías temperaturas invernales, sino porque, como su nombre lo indica, ese curso de agua se encuentra ¡infectado de hambrientos cocodrilos! «Estaba escuchando las propuestas que le llegaban a Darren Scott (el conductor del programa) y todas me parecían bastante pobres. No tengo idea de cómo se me ocurrió nadar en el Crocodile River, sólo apareció dentro de mi cabeza», relató Maurice. Y allá fueron, valientes e insensatos, marido y mujer. ¿Por qué los dos, si solamente había una entrada en juego?

«Para tener más posibilidades de ganar», se justificó el muchacho. A fin de dar crédito a su hazaña, la pareja le pidió al hermano de Maurice, Gert, que grabara la experiencia en video, material que fue rápidamente subido al sitio YouTube.com.Gert, además, cumplió un papel de guardaespaldas: llevó un rifle consigo, por si alguno de los reptiles osaba comerse a la pareja. «De todos modos —dijo Maurice—, no estoy muy seguro de lo que hubiera hecho Gert: si matar al cocodrilo o matarme a mí para evitar mi agonía». No hizo falta disparar un solo tiro, aunque sí hubo angustia por algunos días, hasta que Scott anunció que la chiflada pareja era la justa ganadora del premio.

Como en el '66...

Tal cual sucede en cada edición de la Copa, Sudáfrica no estuvo exenta de graves errores arbitrales. Dos goles en claro «off side» —uno de Argentina contra México, que abrió el triunfo albiceleste, y también el segundo de Holanda en la semifinal ante Uruguay, que culminó 3 a 2— y dos legítimos anulados por supuesta posición adelantada —uno a los Estados Unidos ante Eslovenia y otro a Italia, que pudo darle la clasificación frente a Eslovaquia— fueron cuatro de las jugadas más polémicas. Sin embargo, la situación más injusta del torneo, por lejos, ocurrió el 27 de junio en el estadio Free State de Bloemfontein, cuando se enfrentaron Alemania e Inglaterra. En el minuto 52, con el marcador 2-1 para los germanos, el británico Frank Lampard, desde fuera del área rival, sacó un pelotazo que superó al arquero Manuel Neuer, pegó en el travesaño y rebotó dentro del arco, unos 60 centímetros detrás de la línea de meta. Pero el balón, caprichoso, salió de la portería para ser tomado de inmediato por Neuer. Ni el árbitro uruguayo Jorge Larrionda ni su línea y compatriota Emanuel Espinosa advirtieron que Lampard había anotado un gol legítimo, y ordenaron la continuación del juego, a pesar de las protestas de los futbolistas ingleses. Tal vez decaídos anímicamente, los británicos fueron finalmente humillados 4-1 por sus rivales. Lo acaecido hizo recordar de inmediato lo que pasó en Wembley durante el alargue de la final de 1966, casualmente entre Inglaterra y Alemania, aunque su resolución fue exactamente al revés: en Londres, el disparo del delantero local Geoff Hurst había rebotado en el travesaño y salido tras picar sobre la línea, sin traspasarla. En aquella oportunidad, fue considerado «gol» por el referí suizo Gottfried Dienst, también injustamente. En Sudáfrica, al menos, para los damnificados hubo un consuelo: el presidente de la FIFA, Joseph Blatter, anunció que la entidad analizaría la posibilidad de recurrir en un futuro a la ayuda de elementos tecnológicos (como cámaras de televisión) para salvar este tipo de sucesos injustificables. «Personalmente, lamento cuando se ven errores arbitrales evidentes, aunque son cosas que pueden ocurrir. Pedí disculpas a los ingleses, quienes nos dieron las gracias (por las excusas) y aceptaron que unas veces se gana y otras se pierde», indicó Blatter. En Inglaterra, en tanto, las casas de apuestas volvieron a dar la nota. Al igual que en 1986 —cuando se decidió devolver el dinero a quienes habían apostado por el empate entre Inglaterra y Argentina, luego de la «mano de Dios»— las agencias Ladbrokes y William Hill pagaron a aquellos jugadores que apostaron que Lampard marcaría un tanto en ese partido. «Todo el mundo pudo ver que fue gol», explicó el vocero de William Hill. Con esta medida, cada local de apuestas perdió unas cien mil libras esterlinas (unos 150 mil dólares), pero ganó mucho más en credibilidad.

Los de palo jugaron

Minutos antes de la final de 1950, el capitán uruguayo Obdulio Varela reunió a sus compañeros y, antes de salir al césped del Maracaná, rodeado de 200 mil fanáticos brasileños, arengó: «Los de afuera son de palo», para recordarle a sus camaradas que al futbol se juega «once contra once». Empero, a veces los palos tienen un rol muy participativo, cuando se trata de los que componen el arco —así llamados popularmente aunque no sean de madera—. Bien puede decirlo, precisamente, Uruguay, cuya notable producción en tierra africana, con la que llegó a semifinales por primera vez desde 1970, estuvo vinculada con postes y travesaños. Los «maderos» hicieron de las suyas en casi todos los encuentros de la escuadra celeste, inclinando la balanza hacia un lado u otro y siempre en momentos clave. Como el que Uruguay y México disputaron para definir las posiciones del grupo A, el 22 de junio en Rustenburgo: con el marcador en blanco, el azteca Andrés Guardado sacó un fortísimo remate que rebotó en el larguero, picó sobre la línea y se alejó, sin entrar en la valla defendida por Fernando Muslera. El equipo sudamericano ganó finalmente 1-0, y ese triunfo que no sólo le ratificó el pase a octavos, sino que le abrió las puertas a una zona del fixture a la que habían clasificado rivales con menos historia mundialista. México, por su parte, fue eliminado en la siguiente instancia por Argentina. En octavos, el 26 de junio en

Puerto Elizabeth, un tiro libre del surcoreano Chu Young Park reventó el poste derecho de Muslera cuando el juego se mantenía sin goles. Uruguay terminó ganando 2-1 con una manito de otro palo (el «hermano» del anterior), que «empujó» hacia adentro el remate de Luis Suárez para desnivelar la paridad. En el último minuto del alargue del partido de cuartos de final ante Ghana, el 2 de julio en Johannesburgo, se produjo una situación desopilante: con el encuentro igualado en uno, el atacante Suárez, como el mejor de los arqueros, sacó con un manotazo un cabezazo del africano Dominic Adiyiah que tenía destino de red para sellar el duelo. El árbitro portugués Olegario Benquerença marcó la pena máxima y expulsó a Suárez. Asamoah Gyan, el goleador y gran figura de Ghana, tuvo en sus pies la posibilidad de liquidar el pleito —era la última jugada— y poner a un equipo africano, por primera vez en la historia mundialista, en semifinales. Sin embargo, su remate hizo vibrar el travesaño y se perdió lejos, y los dos equipos tuvieron que desempatar a través de una serie de disparos desde los once metros. En la dramática definición, Muslera atajó dos tiros, y la escuadra celeste pasó de ronda. Gyan, como el brasileño Zico en 1986, anotó en la serie tras haber errado el penal clave durante el partido. Los dirigentes africanos quedaron tan indignados que hicieron un absurdo pedido a la FIFA: que en el futuro, se considerara como gol la acción del delantero oriental. La FIFA, obviamente, desestimó la demanda.

A partir de las semifinales, la Diosa Fortuna uruguaya se esfumó, y el equipo sudamericano sufrió una desesperante racha adversa. Primero, ante Holanda —el 6 de julio en Ciudad del Cabo— la escuadra celeste cayó por 3 a 2. En los tres goles «naranja», conseguidos por Giovanni Van Bronckhorst, Wesley Sneijder y Arjen Robben, la pelota, caprichosa, rebotó en un palo antes de ingresar al arco. El 10 de julio, otra vez en Puerto Elizabeth, en el encuentro por el tercer puesto ante Alemania —el mejor partido del campeonato— Uruguay logró ponerse 2-1 tras estar en desventaja. La escuadra germana, la más goleadora del torneo, dio vuelta otra vez el score. En la última jugada, a los 93 minutos, Diego Forlán ejecutó un tiro libre a un metro del área rival: la pelota pegó en el travesaño y volvió a la cancha, pero antes de besar el césped el árbitro mexicano Benito Archundia pitó el final. Uruguay se quedó sin medalla, aunque del «continente negro» se llevó un premio mejor: el reconocimiento del mundo del futbol a su enorme garra, talento y entereza.

Una figura de ocho patas

No hay explicación racional para esclarecer la increíble actuación del pulpo Paul, la gran figura de la Copa del Mundo de Sudáfrica. El molusco cefalópodo (¿macho o hembra?) adivinó, desde un acuario situado en Alemania, los ocho partidos mundialistas por los que fue consultado, incluida la final. El sistema del excéntrico oráculo era sencillo: antes de cada encuentro jugado por la selección germana, los cuidadores del parque Seelife de la localidad de Oberhausen le ofrecían a Paul —que había nacido en Weymouth, Inglaterra— dos recipientes de acrílico, uno con la bandera de Alemania y otro con la de su rival, y una suculenta almeja dentro cada uno. El pulpo bajaba y envolvía con sus tentáculos uno de los dos cubos, lo que era tomado como su vaticinio. Paul no falló un solo augurio: inclusive, anticipó las dos derrotas de Alemania, ante Serbia (en la primera ronda) y España (en la semifinal). Tras la caída germana, los custodios de Paul fueron por más y le preguntaron quién sería el campeón. El pulpo, sin hesitar, se abalanzó sobre el recipiente que llevaba la bandera española y deglutió en pocos segundos su almeja. La fama del bichito generó todo tipo de análisis y comentarios, e inclusive se dijo que había recibido amenazas de muerte. Los dueños de las casas de apuestas deportivas, por ejemplo, querían verlo a toda costa fuera de la pecera y dentro de una olla. Otro que se quedó con las ganas de comérselo fue el leopardo Zakumi, la mascota oficial del torneo. El pobre felino desapareció de la escena, humillado por Paul, que de manera contundente se había convertido en la exótica figura de Sudáfrica 2010.

De la terapia intensiva
a una nueva cita con la historia

El camino de la selección tricolor hacia Brasil 2014 fue muy disparejo. Atravesó con mucho viento a favor la primera etapa (en la Fase 3 de la zona CONCACAF), puesto que la escuadra que conducía José Manuel de la Torre superó con holgura a Costa Rica, El Salvador y Guyana, a fuerza de puros triunfos cargados de goles a favor y apenas dos tantos en contra, en seis encuentros. En el hexagonal final, la embarcación mexicana perdió el rumbo y poco faltó para que zozobrara en las oscuras aguas de la humillación. La inusual pobre campaña —nueve goles anotados en diez partidos, once recibidos y sólo dos victorias, ante Jamaica, en Kingston, y frente a Panamá, en casa— no culminó con un estrepitoso fracaso gracias a la ayuda de los futbolistas suplentes de Estados Unidos, equipo que tuvo el coraje de dar vuelta a una historia más ajena que propia y doblegó a la escuadra panameña 2-3 como visitante.

De la Torre dejó su cargo de entrenador luego de siete actuaciones muy flojas, que incluyeron un degradante derrumbe en el estadio Azteca ante Honduras. Luis Fernando Tena lo sucedió por apenas un cotejo, una derrota ante Estados Unidos en Columbus (Ohio), y Víctor Manuel Vucetich siguió por un período apenas mayor: dos. Tras el «milagro americano» y la oportunidad de una revancha en la reclasificación, Miguel «Piojo» Herrera consiguió el éxito que permitió el desahogo ante Nueva Zelanda. La goleada global 9-3 (5-1 en el Azteca, 4-2 en Wellington) bien puede calificarse de curiosa porque, aunque el representante de Oceanía era en los papeles mucho menos calificado que el tricolor, llegaba con frescos buenos antecedentes: haberse retirado invicto del Mundial de Sudáfrica 2010, donde logró tres empates ante Italia (nada menos que defensor del título de Alemania 2006), Paraguay y Eslovaquia.

Superada la dispar Eliminatoria —con un récord de cuatro entrenadores en apenas cinco partidos "por los puntos", entre la caída del seis de septiembre de 2013 ante Honduras y la victoria del 13 de noviembre del mismo año frente a Nueva Zelanda—, el sorteo efectuado por la FIFA seis meses antes del Mundial en la paradisíaca Costa do Sauipe, en el estado de Bahía, determinó que México compartiera el Grupo A con Brasil, Croacia y Camerún. La posibilidad de superar esta primera fase parece complicada: la fortaleza del equipo «canarinho», dentro y fuera de la cancha por su condición de pentacampeón y anfitrión, hace prever que habrá una sola vacante para la segunda ronda, por la que deberán pelear los otros tres países. En octavos de final, el segundo del Grupo A deberá chocar contra el primero del B, que podría ser España u Holanda. México llegó a cuartos de final solamente en dos ocasiones: 1970 y 1986. En ambas, envalentonado por ser el país organizador de la gran cita deportiva. Repetir o superar ese gran logro podrá parecer muy difícil, pero el tricolor cuenta con una pequeña ventaja porque será, después de Bélgica, el plantel que menos deba movilizarse para jugar la primera ronda. El 13 de junio, enfrentará a Camerún en Natal; el 17, a Brasil en Fortaleza; el 23, a Croacia en Recife. Solo se desplazará mil kilómetros para disputar todos sus encuentros en el norte de la gigantesca nación sudamericana. Un dato que no es cosa menor si se tiene en cuenta que, por ejemplo, su vecino Estados Unidos deberá recorrer casi tres mil kilómetros en solo diez días, lo que implica un desgaste adicional.

La Copa del Mundo está muy cerca, al alcance de las manos. México estuvo a nada de quedar fuera. Estuvo internado en terapia intensiva, se recuperó y logró alcanzar su boleto para su participación número quince en el más extraordinario de los eventos deportivos del planeta. No llega debilitado. Se dice que, lo que no te mata, te hace más fuerte.

Diciembre de 2013

Todos los récords de los Mundiales

Equipos

- País con mayor cantidad de títulos Mundiales: Brasil, con cinco. Ganó las Copas de Suecia 1958, Chile 1962, México 1970, Estados Unidos 1994 y Corea-Japón 2002.

- Países con más finales disputadas: Brasil y Alemania, con 7 cada uno.

- País con mayor cantidad de participaciones: Brasil es el único equipo que intervino en todas las ediciones de la Copa del Mundo.

- País con mayor cantidad de partidos jugados: Alemania, con 99.

- País con menor cantidad de partidos jugados: Indias Orientales Holandesas (actual Indonesia), con 1.

- País con mayor número de triunfos: Brasil, con 67.

- País con mayor número de empates: Italia, con 21.

- País con mayor número de derrotas: México, con 24.

- Mundial con menor cantidad de participantes: Uruguay 1930 y Brasil 1950 contaron con solamente trece seleccionados intervinientes.

- Mundiales con mayor cantidad de participantes: desde la edición de Francia '98, la Copa cuenta con 32 protagonistas distribuidos en ocho grupos iniciales de cuatro selecciones cada uno.

- Más partidos jugados en menos días: Italia disputó tres encuentros mundialistas en cuatro días, entre el 31 de mayo y el 3 de junio de 1934. Igualó el primero, ante España, y ganó los dos restantes: el desempate ante la selección ibérica y el choque ante Austria en semifinales.

- Primer equipo eliminado de un Mundial sin haber perdido: Escocia, que en 1974 venció a Zaire y empató con Yugoslavia y Brasil. Quedó afuera por diferencia de goles.

- Único campeón en no disputar la siguiente edición de un Mundial: Uruguay, ganador en 1930, no se presentó en Italia 1934.

- Primer país en consagrarse bicampeón Mundial: Italia, tras ganar las copas de 1934 y 1938.

- Mayor racha invicta: La selección de Brasil se mantuvo sin derrotas durante 13 partidos, desde su debut en el Mundial de Suecia 1958 hasta su derrota con Hungría en la primera rueda de Inglaterra 1966.

- Mayor serie ganadora: Brasil ganó 11 partidos consecutivos entre su debut en el Mundial de Corea-Japón 2002 hasta los cuartos de final de Alemania 2006, cuando cayó ante Francia.

- Mayor serie perdedora: México perdió 9 partidos al hilo entre Uruguay 1930 y Suecia 1958. Recién consiguió un empate ante Gales (1-1) el 11 de junio de 1958.

- Mayor serie sin triunfos: Bulgaria no ganó a lo largo de 17 partidos, desde su debut en 1962 hasta que derrotó a Grecia 4-0 en Estados Unidos 1994.

- El defensor del título más ineficaz: en Corea-Japón 2002, Francia, que se consagró en 1998, fue eliminado en primera ronda sin marcar un solo gol. Empató con Uruguay y cayó ante Senegal (1-0) y Dinamarca (2-0).

Goles

- Máximo goleador de la Copa del Mundo: el brasileño Ronaldo anotó 15 tantos en 19 partidos disputados a lo largo de las Copas de Francia 1998 (4), Corea-Japón 2002 (8) y Alemania 2006 (3).

- Más goles en una Copa del Mundo: el francés Just Fontaine anotó 13 tantos en los 6 partidos que jugó en Suiza 1954.

- Equipo más goleador de la historia: Brasil, con 210.

- Equipo más goleado de la historia: Alemania, con 117.

- Equipo más goleador en una edición: Hungría anotó 27 tantos en cinco encuentros disputados a lo largo de la Copa Suiza 1954. Sin embargo, no fue campeón.

- Equipo más goleado en una edición: Corea del Sur recibió 16 tantos en sólo dos partidos de Suiza 1954.

- Equipo campeón más goleador: Alemania marcó 25 tantos en sus seis juegos de Suiza 1954.

- Equipo campeón menos goleador: España, que en Sudáfrica 2010 apenas anotó 8 goles en 7 encuentros.

- Equipo campeón menos goleado: Francia (1998), Italia (2006) y España (2010), con 2.

- Equipo campeón más goleado: Alemania recibió 14 goles en Suiza 1954.

- Partido mundialista con mayor cantidad de goles: Austria 7-Suiza 5, jugado el 26 de junio de 1954 en Lausanne.

- Mayor goleada Mundialista: Hungría se impuso a El Salvador por 10 a 1 el 15 de junio de 1982, por el grupo 3. A pesar de la notable hazaña, la escuadra magiar no pasó la primera ronda (quedó tercera detrás de Bélgica y Argentina).

- Mayor goleada en eliminatoria: Australia destrozó a Samoa Americana por 31 a 0 el 11 de abril de 2001.

- Más goles en un partido mundialista: el ruso Oleg Salenko le anotó cinco goles a Camerún el 28 de junio de 1998. El encuentro terminó 6-1.

- Máximo goleador en una final: el inglés Geoffrey Hurst le marcó tres a Alemania en 1966.

- Equipo que marcó más goles en una final: Brasil le anotó cinco tantos a Suecia en 1958.

- Más goles en un partido de eliminatoria: el australiano Archie Thompson marcó trece tantos ante Samoa Americana el 11 de abril de 2001.

- Suplente más goleador: Laszlo Kiss, quien ingresó a los 55 minutos por Andras Torocsik, convirtió tres tantos ante El Salvador el 15 de junio de 1982.

- Goleador en mayor cantidad de partidos consecutivos de un Mundial: el brasileño Jair Ventura Filho, «Jairzinho», anotó en los seis encuentros de su equipo en el Mundial 1970. Jairzinho le marcó dos a Checoslovaquia, uno a Inglaterra, uno a Rumania, uno a Perú, uno a Uruguay y otro a Italia.

- Jugador con mayor promedio de gol: el polaco Ernest Wilimowski tiene un promedio de cuatro goles por partido, aunque disputó uno solo, el 5 de junio de 1938 ante Brasil. Su equipo perdió por 6 a 5.

- Arqueros más goleados: Antonio Carbajal (México, entre 1950 y 1962) y Mohamed Al Deayea (Arabia Saudita, entre 1994 y 2002) recibieron 25 tantos.

- Más tripletas: el argentino Gabriel Batistuta es el único que anotó dos tripletas en dos Mundiales consecutivo. La primera, ante Grecia, el 21 de junio de 1994. La segunda, frente a Jamaica, también un 21 de junio, pero de 1998.

- Goleadores en dos finales mundialistas: los brasileños Edvaldo Isidro Netto, «Vavá» (1958 y 1962) y Edson Arantes do Nascimento, «Pelé» (1958 y 1970); el alemán Paul Breitner (1974 y 1982) y el francés Zinedine Zidane (1998 y 2006).

- Gol más rápido: el turco Hakan Sukur anotó a los 10 segundos 8 décimas del partido por el tercer puesto que su equipo y Corea disputaron el 29 de junio de 2002. Turquía se impuso por 3 a 2.

- Gol en contra más rápido: el paraguayo Carlos Gamarra venció a su propio arquero a los tres minutos de iniciarse el encuentro con Inglaterra el 10 de junio de 2006. El equipo europeo ganó 1-0.

- Gol más rápido en el encuentro inaugural: César Sampaio, de Brasil, anotó a los cuatro minutos del encuentro ante Escocia el 10 de junio de 1998.

- Gol más rápido anotado por un suplente: el danés Ebbe Sand doblegó el arco de Nigeria 16 segundos después de reemplazar a su compañero Peter Moller, a los 59 minutos del encuentro que, por octavos de final, se disputó el 28 de junio de 1998.

- Partido con mayor cantidad de goles en contra: el estadounidense Jeff Agoos y el portugués Jorge Costa marcaron sendos tantos en el mismo encuentro, disputado el 16 de junio de 2002. Los norteamericanos triunfaron por 3 a 2.

- Mundial con mayor cantidad de goles: Francia 1998, con 171 conquistas en 64 partidos.

- Mundial con mayor promedio de gol: en Suiza '54 se registraron 5,38 tantos por partido (140 conquistas en solamente 26 juegos).

- Mundial con menor cantidad de goles: Uruguay 1930 e Italia 1934 igualaron con apenas 70 conquistas.

- Mundial con peor promedio de gol: Italia '90 tuvo el registro más bajo, con una media de 2,2 tantos por encuentro.

- Arquero con valla invicta más prolongada: el italiano Walter Zenga mantuvo su arco en cero durante 517 minutos del Mundial Italia 1990. El argentino Claudio Caniggia cortó su racha a los 67 minutos de la semifinal.

- País con valla invicta más prolongada: Suiza tuvo su arco sin recibir goles durante 559 minutos, entre las Copas de Estados Unidos 1994, Alemania 2006 y Sudáfrica 2010.

- Primer gol mundialista: lo anotó el galo Lucien Laurent, a los 19 minutos del choque entre Francia y México, 13 de julio de 1930.

- Primer gol en contra: lo anotó el suizo Ernst Loertscher ante Alemania, el 9 de junio de 1938 en el Parque de los Príncipes de París. A pesar de esta acción, la escuadra helvética ganó 4-2.

- Primer empate sin goles: fue el 11 de junio de 1958, cuando se enfrentaron Brasil e Inglaterra (en la sexta edición de la Copa y tras 115 partidos).

- Primer suplente en anotar un gol: el 7 de junio de 1970, el mexicano Ignacio Basaguren sustituyó a los 76 minutos a Jaime López y a los 83 consiguió el cuarto y último tanto local ante El Salvador.

- Jugador más joven en anotar un gol mundialista: Pelé tenía 17 años y 239 días el 19 de junio de 1958, cuando vulneró la valla de Gales.

- Jugador más veterano en anotar un gol: el 28 de junio de 1994, ante Rusia, el camerunés Albert Roger Miller (conocido como «Roger Milla») se convirtió en el goleador más longevo (42 años y 39 días) en anotar en una Copa.

- Debutante más veterano en marcar un gol: el argentino Martín Palermo debutó en la red con 36 años, 7 meses y 15 días.

- Primer jugador en marcar goles en los Mundiales para dos selecciones diferentes: Robert Prosinecki anotó un tanto para Yugoslavia ante Emiratos Árabes en Italia 1990, y luego marcó para Croacia ante Jamaica y Holanda en Francia 1998.

- Primera selección en no marcar goles en una final de Copa: Argentina, en 1990. Perdió por 1 a 0.

- Única final sin goles: Brasil e Italia igualaron sin abrir el marcador el partido culminante de 1994, tras 120 minutos. El equipo sudamericano se impuso por penales, 3-2.

- Selección ganadora de grupo con peor diferencia de goles: Camerún, en 1990, se convirtió en la única selección en salir primera en su grupo con diferencia de gol negativa (-2). La escuadra africana venció a Argentina (1-0), a Rumania (2-1) y perdió con la ex Unión Soviética (4-0).

- Torneo con mayor cantidad de goleadores: en Sudáfrica 2010, el alemán Thomas Müller, el español David Villa, el holandés Wesley Sneijder y el uruguayo Diego Forlán igualaron en el primer puesto de la tabla de «top scorers», con cinco tantos cada uno.

Jugadores

- Jugador con mayor cantidad de Mundiales jugados: el alemán Lothar Matthäus (1982, 1986, 1990, 1994, 1998) y el mexicano Antonio Carbajal (1950, 1954, 1958, 1962, 1966) participaron de cinco Copas del Mundo.

- Jugador que ganó más veces la Copa del Mundo: Edson Arantes do Nascimento, Pelé, es el único que se consagró campeón tres veces, en Suecia 1958, Chile 1962 y México 1970.

- Jugador con más finales: Marcos Evangelista de Moraes, «Cafú», con 3 (1994, 1998 y 2002).

- Futbolista con mayor cantidad de partidos jugados: el alemán Lothar Matthäus disputó 25 encuentros, con 15 victorias, 4 derrotas y 6 empates.

- Futbolista con mayor cantidad de partidos como capitán: el argentino Diego Maradona, con 16.

- Jugador con mayor cantidad de minutos disputados: el italiano Paolo Maldini actuó a lo largo de 2217 minutos, en 23 partidos mundialistas correspondientes a las Copas de 1990, 1994, 1998 y 2002.

- Jugador más joven en participar de un Mundial: el brasileño Edu tenía 16 años, 11 meses y 6 días al iniciarse la Copa de Inglaterra 1966. Sin embargo, no actuó en ninguno de los tres partidos de su equipo.

- Jugador más joven en actuar en un partido mundialista: el norirlandés Norman Whiteside se convirtió en el más joven en intervenir en un encuentro de la Copa del Mundo, al enfrentar a Yugoslavia a la edad de 17 años y 41 días el 17 de junio de 1982.

- El jugador más veterano: el camerunés Roger Milla tenía 42 años, 1 mes y 8 días al enfrentar a Rusia el 28 de junio de 1994.

- Jugador más joven en ganar un Mundial: el brasileño Pelé se consagró campeón en Suecia 1958 cuando apenas tenía 17 años y 237 días.

- Jugador más veterano en ganar un Mundial: el arquero italiano Dino Zoff se consagró en España 1982 con 40 años y 4 meses.

- Jugador más joven en un partido de eliminatoria: el togolés Souleymane Mamam tenía 13 años y 310 días cuando intervino ante Zambia el 6 de mayo de 2001.

- Jugador más veterano en un partido de eliminatoria: MacDonald Taylor, de las Islas Vírgenes Estadounidenses, tenía 46 años y 180 días al enfrentar a San Cristóbal y Nevis el 18 de febrero de 2004.

- Jugador más ganador: el brasileño Cafú ganó 16 de los 20 partidos que disputó entre 1994, 1998, 2002 y 2006. Empató uno y perdió los tres restantes.

- Jugador con más participaciones como suplente: el brasileño Denílson de Oliveira Araújo, con 11.

- Más jugadores utilizados en un Mundial: en 1978, Francia utilizó los 22 jugadores que convocó, incluidos sus tres arqueros, en solamente tres partidos, todos de la ronda inicial.

- Jugador que actuó para más países: Dejan Stankovic vistió las camisetas de Yugoslavia en Francia 1998, Serbia y Montenegro en Alemania 2006 y Serbia en Sudáfrica 2010.

Técnicos

- Técnico con más títulos: el italiano Vittorio Pozzo, con dos Mundiales ganados en 1934 y 1938.

- Técnico con más triunfos consecutivos: Luiz Felipe Scolari ganó 12 partidos seguidos, 7 con Brasil en Corea-Japón 2002 y 5 con Portugal en Alemania 2006.

- Más partidos dirigidos: El entrenador germano, Helmut Schoen, cumplió 25 partidos mundialistas, todos con Alemania, en las ediciones de 1966, 1970, 1974 y 1978.

- Técnico de más equipos: el serbio Velibor «Bora» Milutinovic fue entrenador de México en 1986, de Costa Rica en 1990, de Estados Unidos en 1994, de Nigeria en 1998 y de China en 2002; Carlos Alberto Parreira, de Kuwait en 1982, Emiratos Árabes en 1990, Brasil en 1994 y 2006, Arabia Saudita en 1998 y Sudáfrica en 2010.

- Campeones como jugadores y técnicos: el brasileño Mario Zagalo levantó la Copa del Mundo como futbolista en 1958 y 1962, y como entrenador en 1970. Sólo lo igualó el alemán Franz Beckenbauer en 1974 y 1990, respectivamente. Beckenbauer tiene otro récord, pero negativo: haber perdido una final como jugador (1966) y otra como técnico (1986).

- Único par de hermanos que ha dirigido la selección del mismo país en diferentes Copas del Mundo: Aymoré y Alfredo «Zezé» Moreira condujeron a Brasil en Suiza '54 y Chile '62, respectivamente.

- Primer entrenador despedido en medio de un Mundial: el brasileño Carlos Alberto Parreira, técnico de Arabia Saudita, fue echado de la selección de Arabia Saudita después de la segunda derrota de su equipo, ante Francia, por 4 a 0, el 18 de junio de 1998. Arabia ya había perdido en el debut ante Dinamarca, 1-0, y aunque había sido eliminada, todavía debía enfrentar a Sudáfrica.

Árbitros

- Los que más dirigieron: el francés Joel Quiniou, el uruguayo Jorge Larrionda y el mexicano Benito Archundia, con ocho encuentros cada uno.

- El árbitro más joven: el uruguayo Francisco Mateucci tenía 27 años y 62 días cuando dirigió Yugoslavia-Bolivia el 17 de julio de 1930 en el Parque Central de Montevideo.

- El árbitro más veterano: el inglés George Reader, quien tenía 53 años y 236 días cuando dirigió la final de Brasil 1950 que ganó Uruguay.

- Más partidos arbitrados en un solo torneo: récord compartido por el argentino Horacio Elizondo y el mexicano Benito Archundia en

Alemania 2006. Elizondo, además, tuvo el honor de ser el primero en dirigir el partido inaugural y la final de una misma Copa.

Amonestados y expulsados

- Expulsión más rápida: el uruguayo José Batista vio la tarjeta roja a los 53 segundos de iniciado el encuentro ante Escocia, el 13 de junio de 1986, por el grupo E, por una supuesta falta violenta sancionada por el árbitro francés Joel Quiniou. El encuentro finalizó 0-0 y permitió al equipo sudamericano pasar de ronda.

- Amonestación más rápida: el ruso Sergei Gorlukovich vio la tarjeta amarilla al primer minuto del encuentro ante Suecia el 24 de junio de 1994.

- Primer jugador expulsado en un Mundial: el peruano Plácido Galindo fue el primer y único expulsado de la Copa Uruguay 1930. Ocurrió el 14 de julio, ante Rumania.

- País con mayor cantidad de expulsados: Brasil sumó 11 tarjetas rojas en toda la historia mundialista.

- Primer arquero expulsado: el italiano Gianluca Pagliuca fue el primer guardavallas en ver la tarjeta roja en un Mundial. Ocurrió a los 21 minutos del choque que el 23 de junio de 1994 protagonizaron Italia y Noruega. A pesar de jugar con uno menos casi todo el encuentro, la escuadra «azzurra» se impuso 1-0.

- Primer técnico expulsado: el paraguayo Cayetano Ré fue el primer entrenador que vio la roja en la historia mundialista, el 11 de junio de 1986, ante Bélgica, por el grupo B. El árbitro búlgaro Bogdan Dotchev le mostró la roja por insultar.

- Primer jugador expulsado en una final: el argentino Pedro Monzón, el 8 de julio de 1990 ante Alemania. El árbitro uruguayo nacionalizado mexicano Edgardo Codesal le mostró la roja por una fuerte falta a Juergen Klinsmann. A Monzón se le sumó 22 minutos después su compatriota Gustavo Dezotti.

- Jugador más sancionado: el francés Zinedine Zidane recibió cuatro tarjetas amarillas y dos rojas en 12 partidos mundialistas, entre 1998, 2002 y 2006.

- Árbitro con más expulsiones: el estadounidense Arturo Brizzio Carter mostró siete tarjetas rojas en los Mundiales de 1994 y 1998.

- Récord de tarjetas en un partido: el árbitro ruso Valentin Ivanov mostró 16 amarillas y 4 rojas el 25 de junio de 2006, cuando se enfrentaron Portugal y Holanda por octavos de final. El récord es triple, ya que fue además el encuentro con más expulsados y también con más amonestados de la historia mundialista.

- Récord de tarjetas en una final: durante el choque España-Holanda de Sudáfrica 2010, el referí inglés Howard Webb mostró 14 amarillas y una roja.

- Torneo con mayor cantidad de amonestados y expulsados: en Alemania 2006 se mostraron 28 tarjetas rojas y 345 amarillas (las tarjetas comenzaron a utilizarse en México 1970).

- El suplente amonestado más rápidamente: el 4 de junio de 2002, el coreano Doo-Ri Cha reemplazó a Ki Hyeon Seol a los 89 minutos del encuentro con Polonia, y veinte segundos más tarde recibió una tarjeta amarilla del árbitro colombiano Oscar Ruiz por pegar una patada.

- El suplente en ser expulsado más rápidamente: el boliviano Marco Antonio Etcheverry vio la roja tres minutos después de reemplazar a Luis Ramallo en el partido inaugural de 1994, ante Alemania, el 17 de junio.

- Primer jugador en ser expulsado en dos Mundiales consecutivos: el camerunés Rigobert Song vio la tarjeta roja ante Brasil en Estados Unidos 1994 y ante Chile en Francia 1998.

- Jugador más joven en ser expulsado: de nuevo el africano Rigobert Song. Tenía 17 años y 358 días al ver la roja el 24 de junio de 1994, ante Brasil.

- Jugador más veterano en ser expulsado: casualmente también contra Brasil y en 1994, el estadounidense Fernando Clavijo vio la roja a los 37 años el 4 de julio.

- Primer amonestado: el soviético Evgeni Lovchev fue el primero en ver la tarjeta amarilla en el partido inaugural entre su país y México, el 31 de mayo de 1970. (Las tarjetas amarillas y rojas entraron en vigencia en México 1970)

- Primer suplente en ser expulsado: el 18 de junio de 1978, ante Alemania, el holandés Dick Nanninga sustituyó a Pieter Wildschut a los 79 minutos, y a los 88 vio la roja.

- Campeón con mayor cantidad de expulsados: Francia, en 1998, sufrió tres expulsiones. Vieron la tarjeta roja Marcel Desailly, Zinedine Zidane y Laurent Blanc.

Penales

- Más penales convertidos en un solo partido: el holandés Johan Neeskens anotó dos tantos de penal a Bulgaria el 23 de junio de 1974. Holanda se impuso ese día 4-1. Agregar a Lineker contra Camerún, aunque en 120 minutos. Cuatro años más tarde, Nicolaus Robert Rensenbrink repitió el doblete ante Irán, el 3 de junio de 1978.

- Más penales errados en un solo partido: el húngaro Istvan Avar desperdició dos penales ante Austria el 31 de mayo de 1934.

- Primer jugador en errar penales en dos Mundiales consecutivos: el ghanés Asamoah Gyan desperdició una «pena máxima» el 17 junio de 2006 ante la República Checa y otra el 2 de julio de 2010 en Johannesburgo, ante Uruguay.

- Más penales sancionados en un solo partido: el árbitro boliviano Ulises Saucedo sancionó tres penales el 19 de julio de 1930, cuando Argentina derrotó a México por 6 a 3 (dos fueron para el perdedor). El italiano Francesco Mattea repitió la marca el 31 de mayo de 1934, cuando chocaron en Bologna Hungría y Austria. En este caso, los tres favorecieron a la escuadra magiar, pero sólo se convirtió uno.

- Más penales atajados en una definición Mundialista: el portugués Ricardo detuvo tres disparos en la serie ante Inglaterra, el 1 de julio de 2006 por los cuartos de final.

- Primera definición por penales: Alemania-Francia, el 8 de julio de 1982, luego de igualar 3 a 3 por las semifinales. La serie la ganó la escuadra germana 5-4.

- Equipo que ganó más definiciones por penales en Mundiales: Alemania se impuso en las cuatro tandas que disputó (a Francia en 1982, a México en 1986, a Inglaterra en 1990 y a Argentina en 2006).

Público

- Mundial con mayor promedio de asistencia: Estados Unidos 1994, con 68.991 espectadores por partido.

- Mundial con menor promedio de asistencia: Francia 1938, con 20.888 espectadores por encuentro.

- Mundial con mayor asistencia total: Estados Unidos 1994, con 3.587.538 espectadores.

- Mundial con menor asistencia de público: Italia 34, con apenas 358.000 espectadores.

- Partido con mayor concurrencia de público: para la final de Brasil 1950, entre el local y Uruguay, se vendieron 174.000 entradas, pero se estima que entre «colados» e invitados la cifra alcanzó las 200.000 personas.

- Partido con menor concurrencia de público: Rumania-Perú apenas congregaron a unas 300 personas cuando se enfrentaron el 14 de julio de 1930 en el estadio de Peñarol de Montevideo.

- Partido de eliminatoria con mayor cantidad de espectadores: para el choque entre Brasil y Paraguay del 31 de agosto de 1969, en el Maracaná, se vendieron 183.341 entradas.

Récords varios:

- Primer partido por eliminatoria: Suecia y Estonia inauguraron el sistema de clasificación mundialista el 11 de junio de 1933: el equipo escandinavo se impuso por 6 a 2.

- Primer partido mundialista que se definió en el alargue: Austria 3-Francia 2, jugado en Turín el 27 de mayo de 1934 por los octavos de final (primera rueda).

- Primera final definida en el alargue: Italia 2-Checoslovaquia 1, jugada el 10 de junio de 1934.

- Único país anfitrión en no pasar la primera ronda: Sudáfrica en 2010.

- El cambio más rápido: el italiano Giuseppe Bergomi reemplazó a Alessandro Nesta a los cuatro minutos del encuentro ante Austria disputado el 23 de junio de 1998.

- Capitán más salidor: el tunecino Riadh Bouazizi fue reemplazado en los tres encuentros que jugó su selección en Alemania 2006.

- Primer Mundial en el que se utilizaron los números en las camisetas: Brasil 1950.

- Primer Mundial televisado en directo: Suiza '54.

- Primera selección en consagrarse campeona con un par de hermanos en su equipo: Alemania, en Suiza 54, contó con Fritz y Ottmar Walter (luego sería igualada por Inglaterra, con Bobby y Jack Charlton, en 1966).

- Primer campeón en ser eliminado en primera ronda: Italia, en 1950. Perdió 3-2 con Suecia y venció a Paraguay 2-0. No le alcanzó para clasificar a la siguiente etapa.

- Primer cambio: se produjo el 31 de mayo de 1970 cuando el soviético Anatoli Puzach reemplazó a Viktor Serebrjanikov en el entretiempo del partido inaugural ante México.

- Primer jugador en participar en los Mundiales con dos selecciones diferentes: el argentino Luis Monti vistió los colores albicelestes en Uruguay 1930 y los de Italia en 1934.

- Primera selección en incluir un cocinero en su plantel: Suecia en México 1970. Llevó a Peter Olander, quien trabajaba en el palacio del rey Gustavo Adolfo.

- Primera final que no se jugó en la capital del país anfitrión: el 7 de julio de 1974, el encuentro culminante entre Alemania y Holanda se disputó en el estadio Olímpico de Munich. La capital de la entonces República Federal de Alemania era Bonn.

- Primer dóping positivo: el haitiano Ernst Jean-Joseph, tras la derrota de su equipo ante Italia por 3 a 1, el 15 de junio en Munich. Se encontraron restos de efedrina y Jean-Joseph fue expulsado inmediatamente de la Copa.

- Primer «gol de oro» de la historia Mundialista: el defensor francés Laurent Blanc anotó el gol del triunfo ante Paraguay a los 113 minutos del choque ocurrido el 28 de junio de 1998. Fue el único encuentro de esa edición que se resolvió por esa vía. Hubo otros tres en Corea-Japón.

- Primer par de hermanos en enfrentarse con dos selecciones diferentes: los medio-hermanos Kevin-Prince Boateng y Jerome Boateng, que actuaron para Ghana y Alemania, respectivamente, en el duelo que se produjo el 23 de junio de 2010 en el estadio Soccer City de Johannesburgo, por el grupo D del Mundial de Sudáfrica.

-

Agradecimientos

A José Luis Cutello, Esteban Mikkelsen Jensen y Juan Manuel Nievas, por leer, aconsejar y brindarme su valiosa amistad.

A Mariano Recalde (Aerolíneas Argentinas) y Claudio Merelas (Buquebus) por colaborar con la producción de esta obra.

A Paula Pérez Alonso e Ignacio Iraola, por confiar en este proyecto.

A Eduardo Galeano, por sus generosas palabras.

A Nadia, por su apoyo e infinita paciencia.

Bibliografía

Libros y fascículos

ABC Diccionario Enciclopédico del Fútbol. Diario Deportivo Olé, Buenos Aires, 2000.

Ash, Russell, y Morrison, Ian; *Top ten of football*. Hamlyn, Londres, 2010.

Baingo, Andreas; *100 moments forts de la Coupe du Monde de football*. Chantecler, Aartselaar, 1998.

Biblioteca total del fútbol, el deporte de los cinco continentes. Océano, Madrid, 1982.

Biblioteca total del fútbol, de los orígenes al Mundial. Océano, Madrid, 1982.

Carlisle, Jeff; *Soccer's most wanted II*. Potomac Books, Virginia, 2009.

Copa Libertadores de América-30 años. Confederación Sudamericana de Fútbol, Buenos Aires, 1990.

Crossan, Rob; *Football extreme*. John Blake Publishing Ltd., Londres, 2011.

Dély, Renaud; *Brèves de football*. François Bourin Editeur, París, 2010.

Diario La Nación; *Historia del fútbol argentino*. Buenos Aires, 1994.

Editorial Abril; *El libro del fútbol*. Buenos Aires, 1976.

El libro de oro del Mundial. Diario Clarín, Buenos Aires, 1998.

Etchandy, Alfredo; *El mundo y los mundiales*. Ediciones del Caballo Perdido, Montevideo, 2008.

Foot, John; *Calcio, A History of Italian Football*. Harper Perennial, Londres, 2007.

Galeano, Eduardo; *El fútbol a sol y sombra*. Catálogos, Buenos Aires, 1995.

Galvis Ramírez, Alberto; *100 años de fútbol en Colombia*. Planeta, Bogotá, 2008.

Glanville, Brian; *Historia de los Mundiales de fútbol*. TyB Editores, Madrid, 2006.

Goldblatt, David; *The ball is round*. Penguin Books, Londres, 2006.

Hirshey, David, y Bennett, Roger; *The ESPN World Cup companio*. Ballantine Books, Nueva York, 2010.

«Historia El Gráfico de la selección argentina». *Revista El Gráfico*, Buenos Aires, 1997.

«Historia del Fútbol Argentino». Fascículos del diario *La Nación*, Buenos Aires, 1994.

Historia del fútbol argentino. Editorial Eiffel, Buenos Aires, 1955.

Hofmarcher, Arnaud; *Carton rouge*. Le Cherche Midi, París, 2010.

Lauduique-Hamez, Sylvie; *Les incroyables du football*. Calmann-Levy, París, 2006.

Les miscellanées du foot. Éditions Solar, París, 2009.

Lowndes, William; *The story of football*. The Sportsmans Book Club, Londres, 1964.

Los Mundiales (1930-1994). Colección de la Agrupación de Diarios del Interior (ADISA), Buenos Aires, 1997.

Ludden, John; *Los partidos del siglo*. TyB Editores, Madrid, 2010.

Matthews, Tony; *Football oddities*. The History Press, Stroud, 2009.

Mini Enciclopedia del Fútbol. Larousse-*Diario El País*, Montevideo, 1990.

Murray, Colin; *A random history of football*. Orion Books, Londres, 2010.

Radnedge, Keir; *Histoire de la Coupe du Monde*. Gründ, París, 2006.

Relaño, Alfredo; *366 historias del fútbol mundial que deberías saber*. Ediciones Martínez Roca, Madrid, 2010.

Rice, Jonathan; *Curiosities of football*. Pavilion Books, Londres, 1996.

Risolo, Donn; *Soccer stories*. University of Nebraska Press, Lincoln, 2010.

Roland, Thierry; *La fabuleuse histoire de la Coupe du Monde*. Minerva, París, 2002.

Seddon, Peter; *The World Cup's strangest moments*. Portico, Londres, 2005.

Sharpe, Graham; *500 strangest football stories*. Racing Post Books, Compton, 2009.

Snyder, John; *Soccer's most wanted*. Potomac Books, Virginia, 2001.

Southgate, Vera; *The story of football*. Ladybird Books, Londres, 2012.

Spurling, *Jon; Death or glory, the dark history of the World Cup*. Vision Sports Publishing, Londres, 2010.

Thomson, Gordon; *The man in black*. Prion Books Limited, Londres, 1998.

Ward, Andrew; *Football's strangest matches*. Portico, Londres 2002.

Wernicke, Luciano; *Curiosidades Futboleras*. Editorial Sudamericana, Buenos Aires, 1996.

Wernicke, *Luciano; Curiosidades Futboleras II*. Editorial Sudamericana, Buenos Aires, 1997.

Wernicke, Luciano; *Fútbol increíble*. Ediciones de la Flor, Buenos Aires, 2001.

Wernicke, *Luciano; Nuevas curiosidades futboleras*. Ediciones Al Arco, Buenos Aires, 2008.

Índice